中国传统纸质文献

修复技艺与保护工作概谈

毛晓明 著

哈尔滨出版社
HARBIN PULISHING HOUSE

图书在版编目（CIP）数据

中国传统纸质文献修复技艺与保护工作概谈 / 毛晓明著. —哈尔滨：哈尔滨出版社，2025.1
ISBN 978-7-5484-7647-4

Ⅰ.①中… Ⅱ.①毛… Ⅲ.①文献-修复-研究-中国 ②文献保护-研究-中国 Ⅳ.①G253.6

中国国家版本馆CIP数据核字(2023)第237307号

书　　名：中国传统纸质文献修复技艺与保护工作概谈
ZHONGGUO CHUANTONG ZHI ZHI WENXIAN XIUFU JIYI YU BAOHU GONGZUO GAITAN

作　　者：毛晓明　著
责任编辑：李维娜
封面设计：马　佳

出版发行：哈尔滨出版社（Harbin Publishing House）
社　　址：哈尔滨市香坊区泰山路82-9号　　邮编：150090
经　　销：全国新华书店
印　　刷：三河市龙大印装有限公司
网　　址：www.hrbcbs.com
E-mail：hrbcbs@yeah.net
编辑版权热线：（0451）87900271　87900272
销售热线：（0451）87900202　87900203

开　　本：710mm×1000mm　　1/16　　印张：16.5　　字数：252千字
版　　次：2025年1月第1版
印　　次：2025年1月第1次印刷
书　　号：ISBN 978-7-5484-7647-4
定　　价：78.00元

凡购本社图书发现印装错误，请与本社印制部联系调换。
服务热线：（0451）87900279

前　言

　　党的二十大报告指出，增强中华文明传播力影响力。坚守中华文化立场，提炼展示中华文明的精神标识和文化精髓，加快构建中国话语和中国叙事体系，讲好中国故事、传播好中国声音，展现可信、可爱、可敬的中国形象。加强国际传播能力建设，全面提升国际传播效能，形成同我国综合国力和国际地位相匹配的国际话语权。深化文明交流互鉴，推动中华文化更好走向世界。

　　中华文明五千年的历史，给我们留下了门类浩繁、数量众多的中华古籍，这些古籍流传至今，年代久远，因为保存条件不佳或保管不善等原因，导致一部分古籍书画出现不同程度的破损、污蚀，修复这些古籍书画需要古籍保护工作者常年不懈地努力和付出。本书着重介绍一些古籍书画修复程序中的关键步骤和处理手法上的窍门技巧，以及毛俊义老先生和杨乃京老师整理出来的部分修复工作心得，与大家共同探讨，目的是抛砖引玉，希望能为大家在修复破损的珍贵善本、书画时，提供一些借鉴，更希望那些破损的珍贵善本、古籍书画，通过修复能再现其应有的价值，继续流芳百世。

2007年1月，国务院办公厅印发了《关于进一步加强古籍保护工作的意见》，该文件指出，我国古代文献典籍是中华民族在数千年历史发展过程中创造的重要文明成果，蕴含着中华民族特有的精神价值、思维方式和想象力、创造力，是中华文明绵延数千年，一脉相承的历史见证，也是人类文明的瑰宝。古籍具有不可再生性，保护好古籍对促进文化传承、联结民族情感、弘扬民族精神、维护国家统一及社会稳定具有重要作用。同时，加强古籍保护工作，也是建设社会主义先进文化，贯彻落实科学发展观和构建社会主义和谐社会的客观要求。文件第二条确定了古籍保护工作的指导思想、基本方针和总体目标。指导思想明确提出："充分发挥古籍在传承中华文化，提高人民群众思想道德素质和科学文化素质，增强民族凝聚力，促进社会主义先进文化建设中的重要作用。"基本方针明确提出："贯彻'保护为主、抢救第一、合理利用、加强管理'的方针。坚持依法保护和科学保护的原则，正确处理古籍保护与利用的关系，统筹规划、分类指导、突出重点、分步实施"。文件要求突出重点，科学规范地开展古籍保护工作：①统一部署，全面开展古籍普查登记工作；②建立《国家珍贵古籍名录》，逐步形成完善的古籍保护制度；③改善古籍保管条件，命名全国古籍重点保护单位；④加快推进古籍修复工作，提高古籍修复水平；⑤进一步加强古籍的整理、出版和研究利用。制定古籍数字化标准，规范古籍数字化工作，建立古籍数字资源库。利用现代印刷技术，推进古籍影印出版工作，这标志着我国正式启动了中国古籍保护计划工程。

2007年4月，为贯彻落实国务院办公厅《关于进一步加强古籍保护工作的意见》（国办发〔2007〕6号）精神，加强对全国古籍保护工作的组织领导，促进部门间的协调配合，做好全国古籍保护工作，经国务院同意，建立以时任中国文化部部长的孙家正为召集人的全国古籍保护工作部际联席会议（以下简称联席会议）制度。其主要职能为：在国务院领导下，研究拟订全国古籍保护的重大政策措施，向国务院提出建议；协调解决全国古籍保护工作中的重大问题；讨论确定年度工作重点并协调落实；指导、督促、检查古籍保护各项工作的落实。工作要求：各成员单位要按照职责分工，研究全国古籍保护工作的有关问题，认真落实联席会议布置的工作任务。要互通信息、相互配合，形成合力，共同做好全国古籍保护工作。

同年8月2日，文化部（现文化和旅游部）为规范和加强全国古籍保护工作的咨询、论证、评审和专业指导，促进全国古籍保护工作的全面开展，经全国古籍保护工作部际联席会议通过，决定成立全国古籍保护专家委员会，专家委员会由文化部（现文化和旅游部）聘请古籍保护相关领域的专家学者组成（第一批专家成员66人，2008年10月增补至71人）。设主任委员1名、副主任委员、委员若干名。专家委员会秘书处设在文化部（现文化和旅游部）社会文化图书馆司。并在征求专家意见的基础上，制定了《全国古籍保护工作专家委员会章程》，专家委员会是在文化部（现文化和旅游部）（全国古籍保护工作部际联席会议办公室）领导下的古籍保护工作咨询机构，主要就下列事项进行咨询：古籍保护规划的制定；普查工作方案的制定和实施；珍贵古籍定级及破损定级；国家珍贵古籍名录的评审；全国古籍重点保护单位的评审；古籍保护相关标准规范的评审；中华再造善本、珍贵古籍的整理、出版和数字化工作；全国古籍保护工作部际联席会议制定的建立和全国古籍保护专家委员会的成立，标志着我国古籍保护工作就此迎来了蓬勃发展的大好时机。

目　录

001 ｜ **第一章　古籍保护的现状**

016 ｜ 第一节　古籍的定义

021 ｜ 第二节　古籍的定级

025 ｜ 第三节　古籍的分类

027 ｜ 第四节　古籍的版本

034 ｜ 第五节　古籍的装订结构

035 ｜ 第六节　古籍的装帧形式

040 ｜ 第七节　古籍的装具

043 ｜ **第二章　古籍原生性保护的作用和意义**

044 ｜ 第一节　原生性保护之古籍收藏环境的建设和改善

053 ｜ 第二节　原生性保护之古籍版本工艺的非物质文化遗产保护

057 | 第三章　古籍再生性保护的作用和意义

057 | 第一节　古籍缩微胶片

059 | 第二节　古籍数字化加工处理

063 | 第三节　古籍影印出版

067 | 第四章　民国文献的保护

068 | 第一节　民国文献的界定和价值

070 | 第二节　民国文献的装帧形式

073 | 第三节　民国文献保护的现状

074 | 第四节　民国文献的保护办法及措施

077 | 第五章　红色文献的保护

077 | 第一节　红色文献的界定和范围

078 | 第二节　红色文化的保护现状

079 | 第三节　红色文献的价值

082 | 第四节　红色文献的保护办法及措施

088 | 第五节　革命文献与民国时期文献保护计划"十四五"时期规划纲要

098 | 第六章　中国少数民族古籍文献的保护

099 | 第一节　少数民族古籍文献的价值

107 | 第二节 少数民族古籍文献的保护现状

130 | 第三节 少数民族古籍文献的保护办法及措施

135 | **第七章 古籍文献纸张的起源演变**

139 | 第一节 古籍文献纸张的发展历程

148 | 第二节 中国古代名纸介绍

165 | **第八章 中国古代印刷术**

165 | 第一节 中国古代印刷术的起源

167 | 第二节 中国古代印刷术的发展历程

174 | 第三节 中国古代印刷术的种类

183 | 第四节 中国古代印刷技术的传播

184 | **第九章 古籍现行定损标准及修复技术规范**

186 | 第一节 古籍修复技术规范与质量要求

194 | 第二节 古籍修复的设备、工具、材料

201 | **第十章 古籍修复技艺**

203 | 第一节 古籍修复技艺的演变

205 | 第二节 古籍修复基本流程

217 | 第三节　古籍修复技艺之书叶清洗去污

225 | 第四节　中国古书画装裱修复技艺

227 | 第五节　古旧字画的揭装裱

231 | 第六节　古籍文献和古旧字画的黏结处理

232 | 第七节　中国古代字画的装裱知识

242 | **第十一章　古籍修复中特殊问题的处理**

242 | 第一节　古籍及古旧书画砖化处理

243 | 第二节　古籍及古旧书画脆碎化处理

244 | 第三节　文献纸张常用的脱酸种类介绍

249 | 第四节　古籍文献的脱酸处理

253 | 参考文献

第一章　古籍保护的现状

2017 年 1 月 25 日，中共中央办公厅、国务院办公厅印发了《关于实施中华优秀传统文化传承发展工程的意见》，并发出通知，要求各地区各部门结合实际认真贯彻落实。《关于实施中华优秀传统文化传承发展工程的意见》全文如下：

文化是民族的血脉，是人民的精神家园。文化自信是更基本、更深层、更持久的力量。中华文化独一无二的理念、智慧、气度、神韵，增添了中国人民和中华民族内心深处的自信和自豪。为建设社会主义文化强国，增强国家文化软实力，实现中华民族伟大复兴的中国梦，现就实施中华优秀传统文化传承发展工程提出如下意见。

一、重要意义和总体要求

1. 重要意义

中华文化源远流长、灿烂辉煌。在五千多年文明发展中孕育的中华优秀传统文化，积淀着中华民族最深沉的精神追求，代表着中华民族独特的精神标识，是中华民族生生不息、发展壮大的丰厚滋养，是中国特色社会主义植根的文化沃土，是当代中国发展的突出优势，对延续和发展中华文明、促进人类文明进步，发挥着重要作用。

中国共产党在领导人民进行革命、建设、改革伟大实践中，自觉肩负起传承发展中华优秀传统文化的历史责任，是中华优秀传统文化的忠实继承者、弘扬者和建设者。党的十八大以来，在以习近平同志为核心的党中央领导下，各级党委和政府更加自觉、更加主动推动中华优秀传统文化的传承与发展，开展了一系列富有创新、富有成效的工作，有力增强了中华优秀传统文化的凝聚力、影响力、创造力。同时要看到，随着我国经济社会深刻变革、对外开放日益扩大、互联网技术和新媒体快速发展，各种思想文化交流交融交锋更加频繁，迫切需要深化对中华优秀传统文化重要性的认识，进一步增强文化自觉和文化自信；迫切需要深入挖掘中华优秀传统文化价值内涵，进一步激发中华优秀传统文化的生机与活力；迫切需要加强政策支持，着力构建中华优秀传统文化传承发展体系。实施中华优秀传统文化传承发展工程，是建设社会主义文化强国的重大战略任务，对于传承中华文脉、全面提升人民群众文化素养、维护国家文化安全、增强国家文化软实力、推进国家治理体系和治理能力现代化，具有重要意义。

2. 指导思想

高举中国特色社会主义伟大旗帜，全面贯彻党的十八大和十八届三中、四中、五中、六中全会精神，坚持以马克思列宁主义、毛泽东思想、邓小平理论、"三个代表"重要思想、科学发展观为指导，深入贯彻习近平总书记系列重要讲话精神和治国理政新理念新思想新战略，紧紧围绕实现中华民族伟大复兴的中国梦，深入贯彻新发展理念，坚持以人民为中心的工作导向，坚持以社会主义核心价值观为引领，坚持创造性转化、创新性发展，坚守中华文化立场、传承中华文化基因，不忘本来、吸收外来、面向未来，汲取中国智慧、弘扬中国精神、传播中国价值，不断增强中华优秀传统文化的生命力和影响力，创造中华文化新辉煌。

3. 基本原则

——牢牢把握社会主义先进文化前进方向。坚持中国特色社会主义文化发展道路，立足于巩固马克思主义在意识形态领域的指导地位、巩固全党全国人民团结奋斗的共同思想基础，弘扬社会主义核心价值观，培育民族精神和时代精神，解决现实问题、助推社会发展。

——坚持以人民为中心的工作导向。坚持为了人民、依靠人民、共建共享，注重文化熏陶和实践养成，把跨越时空的思想理念、价值标准、审美风范转化为人们的精神追求和行为习惯，不断增强人民群众的文化参与感、获得感和认同感，形成向上向善的社会风尚。

——坚持创造性转化和创新性发展。坚持辩证唯物主义和历史唯物主义，秉持客观、科学、礼敬的态度，取其精华、去其糟粕，扬弃继承、转化创新，不复古泥古，不简单否定，不断赋予新的时代内涵和现代表达形式，不断补充、拓展、完善，使中华民族最基本的文化基因与当代文化相适应、与现代社会相协调。

——坚持交流互鉴、开放包容。以我为主、为我所用，取长补短、择善而从，既不简单拿来，也不盲目排外，吸收借鉴国外优秀文明成果，积极参与世界文化的对话交流，不断丰富和发展中华文化。

——坚持统筹协调、形成合力。加强党的领导，充分发挥政府主导作用和市场积极作用，鼓励和引导社会力量广泛参与，推动形成有利于传承发展中华优秀传统文化的体制机制和社会环境。

4. 总体目标

到 2025 年，中华优秀传统文化传承发展体系基本形成，研究阐发、教育普及、保护传承、创新发展、传播交流等方面协同推进并取得重要成果，具有中国特色、中国风格、中国气派的文化产品更加丰富，文化自觉和文化自信显著增强，国家文化软实力的根基更为坚实，中华文化的国际影响力明显提升。

二、主要内容

5. 核心思想理念

中华民族和中国人民在修齐治平、尊时守位、知常达变、开物成务、建功立业过程中培育和形成的基本思想理念，如革故鼎新、与时俱进的思想，脚踏实地、实事求是的思想，惠民利民、安民富民的思想，道法自然、天人合一的思想等，可以为人们认识和改造世界提供有益启迪，可以为治国理政提供有益借鉴。传承发展中华优秀传统文化，就要大力弘扬讲仁爱、重民本、守诚信、崇正义、尚和合、求大同等核心思想理念。

6. 中华传统美德

中华优秀传统文化蕴含着丰富的道德理念和规范，如天下兴亡、匹夫有责的担当意识，精忠报国、振兴中华的爱国情怀，崇德向善、见贤思齐的社会风尚，孝悌忠信、礼义廉耻的荣辱观念，体现着评判是非曲直的价值标准，潜移默化地影响着中国人的行为方式。传承发展中华优秀传统文化，就要大力弘扬自强不息、敬业乐群、扶危济困、见义勇为、孝老爱亲等中华传统美德。

7. 中华人文精神

中华优秀传统文化积淀着多样、珍贵的精神财富，如求同存异、和而不同的处事方法，文以载道、以文化人的教化思想，形神兼备、情景交融的美学追求，俭约自守、中和泰和的生活理念等，是中国人民思想观念、风俗习惯、生活方式、情感样式的集中表达，滋养了独特丰富的文学艺术、科学技术、人文学术，至今仍然具有深刻影响。传承发展中华优秀传统文化，就要大力弘扬有利于促进社会和谐、鼓励人们向上向善的思想文化内容。

三、重点任务

8. 深入阐发文化精髓

加强中华文化研究阐释工作，深入研究阐释中华文化的历史渊源、发展脉络、基本走向，深刻阐明中华优秀传统文化是发展当代中国马克思主义的丰厚滋养，深刻阐明传承发展中华优秀传统文化是建设中国特色社会主义事业的实践之需，深刻阐明丰富多彩的多民族文化是中华文化的基本构成，深刻阐明中华文明是在与其他文明不断交流互鉴中丰富发展的，着力构建有中国底蕴、中国特色的思想体系、学术体系和话语体系。加强党史国史及相关档案编修，做好地方史志编纂工作，巩固中华文明探源成果，正确反映中华民族文明史，推出一批研究成果。实施中华文化资源普查工程，构建准确权威、开放共享的中华文化资源公共数据平台。建立国家文物登录制度。建设国家文献战略储备库、革命文物资源目录和大数据库。实施国家古籍保护工程，完善国家珍贵古籍名录和全国古籍重点保护单位评定制度，加强中华文化典籍整理编纂出版工作。完善非物质文化遗产、馆藏革命文物普查建档制度。

9. 贯穿国民教育始终

围绕立德树人根本任务，遵循学生认知规律和教育教学规律，按照一体化、分学段、有序推进的原则，把中华优秀传统文化全方位融入思想道德教育、文化知识教育、艺术体育教育、社会实践教育各环节，贯穿于启蒙教育、基础教育、职业教育、高等教育、继续教育各领域。以幼儿、小学、中学教材为重点，构建中华文化课程和教材体系。编写中华文化幼儿读物，开展"少年传承中华传统美德"系列教育活动，创作系列绘本、童谣、儿歌、动画等。修订中小学道德与法治、语文、历史等课程教材。推动高校开设中华优秀传统文化必修课，在哲学社会科学及相关学科专业和课程中增加中华优秀传统文化的内容。加强中华优秀传统文化相关学科建设，重视保护和发展具有重要文化价值和传承意义的"绝学"、冷门学科。推进职业院校民族文化传承与创新示范专业点建设。丰富拓展校园文化，推进戏曲、书法、高雅艺术、传统体育等进校园，实施中华经典诵读工程，开设中华文化公开课，抓好传统文化教育成果展示活动。研究制定国民语言教育大纲，开展好国民语言教育，加强面向全体教师的中华文化教育培训，全面提升师资队伍水平。

10. 保护传承文化遗产

坚持保护为主、抢救第一、合理利用、加强管理的方针，做好文物保护工作，抢救保护濒危文物，实施馆藏文物修复计划，加强新型城镇化和新农村建设中的文物保护。加强历史文化名城名镇名村、历史文化街区、名人故居保护和城市特色风貌管理，实施中国传统村落保护工程，做好传统民居、历史建筑、革命文化纪念地、农业遗产、工业遗产保护工作。规划建设一批国家文化公园，成为中华文化重要标志。推进地名文化遗产保护。实施非物质文化遗产传承发展工程，进一步完善非物质文化遗产保护制度。实施传统工艺振兴计划。大力推广和规范使用国家通用语言文字，保护传承方言文化。开展少数民族特色文化保护工作，加强少数民族语言文字和经典文献的保护和传播，做好少数民族经典文献和汉族经典文献互译出版工作。实施中华民族音乐传承出版工程、中国民间文学大系出版工程，推动民族传统体育项目的整理研究和保护传承。

11. 滋养文艺创作

善于从中华文化资源宝库中提炼题材、获取灵感、汲取养分，把中华优秀传统文化的有益思想、艺术价值与时代特点和要求相结合，运用丰富多样的艺术形式进行当代表达，推出一大批底蕴深厚、涵育人心的优秀文艺作品。科学编制重大革命和历史题材、现实题材、爱国主义题材、青少年题材等专项创作规划，提高创作生产组织化程度，彰显中华文化的精神内涵和审美风范。加强对中华诗词、音乐舞蹈、书法绘画、曲艺杂技和历史文化纪录片、动画片、出版物等的扶持。实施戏曲振兴工程，做好戏曲工作，挖掘整理优秀传统剧目，推进数字化保存和传播。实施网络文艺创作传播计划，推动网络文学、网络音乐、网络剧、微电影等传承发展中华优秀传统文化。实施中国经典民间故事动漫创作工程、中华文化电视传播工程，组织创作生产一批传承中华文化基因、具有大众亲和力的动画片、纪录片和节目栏目。大力加强文艺评论，改革完善文艺评奖，建立有中国特色的文艺研究评论体系，倡导中华美学精神，推动美学、美德、美文相结合。

12. 融入生产生活

注重实践与养成、需求与供给、形式与内容相结合，把中华优秀传统文化内涵更好更多地融入生产生活各方面。深入挖掘城市历史文化价值，提炼精选一批凸显文化特色的经典性元素和标志性符号，纳入城镇化建设、城市规划设计，合理应用于城市雕塑、广场园林等公共空间，避免千篇一律、千城一面。挖掘整理传统建筑文化，鼓励建筑设计继承创新，推进城市修补、生态修复工作，延续城市文脉。加强"美丽乡村"文化建设，发掘和保护一批处处有历史、步步有文化的小镇和村庄。用中华优秀传统文化的精髓涵养企业精神，培育现代企业文化。实施中华老字号保护发展工程，支持一批文化特色浓、品牌信誉高、有市场竞争力的中华老字号做精做强。深入开展"我们的节日"主题活动，实施中国传统节日振兴工程，丰富春节、元宵、清明、端午、七夕、中秋、重阳等传统节日文化内涵，形成新的节日习俗。加强对传统历法、节气、生肖和饮食、医药等的研究阐释、活态利用，使其有益的文化价值深度嵌入百姓生活。实施中华节庆礼仪服装服饰计划,设计制作展现中华民族独特文化魅力的系列服装服饰。大力发展文化旅游,充分利用历史文化资源优势,规划设计推出一批专题研学旅游线路,引导游客在文化旅游中感知中华文化。推动休闲生活与传统文化融合发展,培育符合现代人需求的传统休闲文化。发展传统体育,抢救濒危传统体育项目,把传统体育项目纳入全民健身工程。

13. 加大宣传教育力度

综合运用报纸、书刊、电台、电视台、互联网站等各类载体,融通多媒体资源,统筹宣传、文化、文物等各方力量,创新表达方式,大力彰显中华文化魅力。实施中华文化新媒体传播工程。充分发挥图书馆、文化馆、博物馆、群艺馆、美术馆等公共文化机构在传承发展中华优秀传统文化中的作用。编纂出版系列文化经典。加强革命文物工作,实施革命文物保护利用工程,做好革命遗址、遗迹、烈士纪念设施的保护和利用。推动红色旅游持续健康发展。深入开展"爱我中华"主题教育活动,充分利用重大历史事件和中华历史名人纪念活动、国家公祭仪式、烈士纪念日,充分利用各类爱国主义教育基地、历史遗迹等,展示爱国主义深刻内涵,培育爱国主义精神。加强国民礼仪教育。加大对国家重要礼仪的普及教育与宣传力度,在国家重大节庆活动中体现仪式感、庄重感、荣誉感,彰显中华传统礼仪文化的时代价值,树立文明古国、礼仪之邦的良好形象。研究提出承接传统习俗、符合现代文明要求的社会礼仪、服装服饰、文明用语规范,建立健全各类公共场所和网络公共空间的礼仪、礼节、礼貌规范,推动形成良好的言行举止和礼让宽容的社会风尚。把优秀传统文化思想理念体现在社会规范中,与制定市民公约、乡规民约、学生守则、行业规章、团体章程相结合。弘扬孝敬文化、慈善文化、诚信文化等,开展节俭养德全民行动和学雷锋志愿服务。广泛开展文明家庭创建活动,挖掘和整理家训、家书文化,用优良的家风家教培育青少年。挖掘和保护乡土文化资源,建设新乡贤文化,培育和扶持乡村文化骨干,提升乡土文化内涵,形成良性乡村文化生态,让子孙后代记得住乡愁。加强港澳台中华文化普及和交流,积极举办以中华文化为主题的青少年夏令营、冬令营以及诵读和书写中华经典等交流活动,鼓励港澳台艺术家参与国家在海外举办的感知中国、中国文化年（节）、欢乐春节等品牌活动，增强国家认同、民族认同、文化认同。

14. 推动中外文化交流互鉴

加强对外文化交流合作，创新人文交流方式，丰富文化交流内容，不断提高文化交流水平。充分运用海外中国文化中心、孔子学院，文化节展、文物展览、博览会、书展、电影节、体育活动、旅游推介和各类品牌活动，助推中华优秀传统文化的国际传播。支持中华医药、中华烹饪、中华武术、中华典籍、中国文物、中国园林、中国节日等中华传统文化代表性项目走出去。积极宣传推介戏曲、民乐、书法、国画等我国优秀传统文化艺术，让国外民众在审美过程中获得愉悦、感受魅力。加强"一带一路"沿线国家文化交流合作。鼓励发展对外文化贸易，让更多体现中华文化特色、具有较强竞争力的文化产品走向国际市场。探索中华文化国际传播与交流新模式，综合运用大众传播、群体传播、人际传播等方式，构建全方位、多层次、宽领域的中华文化传播格局。推进国际汉学交流和中外智库合作，加强中国出版物国际推广与传播，扶持汉学家和海外出版机构翻译出版中国图书，通过华侨华人、文化体育名人、各方面出境人员，依托我国驻外机构、中资企业、与我友好合作机构和世界各地的中餐馆等，讲好中国故事、传播好中国声音、阐释好中国特色、展示好中国形象。

四、组织实施和保障措施

15. 加强组织领导

各级党委和政府要从坚定文化自信、坚持和发展中国特色社会主义、实现中华民族伟大复兴的高度，切实把中华优秀传统文化传承发展工作摆上重要日程，加强宏观指导，提高组织化程度，纳入经济社会发展总体规划，纳入考核评价体系，纳入各级党校、行政学院教学的重要内容。各级党委宣传部门要发挥综合协调作用，整合各类资源，调动各方力量，推动形成党委统一领导、党政群协同推进、有关部门各负其责、全社会共同参与的中华优秀传统文化传承发展工作新格局。各有关部门和群团组织要按照责任分工，制定实施方案，完善工作机制，把各项任务落到实处。

16. 加强政策保障

加强中华优秀传统文化传承发展相关扶持政策的制定与实施，注重政策措施的系统性协同性操作性。加大中央和地方各级财政支持力度，同时统筹整合现有相关资金，支持中华优秀传统文化传承发展重点项目。制定和完善惠及中华优秀传统文化传承发展工程项目的金融支持政策。加大对国家重要文化和自然遗产、国家级非物质文化遗产等珍贵遗产资源保护利用设施建设的支持力度。建立中华优秀传统文化传承发展相关领域和部门合作共建机制。制定文物保护和非物质文化遗产保护专项规划。制定和完善历史文化名城名镇名村和历史文化街区保护的相关政策。完善相关奖励、补贴政策，落实税收优惠政策，引导和鼓励企业、社会组织及个人捐赠或共建相关文化项目。建立健全中华优秀传统文化传承发展重大项目首席专家制度，培养造就一批人民喜爱、有国际影响的中华文化代表人物。完善中华优秀传统文化传承发展的激励表彰制度，对为中华优秀传统文化传承发展和传播交流作出贡献、建立功勋、享有盛誉的杰出海内外人士按规定授予功勋荣誉或进行表彰奖励。有关部门要研究出台入学、住房保障等方面的倾斜政策和措施，用以倡导和鼓励自强不息、敬业乐群、扶正扬善、扶危济困、见义勇为、孝老爱亲等传统美德。

17. 加强文化法治环境建设

修订文物保护法。制定文化产业促进法、公共图书馆法等相关法律，对中华优秀传统文化传承发展有关工作作出制度性安排。在教育、科技、卫生、体育、城乡建设、互联网、交通、旅游、语言文字等领域相关法律法规的制定修订中，增加中华优秀传统文化传承发展内容。加大涉及保护传承弘扬中华优秀传统文化法律法规施行力度，加强对法律法规实施情况的监督检查。充分发挥各行政主管部门在传承发展中华优秀传统文化中的重要作用，建立完善联动机制，严厉打击违法经营行为。加强法治宣传教育，增强全社会依法传承发展中华优秀传统文化的自觉意识，形成礼敬守护和传承发展中华优秀传统文化的良好法治环境。各地要根据本地传统文化传承保护的现状，制定完善地方性法规和政府规章。

18. 充分调动全社会积极性创造性

传承发展中华优秀传统文化是全体中华儿女的共同责任。坚持全党动手、全社会参与，把中华优秀传统文化传承发展的各项任务落实到农村、企业、社区、机关、学校等城乡基层。各类文化单位机构、各级文化阵地平台，都要担负起守护、传播和弘扬中华优秀传统文化的职责。各类企业和社会组织要积极参与文化资源的开发、保护与利用，生产丰富多样、社会价值和市场价值相统一、人民喜闻乐见的优质文化产品，扩大中高端文化产品和服务的供给。充分尊重工人、农民、知识分子的主体地位，发挥领导干部的带头作用，发挥公众人物的示范作用，发挥青少年的生力军作用，发挥先进模范的表率作用，发挥非公有制经济组织和社会组织从业人员的积极作用，发挥文化志愿者、文化辅导员、文艺骨干、文化经营者的重要作用，形成人人传承发展中华优秀传统文化的生动局面。

2022 年 4 月 11 日，中共中央办公厅、国务院办公厅印发了《关于推进新时代古籍工作的意见》，并发出通知，要求各地区各部门结合实际认真贯彻落实。《关于推进新时代古籍工作的意见》全文如下。

做好古籍工作，把祖国宝贵的文化遗产保护好、传承好、发展好，对赓续中华文脉、弘扬民族精神、增强国家文化软实力、建设社会主义文化强国具有重要意义。党的十八大以来，以习近平同志为核心的党中央站在实现中华民族伟大复兴的战略高度，对传承和弘扬中华优秀传统文化作出一系列重大决策部署，古籍事业迎来新的发展机遇。为深入推进新时代古籍工作，现提出如下意见。

一、总体要求

1. 指导思想

以习近平新时代中国特色社会主义思想为指导，深入贯彻党的十九大和十九届历次全会精神，坚持中国特色社会主义文化发展道路，把马克思主义基本原理同中国具体实际相结合、同中华优秀传统文化相结合，深入推进中华优秀传统文化创造性转化、创新性发展，加强古籍抢救保护、整理研究和出版利用，促进古籍事业发展，为实现中华民族伟大复兴提供精神力量。

2. 工作原则

坚持和加强党的全面领导，健全党委领导、部门分工负责、社会协同推进的工作体制机制，把党的领导贯彻到古籍工作的全过程、各方面。坚持正确方向，以社会主义核心价值观为引领，把中华优秀传统文化的精神标识和具有当代价值、世界意义的文化精髓提炼出来、展示出来。坚持统筹布局，加强顶层设计和规划部署，确保古籍工作协调衔接、一体推进。坚持社会效益优先，提高古籍工作质量，始终把社会效益放在首位，实现社会效益和经济效益相统一。坚持守正创新，古为今用、推陈出新，服务当代、面向未来，进一步激发古籍事业发展活力。

3. 主要目标

古籍工作体制机制更加完善，标准规范体系基本健全，工作水平有效提升，古籍保护传承、开发利用成效显著，人才队伍发展壮大，古籍工作在传承和弘扬中华优秀传统文化中的地位更为凸显、作用更加突出，古籍事业繁荣发展。

二、完善古籍工作体系

4. 加强古籍工作领导体制建设

全国古籍整理出版规划领导小组履行全国古籍工作统筹协调职责，负责制定实施国家古籍工作中长期规划，统筹抢救保护、整理研究、编辑出版以及古籍数字化、古籍普及推广、古籍人才培养等工作，推进古籍重大项目，组织古籍工作督查考评。健全全国古籍整理出版规划领导小组工作机制，加强古籍专项工作议事协调，更好发挥全国古籍整理出版规划领导小组办公室职能作用。各地要结合实际完善古籍工作体制机制，加强省级古籍工作的统一领导和组织协调。

5. 强化古籍工作部门职责

各有关部门要高度重视古籍工作，切实履行古籍工作职责。中央宣传部发挥在全国古籍工作中的牵头作用，发挥国家版本馆在中华古籍版本传承发展工作中的重要作用。文化和旅游部、教育部、国家民委以及相关专业古籍出版单位承担其职责范围内的古籍保护、整理研究、编辑出版等工作，发挥古籍工作主阵地作用。文物、中医药、宗教、法律、农业、林草、水利、社会科学、科学技术、档案、方志、古地图等工作主管部门加强本领域古籍工作。根据地域分布、资源特色、专业优势，加强全国范围内古籍存藏保护、整理研究、编辑出版的优化布局和组织协调。加强省级古籍保护中心、少数民族古籍整理研究部门等古籍工作专业机构建设。

6. 汇聚古籍行业发展合力

统筹事业和产业两种形态、公益和市场两种资源、国有和民营两种力量、国内和国外两个市场，推动形成古籍行业发展新局面。把握古籍事业发展规律，加强古籍工作各环节衔接配合，促进抢救保护、整理研究、出版利用共同发展。加强有关行业协会、学术团体和智库建设，鼓励社会各界积极参与古籍事业，营造全社会共同关心支持古籍工作的良好氛围。

三、提升古籍工作质量

7. 提高古籍保护水平

持续推进中华版本传世工程和中华古籍保护计划，深入开展古籍普查，加强基础信息采集，完善书目数据，编纂总目提要，摸清国内外中华古籍资源和保存状况。加强古籍存藏基础设施建设，改善保存条件，做好异地、异质灾备保护，确保古籍资源安全。加大珍贵古籍保护力度，开展国家、省级珍贵古籍和古籍重点保护单位评选工作，对入选的古籍和单位实施动态管理。制定古籍类文物定级标准，国有古籍存藏单位按照有关规定完成古籍类文物定级建档工作，加强古籍类文物保护。提升古籍修复能力，加强濒危古籍抢救性修复。加强国家版本馆古籍版本资源建设，做好散落失管古籍的征集保藏。推动少数民族文字古籍文献的抢救保护。强化古籍保护基础性研究，发挥科技保护支撑作用，推动古籍保护关键技术突破和修复设备研发。

8. 提升古籍整理研究和编辑出版能力

根据不同类型古籍的具体情况，有针对性地做好整理研究和编辑出版，防止低水平重复。加强传世文献系统性整理出版，推进基础古籍深度整理出版，加快出土文献整理研究成果出版利用。推进古籍文献通代断代集成性整理出版，推动少数民族文字古籍文献整理研究和译介出版。深化古籍整理基础理论研究，总结在长期实践中形成的古籍整理理论和方法，完善我国古籍整理研究和出版范式，构建古籍整理出版理论研究体系。

9. 加强古籍工作科学化规范化管理

编制实施国家古籍工作中长期规划，建立健全多层次规划体系，做好古籍分类分级保护和分类分层次整理出版。完善古籍项目立项、成果出版的同行推荐和专家评审制度，加强对古籍工作专项经费和有关文化、科研、出版基金资助古籍项目的统筹协调，健全古籍项目绩效评估制度。加强古籍工作标准体系建设，制定修订相关国家标准，完善古籍保护、修复、整理、出版、数字化等工作规范，健全古籍公共服务、出版物、网络服务等质量检查制度。

四、加快古籍资源转化利用

10. 挖掘古籍时代价值

将古籍工作融入国家发展大局，注重国家重大战略实施中的古籍保护传承和转化利用。系统整理蕴含中华优秀传统文化核心思想理念、中华传统美德、中华人文精神的古籍文献，为治国理政提供有益借鉴。围绕铸牢中华民族共同体意识，深入整理反映各民族交往交流交融历史的古籍文献，挖掘弘扬蕴含其中的民族团结进步思想，引导各族群众树立正确的中华民族历史观。深度整理研究古代科技典籍，传承科学文化，服务科技创新。梳理挖掘古典医籍精华，推动中医药传承创新发展，增进人民健康福祉。传承中华农耕文明优秀成果，服务乡村振兴。

11. 促进古籍有效利用

统筹好古籍文物属性与文献属性的关系，各级各类古籍存藏机构在加强古籍保护的基础上，提升利用效率。完善古籍资源便捷使用机制，鼓励古籍存藏机构向社会公众提供古籍资源服务，提高古籍资源开放共享水平，激发古籍保护利用工作活力。加强古籍保护和整理出版成果的整合利用，建设中国古籍版本目录知识系统，着力构建古籍知识服务体系。

12. 推进古籍数字化

建立健全国家古籍数字化工作指导协调机制，统筹实施国家古籍数字化工程。积极对接国家文化大数据体系，加强古籍数据流通和协同管理，实现古籍数字化资源汇聚共享。支持古籍数字化重点单位做强做优，加强古籍数字化资源管理和开放共享。统筹古籍数字化版本资源建设与服务，推进古籍专业数据库开发与利用。积极开展古籍文本结构化、知识体系化、利用智能化的研究和实践，加速推动古籍整理利用转型升级。

13. 做好古籍普及传播

加大古籍宣传推广力度，多渠道、多媒介、立体化做好古籍大众化传播。持续推进古籍进校园工作，将中华优秀传统文化教育贯穿国民教育始终。提高古籍普及出版质量，做好经典古籍精选精注精译精评。积极倡导古籍阅读，开展经典古籍优秀版本推荐。加强古籍题材音视频节目制作推介，提供优质融媒体服务。支持各级各类古籍存藏机构和整理出版单位开展古籍专题展览展示，鼓励古籍文创产品开发推广。加强古籍工作对外交流合作，充分利用海外文化平台开展古籍对外宣传推广活动，加大展示展销力度，推动古籍图书对外版权输出，做好中华优秀典籍翻译出版工作。

五、强化古籍工作保障

14. 加强组织领导

各级党委和政府要充分认识推进新时代古籍工作的重要意义，将古籍工作纳入经济社会发展规划，加强组织领导和工作部署。各级党委宣传部门要加强统筹指导，整合资源力量，形成工作合力。各有关部门和单位要按照职责分工，细化目标任务，采取有力措施抓好工作落实。

15. 推进古籍学科专业建设

进一步优化我国古籍相关学科专业布局，加强课程体系建设，完善涵盖古籍保护、整理研究、编辑出版和数字化的古籍相关学科专业体系。深化古籍学科理论构建，编写专业教材，强化实践教学，鼓励在文史哲、中医药等相关学科专业教学中增加古文献相关教学内容，鼓励有条件的院校设立民文古籍与汉文古籍兼修的古文献相关学科专业。加强学科交叉融合，推动古籍学科与材料技术、信息技术、人工智能等领域学科融合发展。

16. 强化人才队伍建设

加强古籍存藏保护、整理研究和出版专业机构建设，扩大古籍保护修复人才规模，加强古籍整理研究机构力量，健全少数民族古文字人才传承机制，建设少数民族文字古籍专业人才学术交流平台，加强古籍专业出版队伍建设。完善用人机制，保障古籍工作相关人员工作待遇。强化古籍人才培训，实施古籍人才培训计划，设立全国古籍人才培训库，建设古籍人才培训基地和古籍整理研学一体的培训平台。健全评价机制，科学评价古籍工作质量，完善古籍工作成果评价办法，加强古籍优秀成果评选推荐工作。职称评定、评奖推优、科研成果认定、效益评估等政策要向古籍工作人员倾斜，对主要承担古籍工作的国有文化企业加大社会效益考核占比，对国有文化企事业单位主要承担古籍重点项目的业务部门可不考核经济效益。

17. 完善法治保障

在制定修订文化、教育、科技、卫生、语言文字、出版等领域相关法律法规时，注意体现繁荣发展古籍事业相关内容。鼓励有条件的地方出台加强古籍工作的地方性法规。加强对相关法律法规实施情况的监督检查，加大对古籍工作领域合法权益的保护力度。

18. 加强财税政策支持

中央和地方财政结合实际予以重点支持，将古籍工作相关经费纳入年度预算。统筹利用现有资金渠道，完善投入机制，调整优化支出结构。继续落实好支持古籍事业相关税收优惠政策。支持和引导公民、法人和其他组织以捐赠、资助、依法设立基金会等形式参与古籍保护传承。

中共中央办公厅、国务院办公厅此次印发的《关于推进新时代古籍工作的意见》，文件要求各地区各部门结合实际认真贯彻落实，做好古籍工作，把祖国宝贵的文化遗产保护好、传承好、发展好，对赓续中华文脉、弘扬民族精神、增强国家文化软实力、建设社会主义文化强国具有重要意义。党的十八大以来，以习近平同志为核心的党中央站在实现中华民族伟大复兴的战略高度，对传承和弘扬中华优秀传统文化作出一系列重大决策部署，古籍事业迎来新的发展机遇。古籍既是古人思想的宝藏、先贤智慧的结晶，也是中华文明传承的重要载体，是民族同胞的集体记忆。中华古籍具有十分珍贵的历史文化价值，对赓续中华文脉、弘扬民族精神、增强国家文化软实力具有重要意义。我国从 2007 年便已开始实施中华古籍保护计划，通过建立古籍保护工作协调机制、加大对古籍保护资金的投入、强化古籍保护人才培养、加大古籍市场的监管力度、加强对古籍保护的宣传等举措，保护了一大批珍贵的古籍，但由于我国古籍总量多、各地区保护能力参差不齐，古籍保护依然存在很大压力。千百年的历程，让古籍传承面临着严重的挑战，目前全国各公藏单位现存古籍约 5000 多万册（件），其中，全国公共图书馆收藏的 2750 万册古籍中，就有 1000 多万册（件）亟待抢救性修复，推进新时代古籍保护工作迫在眉睫。江苏是中国的古籍存量大省，共有近 360 万册以上的古籍，占全国公共图书馆占籍总量的 13% 以上。截至 2022 年，江苏省有古籍 9000 余种，其中，有 1422 部珍贵古籍入选国家珍贵古籍名录，南京图书馆 524 部珍贵古籍入选，分别达到全国总量的 10.6% 和 4.3%。需要修复的古籍约 112 万册。以南京图书馆为例，南图馆藏 160 万册古籍，需要修复的古籍约 50 余万册。

第一节　古籍的定义

古籍是中国古代书籍的简称，主要是指书写或印刷于 1912 年以前、具有中国古典装帧形式特点的书籍。古籍善本是指具有历史文物性、学术资料性、艺术代表性的古籍，学界一般把乾隆六十年（1795 年）前的书籍叫作古籍善本。其中，宋代的古籍善本最为珍贵，在明代就有"一页宋版，一两黄金"之说。古籍善本具备写印年代较早、传世较少、精校、精抄、精刻、精印等特点。

古籍因其书写、印刷时代不同，具有不同的文物价值；因其内容差异，具有不同的学术资料价值；因其写、印技艺不同，具有不同的艺术价值。研究古籍传本的特征与异同，鉴别其版本的真伪与优劣，进而确定其级别等次，对开展古籍保护、研究与整理工作十分必要。

2007 年 5 月 15 日，中央机构编制委员会办公室批准国家图书馆加挂"国家古籍保护中心"牌子（中央编办复字〔2007〕53 号）。5 月 25 日，国家古籍保护中心正式挂牌成立。国家古籍保护中心的职能有以下几个方面：

一、进行全国古籍普查登记工作

根据国务院办公厅《关于进一步加强我国古籍保护工作的意见》，国家图书馆将在文化行政部门领导下，负责全国古籍普查登记工作，同时负责汇总古籍普查成果，建立中华古籍综合信息数据库，形成全国统一的中华古籍目录。具体职能如下：

1. 在部际联席会议的领导下，按照统一部署，认真安排，积极开展自身的古籍普查登记工作。

2. 加强对各省级分中心的业务指导，负责省级分中心普查人员的培训工作，与各省级分中心密切协作，开展全国古籍普查登记工作和全国古籍普查成果的汇总工作，接受各省级分中心上报的古籍普查数据。

3. 直接联系、安排在北京的中央、国家机关及其各部委直属藏书机构的古籍普查登记工作，接受其古籍普查成果。

4. 负责研制古籍普查软件平台，建立中华古籍综合信息数据库，在专家委员会的协助下，对古籍普查数据进行整理汇总、审核校订，同时组织专家对全国珍贵古籍进行最终定级，为部际联席会议提供普查成果和数据分析成果。

5. 负责建立中华古籍保护网，在网上及时发布、定期更新全国普查成果，逐步建立和完善中华古籍联合目录。

6. 为实现古籍分级保护，国家图书馆将协助部际联席会议办公室建立《国家珍贵古籍名录》，会同各省级分中心积极组织申报工作。同时负责牵头与海外藏书机构合作，制订计划，有步骤地开展海外古籍调查工作，摸清各国藏书情况，建立《国家珍贵古籍名录》（海外卷）。

7. 为实现古籍书库的标准化建设，国家图书馆将协助部际联席会议办公室开展命名全国古籍重点保护单位的工作。除加强对自身古籍保护工作的管理外，会同各省级分中心积极组织申报工作。

二、负责全国古籍保护培训工作

国家古籍保护中心在全国古籍保护工作中承担培训中心的工作，主要培训工作分为两个方面。

1. 为全国古籍普查登记工作培训普查人员，特别是为各省级分中心培训普查师资人员，以便各省级分中心能够在本地区进一步组织培训，有效开展普查登记工作。

2. 培养古籍保护修复人才。国家图书馆将协助上级机构制定条例，建立图书馆古籍修复人员认证和资格准入制度，加强对古籍修复质量的监管，以保证修复质量的高水平。采取分批对现有古籍修复人员进行轮训和资格审核认定、面向省级分中心开办基础班，以及与高等院校协作开设古籍保护相关专业等方式，全方位培训，保证古籍保护修复人才的良性循环。

三、推动全国古籍保护研究工作

国家古籍保护中心协同各省级分中心做好研究工作，为全国古籍保护提供科学保障。这部分工作主要如下：

1. 加强古籍保护修复标准的研制工作，逐步向国际标准靠拢，逐步建立、完善符合我国国情的标准体系，引导全国古籍保护工作不断提高和发展。

2. 加强古籍保护修复政策调研，及时发现问题，总结全国古籍保护工作的实践经验，汇总编制相关信息简报和科研成果，加强与文物、档案保护界，以及国际图书保护界的合作，借鉴国内外成功经验，为上级单位决策提供理论和实践依据。

3. 加强古籍保护教科书和标准使用手册的编制，为古籍普查登记培训、古籍保护修复培训和高中级古籍保护专业提供高水平的教材。

4. 加强基础实验和研究工作，力争在国家财政支持下建立高标准的古籍保护实验室，建立古纸标本库，为各地古籍保护基础实验和研究项目提供实验和检测方便，积累科学数据，研制相关保护设备，使全国古籍保护工作走上科学轨道，缩小与世界先进水平间的差距。

自"中华古籍保护计划"启动以来，图书馆的古籍保护和古籍整理进入了历史最好时期。在国家古籍保护中心的大力推动和悉心指导下，各级各类图书馆做了大量卓有成效的工作，古籍保护热潮方兴未艾。有人说，"这是图书馆古籍工作的春天来了"，绝非虚妄之语。其实，古籍保护和利用，不仅仅是图书馆的事，也是全社会的事。理由很简单，因为古籍是中华民族文化命脉所系。唯有让每一名图书馆员和更多的社会成员认识古籍、了解古籍，古籍保护和利用工作才能持续有效地开展。

2015 年 6 月 12 日，"册府千华——珍贵古籍雕版特展"在国家典籍博物馆隆重开幕。这是中华人民共和国成立以来，国内珍贵古籍雕版第一次全面展示。此次展览由国家图书馆（国家古籍保护中心）、中国古籍保护协会主办，共展出来自全国十余家单位和个人收藏的雕版147块，以及珍贵雕版印刷品，展品共计两百余件。西夏文《释摩诃衍论》版片反映了西夏刻书业的发达；清代内府《柯尔坪之战图》版片集西方凹版印刷术与中国传统凸版印刷术于一体，是中西方文化交融的重要实证。展览还展示了雕版印刷术在日常生活中的广泛应用，如契约文书、广告单、年画、票据、婚书、信笺等。民间日用雕版印刷品多为单叶或数叶，一般为一次性印刷品，因此，无论是版片还是其印刷品，都流传甚少，弥足珍贵。古代雕版保护是古籍保护工作不断深化与拓展的体现，意义重大，影响深远。首个国内珍贵古籍雕版特展的举办、首次古代珍贵雕版保护研讨会的召开、首部雕版图录的编纂出版，标志着我国古籍保护工作进入了一个新的境界。

在这里，我们需要先正确认识古籍。

现今，人们常将中文图书分为新籍和古籍，并分别从成稿时代、基本内容、撰述方式、装帧形式和语言运用等五个层面来定其界说。一般说来，凡成稿于辛亥革命以前、反映我国传统文化、采用传统撰述方式和装订形式、并以古代汉语写成之典籍称为古籍。需要指出的是，"一般说来"这四字非常重要，因为古籍与新籍之界说并不是泾渭分明。如单就成稿时代而言，辛亥革命后还产生了为数不少的古籍；单就装订形式而言，古籍虽多为线装，但并非仅此一种形式，且现在还有线装书出版；单就撰述方式言，传统方式至20世纪二三十年代方才全线隐退，但并未销声匿迹。判定一本书是否为古籍，应从上述五个层面综合考察，具体情况具体分析，不可偏执一端。愚意以为，采用传统撰述方式和古代汉语来反映我国传统文化，应是古籍的本质属性和基本特征。古籍的这种本质属性和基本特征，决定古籍具有强大的功能。

古籍是记录民族传统文化的重要载体，是传承古代文明的主要途径。

一个国家、一个地区、一个民族的文化，为什么能够保存下来、传之久远呢？研究人员考证出三个主要方法：一是口耳相传，父传子，子传孙，子子孙孙，无穷匮也，如民风习俗、生活习惯，基本如此，它是最为鲜活、复制能力最强的一种文化现象；二是实物作证，包括地面留存的文物实物和地下考古挖掘的文物，以其具体形象反映当时的文化；三是文献记载，古籍便是记录我国古代文明发展的载体。在这三种途径中，学术界都认为，要数文献记载最稳定、最可靠、流播也最快最广最便捷，就古籍文献本体而言，它本身也是属于文物的范畴。因为口耳相传，难免会以讹传讹，甚至会断档、亡佚；文物实物作证，最终还得靠文献记载来印证对应，如若文献无证，博物馆的某些文物便难以显示其相应价值。明白了这个道理，作为图书馆古籍工作者，一种职业自豪感便会油然而生，一种责无旁贷的使命感便会在心头扎根。

古籍记录了先民的聪明才智，是建设社会主义现代文明的重要借鉴。

"观今宜鉴古，无古不成今"。我们正在建设社会主义的物质文明、精神文明、政治文明和生态文明，为实现国家富强、民族复兴的伟大中国梦而奋斗，需要继承、借鉴和发扬民族传统文化中的优秀成果，如果离开古籍便无从谈起。

先说精神文明方面。众所周知，在我国五千年古代文明中，我们的祖先曾造就了先秦哲学、两汉经学、魏晋玄学、隋唐佛学、宋明理学和清代朴学六大思想学术高峰，从孔夫子到孙中山，无数学者为后代留下了震古烁今的皇皇巨著，人们总是用"浩如烟海""汗牛充栋"来形容它。据不完全统计，我国现存古籍约有20万种，这是一笔丰厚的文化遗产，一笔了不起的精神财富，历来为世界所瞩目。在历史发展中，这些著作所蕴含的先进思想哺育着一代又一代国人。即以道德而论，铸就了中华民族的灵魂。读过一点古籍的人都不难发现，古籍中有些内容正是继承和融会了中华古代美德，实现了中华古代文明与世界现代文明的对接。

再说物质文明方面。古籍中记录了古代先民与自然界作抗争的史实和经验，至今依然闪耀着智慧的光芒。四大发明，饮誉世界。在农学、医学、天文、工艺、建筑、园林等多个领域，皆成就斐然。这些典籍，在社会主义物质文明建设中可间接提供参考。利用馆藏古籍为现代化建设服务的实例甚多。比如，1954年武汉洪水之所以被称为"百年一遇"，是依据古籍所载，而江汉关警戒水位也是据古籍"咸丰年间发大水时小孩可坐在城墙上洗脚"之记述推定的。武钢〇七工程、葛洲坝水利工程、江汉油田、二汽、三峡等一些大型建设工程都曾来馆查阅古代地质、水文资料，并在设计、施工中发挥了参考作用。湖北省图书馆曾将长江流域方志中的灾祥记载及湖北百年来的水利和抗灾史料分别汇编，受到好评。近年来，为研究历史、修地方志、修家谱、修复古建筑、查询名人典故、开辟旅游点等而来馆查阅者更是接踵不断。

再说政治文明方面。古籍保存了几千年来历代统治者治国理政之史实，其成败得失足资后人借鉴。《资治通鉴》这一名著的书名，非常直白地讲明了这一作用。古籍分类表中设有"官箴"一类，其间不少论述，至今仍有教益。

至于生态文明方面，古籍中亦有涉及。徐霞客（1587年—1641年），名弘祖，字振声，又字振之，号霞客，明朝南直隶江阴（今江苏省江阴市）人，明地理学家、旅行家和文学家，地理名著《徐霞客游记》的作者，被称为"千古奇人"。徐霞客曾说过："此身乃山川之身也。"他提出了人和自然需要和谐共处的观念，和我们今天的生态文明理念是相符的。今人赞他是古今中外旅游博主的祖师爷，赞他是身体力行"穷游走天下"的鼻祖，赞他是古今中外倡导环保理念第一人。

以上这些资料是可让我们认识到古籍的宝贵价值和保护古籍的重要意义。

第二节　古籍的定级

于2006年8月5日发布，2006年10月1日正式实施的《古籍定级标准》（WH20—2006），由中国国家图书馆负责起草，上海图书馆、首都图书馆、天津图书馆、南京图书馆、浙江图书馆、辽宁省图书馆、山东省图书馆和陕西省图书馆等9个公共图书馆参加编写。标准规定了古籍基本术语和定义，以及古籍的级别和等次。该标准的适用范围涵括全国各级各类型图书馆、博物馆等单位的古籍保护、整理和利用工作，同时供出版、教学、科研及国内外相关业务单位使用。该标准的定级对象为汉文古籍。全国现存其他特种古代文献，如甲骨、简策、帛书、敦煌遗书、金石拓本、舆图、书札、鱼鳞册、契约、文告、少数民族语文图书，以及域外翻刻、抄写的中国古籍，如和刻本、高丽本等，不在本定级范围之内。

古籍的定级分为善本和普本两部分。将具有珍贵价值的善本划分为一、二、三级；将具有一般价值的普本定为四级。一、二、三级之下划分等次；四级之下，不分等次。具体条款如下：

一级古籍定级标准

具有特别重要历史、学术、艺术价值的代表性古籍。

——元代及其以前（包括辽、西夏、金、蒙古时期）刻印、抄写的古籍。

——明清时期各学科名家名著的代表性稿本。

——明清时期著名学者的代表性批校题跋本。

——明清时期朝廷组织编纂的代表性巨帙原本。

——明代及其以前铜活字印本、木活字印本、套版印本、饾版印本、拱花印本、饾版拱花印本及用特殊技法印制的各种有代表性书本。

——明代及其以前用特殊纸张写印，具有特殊装帧形式的代表性书本。

——清代磁版印本、活字泥版印本。

一级古籍甲等

北宋及北宋以前（包括辽、西夏时期）刻印、抄写的古籍。

一级古籍乙等

元代及其以前（包括南宋、金、蒙古时期）刻印、抄写的古籍。

一级古籍丙等

——明清时期各学科名家名著的代表性稿本。

——明清时期著名学者的代表性批校题跋本。

——明清时期朝廷组织编纂的代表性巨帙原本。

——明代及其以前铜活字印本、木活字印本、套版印本、饾版印本、拱花印本、饾版拱花印本及用特殊技法印制的各种有代表性书本。

——明代及其以前用特殊纸张写印，具有特殊装帧形式的代表性书本。

——清代磁版印本、活字泥版印本。

二级古籍定级标准

具有重要历史、学术、艺术价值的古籍。

——明洪武元年（1368年）至隆庆六年（1572年）刻印、抄写的书本。

——明清时期各学科名家名著的重要稿本、刻本、抄本。

——明清时期著名藏书家的重要批校题跋本。

——清乾隆及其以前内府刻印、抄写的书本，禁毁书、四库零帙及四库底本。

——明清时期影刻、影写宋元版本，元代及其以前人著作的明清时期初刻本，明清时期写印元代及其以前人著作而成为现存最早的版本。

——历代行用较短的年号，如明代的洪熙、泰昌，南明的弘光、隆武，以及清代的祺祥等，或有特殊历史意义的时期，如大顺、太平天国及其他农民革命政权刻印、抄写的书本。

——明末及清乾隆六十年以前的木活字印本、套印本及铜版印本等。

——明代朱印本、蓝印本、印谱。

——明末清初精刻精印本，或带有精美插图的戏曲、小说等。

——清代泥活字印本、铜活字印本。

二级古籍甲等

明洪武元年（1368年）至正德十六年（1521年）刻印、抄写的古籍。

二级古籍乙等

明嘉靖元年（1522年）至隆庆六年（1572年）刻印、抄写的古籍。

二级古籍丙等

——明清时期各学科名家名著的重要稿本、刻本、抄本。

——明清时期著名藏书家的重要批校题跋本。

——清乾隆及其以前内府刻印、抄写的书本，禁毁书、四库零帙及四库底本。

——明清时期影刻、影写宋元版本，元代及其以前人著作的明清时期初刻本，明清时期写印元代及其以前人著作而成为现存最早的版本。

——历代行用较短的年号，如明代的洪熙、泰昌，南明的弘光、隆武，以及清代的祺祥等，或有特殊历史意义的时期，如大顺、太平天国及其他农民革命政权刻印、抄写的书本。

——明末及清乾隆六十年以前的木活字印本、套印本及铜版印本等。

——明代朱印本、蓝印本、印谱。

——明末清初精刻精印本，或带有精美插图的戏曲、小说等。

——清代泥活字印本、铜活字印本。

三级古籍定级标准

具有比较重要历史、学术、艺术价值的古籍。

——明万历元年（1573 年）至清乾隆六十年（1795 年）刻印、抄写的古籍。

——清嘉庆元年（1796 年）以后翻刻、传抄宋元版及稀见明清人著作的书本。

——清嘉庆元年（1796 年）以后过录明清著名学者、藏书家批校题跋的书本。

——清代中晚期精刻精印本、仿刻覆刻宋元版本、朱印本、蓝印本。

——清代中晚期采用西方凸版、平版等印刷技术印制的铅印本、石印本、影印本的最初版本，一般木活字印本及彩绘本。

——清代的集古印谱、名家篆刻印谱的钤印本。

三级古籍甲等

明万历元年（1573 年）至清顺治十八年（1661 年）刻印、抄写的古籍。

三级古籍乙等

清康熙元年（1662 年）至清乾隆六十年（1795 年）刻印、抄写的古籍。

三级古籍丙等

——清嘉庆元年（1796 年）以后翻刻、传抄宋元版及稀见明清人著作的书本。

——清嘉庆元年（1796 年）以后过录明清著名学者、藏书家批校题跋的书本。

——清代中晚期精刻精印本、仿刻覆刻宋元版本、朱印本、蓝印本。

——清代中晚期采用西方凸版、平版等印刷技术印制的铅印本、石印本、影印本的最初版本，一般木活字印本及彩绘本。

国家图书馆国家古籍保护中心自 2010 年起，陆续组织开展了《汉文古籍特藏藏品定级》系列国家标准的编制工作，该系列标准包括古籍、简帛古籍、敦煌遗书、佛教古籍、碑帖拓本、古地图六个部分。其中，由国家古籍保护中心组织全国十余家单位共同制定的《汉文古籍特藏藏品定级第1部分：古籍》，已于2014年12月正式发布，标准号为GB/T31076.1—2014。此定级标准是在《古籍定级标准》（WH20—2006）的基础上重新制定的，主要针对普通形制的古籍、简帛古籍、敦煌遗书、佛教古籍，以及金石拓本、古地图等现存古籍形制在统一的原则之下分别加以制定形成的系列标准。

第三节　古籍的分类

古籍常用的分类法为四部分类法：经、史、子、集。

四部分类法创于荀勖，定于李充，但直到唐初官修的《隋书·经籍志》时才有了经、史、子、集的四部类名和四部分类的细目，正式确立了四部分类法在古代目录学中的地位。到了清代的《四库全书》中，四部分类法又有了进一步发展。在编辑我国古代最大一部丛书《四库全书》时，将编辑过程中撰写古籍提要按经史子集四部分类，汇编成《四库全书总目提要》。

1. 经部：指儒家的经典

经部收录了儒家的"十三经"及相关著作，包括易类、书类、诗类、礼类、春秋类、孝经类、五经总义类、四书类、乐类、小学类十个大类，其中，礼类又分周礼、仪礼、礼记、三礼总义、通礼、杂礼书六属，小学类又分训诂、字书、韵书三属。十三经：是指在南宋形成的十三部儒家经典。分别是《诗经》《尚书》《周礼》《仪礼》《礼记》《周易》《左传》《公羊传》《谷梁传》《论语》《尔雅》《孝经》《孟子》。

2. 史部：收录史书

包括正史类、编年类、纪事本末类、杂史类、别史类、诏令奏议类、传记类、史钞类、载记类、时令类、地理类、职官类、政书类、目录类、史评类，共十五个大类。

史部收录记载历史兴废治乱、各种人物，以及沿革等的历史书，如《史记》《汉书》等。

3. 子部：收录诸子百家及其学说的书籍

其中包括儒家类、兵家类、法家类、农家类、医家类、天文算法类、术数类、艺术类、谱录类、杂家类、类书类、小说家类、释家类、道家类，共十四大类。

4. 集部：收录诗文词总集和专集等

其中包括楚辞、别集、总集、诗文评、词曲五个大类。如《李太白全集》《白氏长庆集》《韩昌黎集》《昭明文选》《全唐诗》《文心雕龙》《沧浪诗话》等。

《中国古籍善本书目》的分类为五部分类法：经、史、子、集、丛。

《中国古籍善本书目》由《中国古籍善本书目》编委会编纂，该编委会任命上海图书馆原馆长顾廷龙（1904 年 11 月 10 日—1998 年 8 月 21 日）先生为主编，中国古籍版本目录学家冀淑英（1920 年 2 月—2001 年 4 月 18 日）女士、南京图书馆原副馆长潘天祯（1919 年 5 月—2004 年 1 月 6 日）先生为副主编。此书的经部、史部、子部、集部、丛部由上海古籍出版社于 1989 年 10 月至 1998 年 3 月陆续出版齐全。作为一部大型工具书，该书正如冀淑英女士在此书后记中所说，是"一部当今国家现藏古籍善本书的总目录"，由此书的正文和附录的"藏书单位代号表"和"藏书单位检索表"（以下简称"检索表"）可将中国大陆现存的任何一种古籍善本的馆藏、卷数、作者等细节情况很方便地检索出来。此书的出版为从事古籍整理和研究的工作人员提供了莫大的方便。

从 2007 年开始的全国古籍普查登记工作，是了解全国古籍存藏情况的起点，通过建立古籍总台账，开展全国古籍保护的基础性工作，是全国古籍普查登记工作的中心任务。通过每部古籍的身份证——"古籍普查登记编号"和相关信息，建立国家古籍登记制度，加强各级政府对古籍的管理、保护和利用。全国古籍普查登记工作利用"全国古籍普查登记平台"建立全国古籍普查基本数据库。在古籍普查登记的基础上，由各省级古籍保护中心，组织本地区各古籍收藏单位编纂出版馆藏古籍普查登记目录，形成《全国古籍普查登记目录》。在古籍普查登记工作基本完成的前提下，由省级古籍保护中心负责编纂出版本省古籍分类联合目录《中华古籍总目》分省卷。由国家古籍保护中心负责编纂出版《中华古籍总目》统编卷。据《中国古籍总目》著录，截至 2022 年底，中国古籍约有 20 万种。又据《中国古籍善本书目》统计，善本即珍贵古籍达 56787

种。公共图书馆是古籍收藏的重要机构，据不完全统计，其收藏的古籍总量超过 2750 万册，占全国古籍总量的 70% 以上。

第四节　古籍的版本

所谓古籍版本，是指一种古籍在生产、流通过程中形成的不同本子，即"同书异本"。古籍的不同版本包含书籍具有的特征，如书写或印刷的各种形式，内容的增删修改，在流传过程中卷帙的存佚，以及书中所形成的记录，如印记、批校、题识等。查阅古籍版本对于整理古代文化遗产，读书治学都有重要意义，张之洞（1837 年—1909 年）曾说过："读书不知要领，劳而无功，知某书宜读而不得精校精注本，事倍功半。"

一、古籍各种版本的称谓、定义及种类

1. 孤本：是指世传只有一部的书本或手稿，或指某一版本世传只有一部的书本。国内单传者，称为海内孤本；全世界单传者，称为海内外孤本。

2. 珍本：珍贵的书本或资料。凡不常见和难得的文献，以及具有历史、艺术和科学价值的古旧图书，都称为珍本。

3. 善本：是指那些具有历史文物性、学术资料性和艺术代表性，或在某一方面有特殊价值的书本。一般来说，刊刻年代较早或经过精心校勘而错误较少的版本可以称为善本。

4. 禁书本：明令禁止流通和收藏之书。如清高宗借修《四库全书》之机，采取"寓禁于征"的政策，强命各省督抚，查抄所谓"违碍"统治之书，均令解京销毁。所以，被禁之书能流传下来的，自然值得珍惜。

5. 进呈本：民间向朝廷敬献之本。

6. 底本：指著作的稿本，亦指抄本或刊印时所依据之原本。

7. 巾箱本：指古时开本极小可以装在巾箱里的书本。巾箱是古人装头巾用的小箧。

8. 初印本：一书初印，版面清晰，人以为贵。

9. 通行本：民间流行甚多而刻印平常的本子。

10. 足本：即全本，指内容完整的书籍。

11. 节本：对原书经删节后而印行的本子。故有"洁本"之称。如洁本《水浒》四十八回本。

12. 选本：因原本浩繁，选其精粹而成本者。如《唐诗三百首》《宋词选》。

13. 配本：因原本残缺，用同种本的其他版本配成全本者。以抄写补残者曰抄配本。

14. 百衲本：用同一种书的不同版片拼印或用同一种书的不同版本拼配起来的书本。这是个借喻性的版本称谓。衲，原意补缀。百衲，指用零星材料集成的一个完整的东西。百衲本书始出于清初的宋荦（1634年—1713年），他用两种宋本、三种元本，配置成一部《史记》八十卷，称为百衲本《史记》。傅增湘（1872年—1949年）用几种宋本拼配了一部《资治通鉴》，称为百衲本《资治通鉴》。商务印书馆曾汇集不同版本的史书，拼配影印了一部《二十四史》，称为百衲本《二十四史》。

15. 丛书本：专指丛书中之零种，称某某丛书本。

16. 单行本：从丛书、全集中，或一书中能独立成篇的抽出付印的本子。

17. 三朝本：南宋官刻的各书书版，元时入西湖书院，明又转南京国子监，历经三朝，故称三朝本。

18. 邋遢本：宋刊九行本《七史》，版经三朝，累次修补印刷，所以版印模糊不清，时称邋遢本。

19. 赝本：书贾作伪假冒之本。采取挖改、染纸、伪造等手法，以假充真。但赝本并不等于劣本。

20. 秘本：私人收藏者秘藏于家室，置之高阁，不准许外人见阅的版本。

21. 禁毁本：前代或当世之因遭禁被毁，侥幸私存下来的版本为禁毁本。在古代，保存这种禁毁本十分危险，一旦被当局发现，必遭杀身之祸，因而其流传极其艰难，弥足珍贵。

22. 绣像本：书中间有插图的版本为绣像本。这类绣像本书因其生动的表现形式而备受欢迎，但因绘刻工艺复杂，价格昂贵而成品较少，故而现存的绣像本十分珍稀。

23. 石印本：精选坚硬宽大而表面平滑的石头经过打磨、雕刻制成石版，再用药墨将文字写在特制药纸上，将药纸上的字迹移置到石版上，然后滚刷油墨印成的书为石印本。

24. 手抄本：根据底本抄写而成的书本。其中有一种影抄本，是把透明纸覆在底本上面，按其原有字体、行款照样摹写的书本。

25. 补本：对前代前人的著作内容继续的描写，以延续原著的意思为主旨。

26. 保留本：因为某种私人目的而专门保留起来的书，一般是私家世代收藏保留，视为至宝。

27. 稿本：指作者亲笔书写的自己著作的底本。分手稿本、清稿本和修改稿本。

28. 抄本：以某一传本为底本，抄写而成的书本。习惯上对元及元以后抄写的书本称为抄本。

29. 影抄本：也称影写本。以某一传本为底本，按照底本文字的行款格式、版框大小、文字内容，摹抄，其版面形象与底本惟妙惟肖，故名。

30. 彩绘本：用多种颜色绘制而成的书本。

31. 刻本：雕版印本的简称。指雕刻木板，制成阳文反字印版，而后敷墨覆纸刷印而成的书本。

32. 重刻本：依据某一底本而重新刻版印制的书本。

33. 翻刻本：也称覆刻本。按照某一底本翻雕印制的书本。

34. 影刻本：按照某一底本原样摹刻印制的书本。

35. 重修本：也称修补本或修补版。指用修补过的旧版刷印而成的书本。

36. 递修本：用经过两次或两次以上修补过的旧版刷印而成的书本。宋代的雕版，经宋、元两代修补后在元代刷印成的书本称宋元递修本，或经元、明两代修补在明代刷印成的书本称元明递修本，或经宋、元、明三代修补在明代刷印成的书本称宋元明递修本，亦称三朝递修本。

37. 朱印本：在版面上敷以朱色，覆纸印成的书本。

38. 蓝印本：在版面上敷以蓝色，覆纸印成的书本。

39. 活字本：活字印本的简称。选用单体活字，按照书的内容，摆成印版，敷墨覆纸印成的书本。按照活字制作材料的不同，分为泥、木、铜、锡、铅活字等。活字印刷是宋仁宗庆历时（1041年—1048年）毕昇（？—1051年）所发明，用胶泥制字，火烧使坚，摆版印刷。这一发明比德国谷登堡使用金属活字排版早四百年。元代又创制木活字。

40. 泥活字印本：制造泥活字摆成印版，敷墨覆纸印成的书本。

41. 木活字印本：制造木活字摆成印版，敷墨覆纸印成的书本。

42. 聚珍版印本：简称聚珍版。指清武英殿用所制木活字摆版印成的丛书本。清乾隆皇帝采纳金简建议，在武英殿制造大小木活字，用以选印收入《四库全书》而又为世所急需的稀见之书。乾隆皇帝以"活字"名称不雅，诏以"聚珍"名之。用此木活字摆印之丛书称为内聚珍；后各省官书局据以翻刻，其所刻印之书称为外聚珍。

43. 铜活字印本：制造铜活字摆成印版，敷墨覆纸印成的书本。

44. 套印本：套色或套版印成的书本，包括套色印本和套版印本两种。早期为一版分色套印，元代以后发展成两版或多版分色套印。

45. 套色印本：也称敷彩印本。指在一块雕版上，根据不同需要，敷以不同颜色而印成的书本。

46. 套版印本：用两套或多套大小相同的书版，分别敷以不同颜色，依次刷印而成的书本。

47. 朱墨套印本：以朱色和墨色两种颜色套版印成的书本。

48. 多色套印本：用三种以上颜色套版印成的书本，包括三色、四色、五色套印本等。

49. 饾版印本：雕刻多块印版，分别涂以不同颜色，依次刷印而成的书本。为了表现山川云雾、草木虫鱼、花鸟禽兽、建筑陈设等富有立体感，将一叶图文或一个局部，分别刻成多块小木版，而后分层分色套印。因每块雕版小如饾饤，故名。

50. 拱花印本：雕刻多块凹凸印版，根据内容需要，依次嵌合挤压而成拱起于纸面的各种图形的书本。用以凸现山川云雾、草木虫鱼、花鸟禽兽及建筑陈设等造型的立体感。

51. 饾版拱花印本：同时运用饾版、拱花两种技法印制而成的书本。

52. 钤印本：钤盖图章而成的书本。

53.磁版印本：选用特制泥土制成泥版，刻成阳文反字，火烧令坚，敷墨覆纸而印成的书本。

54.活字泥版印本：选用阳文反字的木质雕版作为字源，将特制泥条的一端压于木质雕版的一个文字上，制成一个阴文正字的泥质字模，再按照书的内容，选用对应的泥质字模，压于特制的泥版上，制成阳文反字的泥质版，在泥版上敷墨覆纸而印成的书本。

55.铜版印本：以铜为版，施以腐蚀药剂制成印版，而后敷墨覆纸印成的书本。

56.影印本：以某一版本为底本，用照相的方法制成印版，上机印刷而印成的书本。

57.珂罗版印本：又称玻璃版印本。用照相的方法，把图文晒印在涂有感光胶层的玻璃版上制成印版，上机印刷而印成的书本。

58.批校题跋本：指书中带有批、校、题、跋的书本。对书的内容进行品评而形诸叶面的批语谓之批；依据不同传本和有关资料，与底本文字进行核勘，记载核勘文字谓之校；批、校均具者谓之批校；学者或藏书家对某一传本的内容、版本源流及其价值等所写的评论、鉴赏、考订、记事等，统称题跋，也称题识。

59.过录本：将其他传本中所载的他人批校文字照样移录过来的书本。

60.普本：普通版本的简称，相对善本而言。指具有一定历史、学术和艺术价值的书本。

61.写本：缮写而成的书本。习惯上对宋及宋以前缮写、宋代以后著名学者及名家缮写、历代缮写的佛道经卷等均称写本；历代中央政府组织编纂缮写的巨帙原本，如明辑《永乐大典》、清修《四库全书》等，亦称写本。

二、古籍版本的类别区分

1.以刻印时间区分：宋刻本——北宋本和南宋本、元刻本、明刻本、清刻本、三朝本、递修本、初刻本、重刻本、翻刻本、影刻本、初印本、后印本。

2.以刻印地点区分：浙本、建本、蜀本、江西本、平阳本、朝鲜本、日本本、越南本、梵本。

3.以刻印单位区分：官刻本、家刻本、坊刻本、京本、监本、兴文署本、经厂本、殿本、内府本、藩本、局本、扬州诗局本、书院本、公使库本、汲古阁本、陈宅书籍铺本、建安余氏本。

4. 以装订形式区分：卷子本、经折装本、旋风装本、包背装本、线装本等。

5. 以写本种类区分：写本、稿本、抄本。

6. 以活字种类区分：泥活字本、木活字本、铜活字本、铅活字本。

7. 以字体、行款区分：大字本、小字本、软体字本、硬体字本、袖珍本。

8. 以纸张区分：麻纸本、树皮纸本、竹纸本、公文纸背本等。

9. 以颜色区分：朱墨本、朱印本、蓝印本。

10. 以版式区分：巾箱本、两节版本、三节版本、百衲本、配本、黑口本。

11. 以刻印质量区分：邋遢本、大花脸本、书帕本、写刻本、精刻本。

12. 以内容区分：单刻本、合刻本、抽印本、丛书本、增订本、删本、节本、足本、残本、校本、注本、批点本、真本、伪本、序跋本、插图本、过录本、配本。

13. 以用途区分：进呈本、底本、样本。

14. 以流传情况和价值区分：俗本、孤本、秘本、善本、焦尾本、批校题跋本。

15. 以制版工艺区分：写本、拓本、刻本、活字本、套印本、钤印本、石印本、影印本、饾版印本、拱花印本。

三、古籍的版式

古籍的版式即古籍每一印叶的格式。印叶上各部分都有特定名称，主要包括：版面、大小题名、版框（四周单边、左右双边、四周双边等）、界行、天头、地脚、行款、字数、版心、书口、鱼尾（按数量分有单鱼尾、双鱼尾、三鱼尾等；按鱼尾方向分有对鱼尾和顺鱼尾；以鱼尾的虚实图案分有白鱼尾、黑鱼尾、线鱼尾、花鱼尾等）、象鼻（粗的交大黑口或阔黑口，细的叫小黑口、线黑口或细黑口，没有线的叫白口）、书耳、书牌、条记、折叠朱丝栏乌丝栏、句读、插图，等等。

1. 版面：是指书叶幅面中图文和空白部分的总和。

2. 大小题名：大题指一种书的题名。小题指一种书内各篇卷的题名。

3. 版框：也称为边栏，指每版内围框文字的四周边线，上方叫"上栏"，下方叫"下栏"，两旁叫"左右栏"，单线的叫"单边"或"单栏"，双线的叫"双边"或"双栏"。四周只印一道粗黑的边线，称为四周单边。四周粗黑线内侧再刻一细黑线，称四周双边。如果仅左右粗黑线内侧有细黑线称为左右双边。

4. 界行：也称界格。指在版面内分割行字的直线。两道隔线间的条格叫界格。

5. 天头：版框外空白纸的上方叫天头。

6. 地脚：版框外空白纸的下方叫地脚。

7. 行款：在鉴定和著录时，人们习惯以半叶计算，叫做"半叶 × 行 × 字"，有的径称"× 行 × 字"，若每一行中有两排字（通常为大字的注解），叫做"小字双行每行 × 字"。若双行字数与单行正文相同，就不再注出。这种著录和说明方式，称为行格，又称行款。

8. 版心：也称"叶心"，或简称"心"，指古籍书叶两半叶之间、没有正文的一行。为拆装整齐，版心多刻有鱼尾、口线等，为方便检索，也常记有书名、卷数、叶码、每卷小题、刻工姓名等文字。因为这一行居于两版的中心，故称版心。版心通常有用作对折准绳的黑线和鱼尾形图案。

9. 书口：又称版口，或简称口。指书籍装订成册后开合一侧的端面，有白口、黑口等款式。就书版而言它是版心。对于以包背装或线装的方式装订起来的书籍而言，这一部分为书可以翻阅的开口，故称书口。

10. 鱼尾：版心中间的图形 ◤，因其酷似鱼尾，故名。刻于距版心上边大约四分之一之处。有时版心上下方都有鱼尾。一个鱼尾为单鱼尾，两个鱼尾称双鱼尾，个别有三鱼尾。鱼尾刻印出花样的称花鱼尾。鱼尾的作用是用作标示中缝线，作为折叶的标准。

11. 象鼻：鱼尾上下到版框有一条线，叫做象鼻。象鼻为一条细黑线的叫细黑口或小黑口，象鼻为一条粗黑线的称为粗黑口或大黑口，无象鼻者为白口。

12. 书耳：版框外左上角的空格，里面刻有简单的篇名，因为形状像耳朵，所以称书耳。书耳中的题名叫耳题、耳记。

13. 墨钉：又称墨等。指版面上常有文字般大小的黑墨块，形状似钉帽。出现的原因是文稿雕版时未定的文字，等待校勘后写上去再印。

14. 书牌：又称牌记，与现在的版权页类似，常常镌有书名、作者、镌版人、藏版人、刊刻年代、刊版地点等。明清时期的书牌作用多为表示特色和所有权，明清以前则更多是刻书题记，讲刻书缘起，选用底本，校本，甚至多少具有广告宣传作用。

15. 朱丝栏、乌丝栏：行格界栏以红色印的称为朱丝栏，以黑色印的称为乌丝栏。主要见于唐以前写本。明清时期，专有印刷各种颜色笺格的作坊，用不同颜色界栏笺纸抄写的古籍，通常直接著录为红格、黑格、蓝格、绿格等。

16. 句读：古人断句的符号。

17. 插图：书籍插图是晚明时期的一大特色。主要涉及小说、戏曲等文艺作品，刻画精美，线条生动，具有很高的美学品位，并且发展出几大流派，争奇斗艳，各有特色。在我国的书籍史上留下了辉煌的一页。

古代书籍的版式风格经历了一个不断创新、继承、再创新、又回归的轮回过程。一种风格代表了一个时代的审美趋向，它所传达的文化、精神、民族传统，是留给后人的最宝贵的财富。

第五节　古籍的装订结构

古籍的结构是一部具体古籍外在形式和内容的各个组成部分，在流传的过程中，逐渐有其特定的名称。单叶装订成册，就成为一部古籍。古籍的外部结构包含：书衣、书签、书名叶、书首、书根、书脑、书脊、副叶、包角、衬纸、金镶玉、书帙、书套、木匣、夹板、高广、书品。古籍的内部结构包含：序、目录、跋、凡例、卷首、卷末、附录、外集、卷端、大题和小题、牌记、墨钉、墨围、阴文、白文、行款、藏章、帮手。现存古籍以线装居多。

古籍的外部结构主要有：

1. 书签：用作题写书名的长方形纸条，一般贴在古籍封皮左上角。有时还有册次和题写人姓名。

2. 书衣：为保护书在书的前后加的封衣，也称封皮，一般选用较硬的纸作为书衣的材料，并在书衣上题写书名。

3. 书名叶：在封皮之后，题有书名的一叶，又称封面、封、面叶、内封面。

书名叶的后面一般加上一张空白纸，叫护叶或扉叶。

4. 书脑：装订时，锥眼订线的地方叫书脑。

5. 书脊：也称书背，一书装订处的侧面，如同书的脊背，称为书脊。

6. 书首：书脊的最上端，称为书首，又称为书头。

7. 书脚：书脚是书的底部，有些藏书家自己为方便翻检、阅读或者保存而将书名写上去。

8. 书根：书脚中简单记载卷册的部分。

9. 包角：在书籍的书脊两角处包上绫锦，称为"包角"。

10. 书帙：书、画的封套，用布帛制成。

11. 衬纸：是指封面（封二）下面另黏上的白张页，是为衬托封面与书芯衔接而用，并有保护书芯的作用。

12. 副叶：亦称"副页""护叶""扉叶"，是指在封皮之后，在书皮内另加的空白叶，题有书名的一叶，又称"封面""内封面"。

第六节　古籍的装帧形式

古籍的装帧形式主要包括：简策、帛书卷子装、卷轴装、梵夹装、旋风装、经折装、蝴蝶装、包背装、线装、毛装、金镶玉装等。

1. 简策

将单个竹木简编连成册即简策，据史料记载，这种形式始于商周讫于魏晋，在商周与魏晋之间长期使用。简策是中国最早的书籍装帧形式，它所体现的书籍保护理念对后世影响颇大，不断被继承和发扬。简策是中国早期的书籍形式之一。在造纸技术发明以前，中国古代书籍主要是用墨写在竹木简上。人们将竹木劈成狭长的细条，经过刮削整治后在上面写字，单独的竹木片叫作"简"，若干片简编连起来就叫作"策"（亦写作"册"），这是现在称一本书为一册书的起源。简的书写用毛笔和墨，古籍中有"漆书"之说，编绳有用皮编之说，在简上写错的字要用刀削去，因此，古人常以"刀笔"并提。版牍是正规书籍形式之一。在竹木简盛行的同时，也用木版作为文字载体。未写字的木版称为

"版"，写了字的称为"牍"。一尺见方的牍，叫作"方"。《礼记》上说，"百名以上书于策，不及百名书于方"，指的就是不到百字的短文写在一尺见方的版牍上。若是百字以上的长文，方牍容纳不下，就要写在简策上了。版牍写录短文，记录杂事，有很大的灵活性。简牍较重，一部书要人手抬、肩扛，十分不便。人们在长期的实践中发现了另一种可代替简牍的东西——帛，于是，帛书应运而生，帛书是写在缣帛上的书。由于丝织品本身容易朽烂，难于长久保存，而且帛书不如简牍普遍，所以古代遗留下来的实物很少见。

2. 帛书卷子装

中国蚕桑丝织业起源很早，缣帛作为书籍的载体，优点是质地柔软，便于携带，与简策并行，虽然二者质地截然不同，但帛书的装帧形式在简策的影响下出现卷子装。卷子装的帛书一般写在半幅宽的缣帛上，文字从上至下，由右至左。为使文字整齐，大致根据简的宽度用墨笔或朱笔划上界行，后来则用朱丝或乌丝织出，是为乌丝栏、朱丝栏。卷首仿照简策中的赘简，留下一段空白，保护正文不被磨损。卷尾黏以二三厘米宽的竹片作为轴心，将帛书像简策一样从左向右卷成一卷。这便是后来卷轴装的雏形。

3. 卷轴装

卷轴装是由简策卷成一束的装订形式演变而成的。方法是在长卷文章的末端黏连一根轴（一般为木轴），将书卷卷在轴上。缣帛的书，文章是直接写在缣帛之上的，纸写本书，则是将一张张写有文字的纸，依次黏连在长卷之上。卷轴装的卷首一般都黏接一张叫作"裱"的纸或丝织品。裱的质地坚韧，不写字，起保护作用。裱头再系以丝带，用以捆缚书卷。丝带末端穿一签，捆缚后固定丝带。阅读时，将长卷打开，随着阅读进度逐渐舒展，阅毕，将书卷随轴卷起，用卷首丝带捆缚，置于插架之上。精致的卷轴装主要表现在轴、签、丝带上，如钿白牙轴、黄缥带、红牙签、雕紫檀轴、紫带、碧牙签等。从装帧形式上看，卷轴装主要从卷、轴、缥、带四个部分进行装饰，"玉轴牙签，绢锦飘带"是对当时卷轴装的生动描绘。卷轴装的纸书从东汉（公元2世纪）一直沿用到宋初（公元10世纪）。

4. 梵夹装

古书装帧形式之一。源于古印度用梵文书写的贝叶经，古印度是佛教的发祥地，佛教经典在很长的历史时期内都是书写在贝多树叶上。《酉阳杂俎》卷十八："贝多，出摩伽国，长六七丈，经冬不凋。此树有三种……西域经书，用此三种皮叶。若能保护，亦得五六百年。"中国隋唐时期杜宝《大业杂记》："……新翻经本从外国来，用贝多树叶。叶形似枇杷，叶面厚大，横作行书。约经多少，缀其一边，牒牒然，今呼为梵。"元代胡三省（1230年—1302年）给《资治通鉴》作注，于唐懿宗"自唱经，手持梵夹"句下，注曰"梵夹者，贝叶经也以板夹之，谓之梵夹"，表明梵夹装，系专指古印度用梵文书写的贝叶经的装帧，所以也称之为"贝叶装"，方法是将刻写好经文的贝多树叶，依次摞成一摞，在摞的上下各夹配一块与经叶大小、长短相同的竹片或木板于夹板中段，隔开一定距离，连同经叶垂直穿两个小圆洞，再用绳索两端分别穿入两个洞，直至穿过另一边的夹板，将绳索勒紧结扣，一部梵夹装的书籍就算装帧完毕。西藏吐蕃时期的古藏文书籍也采用这种装帧形式。在我国西藏，一般将纸张书写或雕印的经文效仿贝叶经，用木板相夹，而后以绳索、布带捆扎。这种装帧方式主要用于藏文藏经。梵夹装是19世纪我国引进西方书籍装订技术之前，唯一引入的一种外国的书籍装帧形式。

5. 旋风装

旋风装是在一素纸长卷上面依次黏贴书叶，每叶正反两面书写文字，展开长卷可翻叶阅读。北宋张邦基在所著的《墨庄漫录》中形容其"逐叶翻飞，展卷至末，仍合为一卷"。这种装订特点是外表是长卷，展开却是错落有致的书叶，实为介于卷轴装和经折装之间的一种装订形式，大约盛行于唐代。故宫博物院藏有唐写本《刊谬补缺切韵》五卷，即是采用这种旋风装。这种装订形式卷起时从外表看与卷轴装无异，但内部的书叶宛如自然界的旋风，故名旋风装；展开时，书叶又如鳞状有序排列，故又称龙鳞装。旋风装是我国书籍由卷轴装向册叶装发展的早期过渡形式。现存故宫博物院的唐朝吴彩鸾手写的《唐韵》，用的就是旋风装。

6. 经折装

经折装又叫折子装。经折装是在卷轴装的基础上改造而来的，以卷子长幅按照一定尺寸改作折叠，成为书本形式，前后黏以书面形成书衣，使之成为可以随时展读的册子。佛教经典多用此式，它是从卷轴装演变而来的，因卷轴装展开和卷起都很费时，改用经折装后，较为方便。凡经折装的书本，都称"折本"，是我国书籍法帖装帧形式之一。历代刊刻佛经道藏，多采用这种装订形式。古代奏折、书简也常采用这一形式。斯坦因《郭煌取书记》载："又有一册佛经，印刷简陋，然颇足见自旧型转移以至新式书籍之迹。书非卷子本，而为折叠而成，盖此种形式之第一部也……折叠本书籍，长幅接连不断，加以折叠，最后将其他一端悉行黏稳。于是展开之后，甚似近世书籍。"可见经折装在唐朝已经出现。特点是在单面书写，收展便利。但时间长了，经折装书籍折子的折缝容易磨坏断裂，折子散开，因此，后来有人就把经折装改成了旋风装。

7. 蝴蝶装

蝴蝶装将每叶书在版心处对折，有文字的一面向里，再将若干折好的书叶对齐，黏贴成册。采用这种装订形式，外表与现在的平装书相似，展开阅读时，书叶犹如蝴蝶两翼飞舞，故被称为蝴蝶装。蝴蝶装是宋元版书的主要形式，它改变了沿袭千年的卷轴形式，适应了雕版印刷一叶一版的特点，是一个重大进步。《明史艺文志》序称："秘阁书籍皆宋元所遗，无不精美。装用倒折，四周外向，虫鼠不能损。"但这种版心内向的装订形式，人们翻阅时会遇到无字叶面，同时，版心易于脱落，造成掉叶，故而逐渐又为包背装所取代。

8. 包背装

将印好的书叶版心向外对折，书口向外，然后用纸捻装订成册，再装上书衣，由于全书包上厚纸作皮，不见线眼，故称包背装。包背装出现于南宋，盛行于元代及明中期以前。清代宫廷图书如历朝实录、《四库全书》也采用这种装订方式。包背装改变了蝴蝶版心向内的形式，不再出现无字叶面，但还是未能解决易散脱叶的缺点，所以后来又发展为线装形式。

9. 线装

线装书是传世古籍最常用的装订方式。它与包背装的区别是，不用整幅书叶包背，而是前后各用一叶书衣，打孔穿线，装订成册。这种装订形式可能在南宋就已出现，但在明嘉靖时期以后才流行起来，清代基本都采用这种装订方式。其特点是解决了蝴蝶装、包背装易于脱叶的问题，同时便于修补重订。明中叶以后，为适应书籍的频繁翻阅，线装开始兴盛。线装和包背装的折叶方式一样，书背外露，钉眼穿线，装订成册。线装是明中叶以后中国古书最常见的装帧形式。线装书的大量印行，究其原因，首先在于这种装帧形式本身的艺术魅力和实用性。中国线装书局总编辑谢云先生认为："用料、印刷、装帧是印刷物的三大要素，与印刷物的内容构成了一个完整的统一整体。线装书一般用宣纸或毛边纸采用特殊方式印刷，用这种传统的印刷装帧形式能够别具一格地体现学术、艺术价值和书籍装帧印刷的特色。"正因为线装书装帧形式传递着古色古香、浓厚典雅的文化气息，所以在当代依然具有很强的艺术魅力。著名"红学家""上海四老"之一的学者邓云乡在谈到线装书时说："中国传统文化的根本，首先在于它的载体线装书，没有线装书，无处看线装书，不会看线装书，那就差不多失去了中国传统文化的根本。"随着我国对外文化交流的加速，我国传统文化在世界上的影响日益扩大，线装书作为我国传统文化的重要载体逐渐受到欢迎。在北京琉璃厂有许多著名老店，如槐荫山房、茹古斋、古艺斋、萃文阁等，还有我国最大的古旧书店中国书店，以及最著名的老店荣宝斋，在这些书店的店堂里，常常可以看到成捆的线装书待发海内外。可见，我国源远流长的线装书业将再放异彩。

10. 毛装

又名毛装本、毛边书。何谓毛边书？即书籍在印刷中未经最后一道裁切工序，呈参差不齐的折叠原状。有人亦将此称为未切本或毛装本。本来，这样没有完全成型的书是不能出厂的。然而，偏有一些读书人，竟异想天开，仿效洋装书的做法，让印刷厂留下一些未切边的"毛坯"书来，少则十来本，多则百把本，用以赠送同好。简单来说，书本印刷装订以后不切边，"三面任其本然，不施刀削"，叶与叶相连，需要用裁纸刀裁开方可阅读，这样的书可称为毛边书。鲁迅先生自认为是提倡毛边本"始作俑者之一"，但他的初衷并不是为了制造一种收藏品。据荆有麟（1903年—1951年）先生在《回忆鲁迅》中记述，鲁迅先生是"因看书人手不清洁，而看书，又非常之迟缓，一本还没有看完，其中间手揭的地方，总是闹得乌黑""一遇天潮，书便生霉，再长久，就生虫"。装成毛边，看完后可以"将沾油汗的毛边截去"，这是一种非常实际的考虑。大约后来发生了毛边本优劣的社会争论，而性格倔强的鲁迅先生，索性就自称起"毛边党"来了。

11. 金镶玉装

在我国的古籍修复中有一种特殊的装帧形式——金镶玉装，俗称"金镶玉"。

"金镶玉"是修复者在对古籍进行修复时根据古籍保存现状和破损情况而采取的一种装帧形式。在古籍修复中，由于原书纸旧泛黄，加之珍贵，喻之为"金"；套装的镶纸崭新洁白，喻之为"玉"。故此，这一技法得此雅称"金镶玉"。此外，圈内人又称之为"惜古衬"或"穿袍套"。"惜古衬"即爱惜古书，保护古籍的镶衬之法；"穿袍套"则因镶衬过的古籍纸叶大而原书叶小，犹如古人穿的长袍、短套一样。采用金镶玉装帧的古籍极具美感，在洁白绵韧的棉连纸衬托下，黄色的书叶更显古朴庄重。在古籍外观装帧上多采用瓷青书衣，配以明亮柔和的米色包角和丝线，通过明暗对比使古籍的外观和谐美观，在视觉感官上相得益彰。然而，并非所有古籍都适用于此类装帧形式，适宜采用"金镶玉"技法修复的古籍一般有以下情况：书叶（即书叶）严重破损、边栏外有文字批注、书册太小。

第七节　古籍的装具

随着时代的发展和古籍保护意识方面的普及和推广，科学保护古籍成为许多人所关注的问题，在古籍保护工作中，古籍装具便是不可忽视的重要部分，一个合适的装具可以隔离光线、防止尘埃污染，有效避免因为碰撞、挤压对于古籍造成的伤害，大大增加古籍保存的安全性。

古籍装具是我国古代书籍传统的保护装备，也称"函套""书套"，即囊、纸板盒、夹板、木盒等的总称。古代书套通常使用纸板和织物制作，纸板使用人工合成的 2 ~ 3 毫米厚黄纸板，外包织物有宋锦、棉布等。书套在结构设计上有六合套、四合套、夹板、插套等多种形式。六合套中又有云套、月牙套和普通形式六合套之分。夹板和书匣为木材制作。

1. 函套

函套是用厚纸板外裱以纺织品、纸张或其他材料，根据藏品的尺寸而制成的传统古籍装具。较为常见的函套种类为四合套，这种函套可将古籍的封面、封底、书脊和书口四面包住，书口一侧配有布扣，将别子塞入布扣即可进行固定。六合套也是较为常见的函套装具类型，六合套可以将古籍暴露在外的六面全部包裹起来，起到很强的防尘及隔绝光线的作用。六合套常以芯板的样式和形状命名，如制作精美的月牙套和云套。此外，还有盒套和插套。对于册次较少较薄的古籍，一般采用盒套作为装具保存。插套由套盒和夹板组成，夹板包裹住古籍的封面书口和封底，可插入围住封面、封底和书脊的套盒中。

2. 夹板

夹板是一种简易的古籍装具。在古籍的上下分别放置一块略大于古籍尺寸的木板，木板两侧（书脊、书口部位）分别打孔，穿入布带，根据古籍的厚度调节布带长短适合古籍厚度后系紧布带，从而达到保护古籍的作用。

古籍夹板一般使用硬质木料制作而成，一般厚度在3毫米左右。古人制作夹板，多采用樟木、楠木等材料用以避蠹，还有的采用紫檀、黄花梨等贵重木材用以保护善本古籍。

3. 书盒

古籍装具的配置，除了考量环境因素和古籍尺寸，还应考虑古籍的藏品等级。为了更好地保护级别较高的文献，一些古籍收藏者为古籍量身定制了楠木书盒。

楠木具有木质坚硬、耐腐、防虫的特点，并且气味馨香。用其制作的书盒，外形美观，古朴典雅，将珍贵古籍置于其中，楠木书盒与珍贵古籍相映生辉。

4. 书箱

书箱是古代文人用来盛放书籍和笔墨纸砚的工具，大的书箱可以摆放于家中储藏书籍，小的书箱可以携带出行。

书箱的材质多有不同，贵重材质有紫檀木、黄花梨、酸枝木、金丝楠木、脱胎漆器等，也有普通的樟木、榉木、桂圆木、红松木、竹篾等。

5. 书柜

书柜是较为通行的古籍装具，既可以直接将古籍放入其中，也可以将配置有夹板、函套等贴身装具的古籍放入其中。樟木常用来制作古籍书柜，用樟木制成的书柜木质坚韧，气味芳香经年不衰，并且具备较强的驱虫防蛀、防霉隔潮的特性。

6. 书套

书套不仅能增加文献的美感，使文献显得珍贵，还能起到保护文献的作用。

书套是古籍保护的第一道防线，可保护古籍不被磨损，还能防尘，且能够防止光线对古籍的损害，给放置在套体内的古籍设立了一个相对独立的生存空间。这个空间降低了外界的温湿度变化对古籍的影响，因为书套的自身材质能够吸附空气中的水分子，具有一定的空气湿度调节作用。由于内装具与古籍朝夕相处，装具的质量和状况好坏对古籍寿命产生直接影响。

2017 年 12 月 31 日，由国家图书馆、天津图书馆、中山大学三家单位起草的《古籍函套技术要求》发布，并于 2018 年 7 月 1 日正式实施，本标准规定了制作古籍函套所用材料的技术要求、试验方法和标志、包装、运输、贮存等。适用于各文献收藏单位。其他存放古籍的书套和书盒也可参照使用。《古籍函套技术要求》明确规定，函套的制作应使用对古籍和环境无害的无酸材料，应根据古籍形制量身定做，并具有一定的承压能力，新制函套应检测合格后才能使用。要求函套外周应方正，各边能挺立，围盖严密。函套表面平整、干净，内外不得有洞眼、残缺、破损、裂纹等。函套各处切口整齐，黏合处不得有透胶、起泡现象，各层之间黏合牢固，无分离现象。函套尺寸（长、宽、高）不得小于书册尺寸，内周尺寸应大于书册 1 ~ 2 毫米。函套不应使用柳钉、锁线钉和订书钉等金属扣钉。函套外包织物宜选用棉布或丝织物，胶黏剂中不能含有或产生酸性物质和氧化性物质。若使用糨糊，宜选用无筋小麦淀粉制作。函套用纸及纸板与藏品接触的部分不应含有燃料和颜色。对函套用纸及纸板、胶、别子等材料的化学成分、光学性能都有非常详细的要求，同时，对新制函套的包装、运输、存储都有相应的标准。

第二章　古籍原生性保护的作用和意义

　　原生性保护是指在不改变古籍文献原始特征和载体形式的基础上，以妥善保存古籍现有的形态为目的，采取必要的手段和措施（保存和修复），尽可能防止古籍受到进一步损坏，以延长古籍文献寿命的保护模式。具体细化涉及除尘、杀菌、修复、脱酸等步骤，涉及的技术和设备有自动或手动除尘机，低氧、冷冻杀虫保存装置，纸浆补洞机，无水纳米脱酸技术，一体式喷雾脱酸机等。

　　古籍本身就是文物，对古籍文献的研究，就具有历史考古价值和历史研究意义，原有的古籍尽可能保持原样，这就必须依赖于古籍本身的修复保存。中华民族几千年优秀传统文化，主要借助于古籍文献的传播而得以传承下来。因此，古籍原生性保护是一项长期的重要工作，是社会主义精神文明建设中不可缺少的重要组成部分。目前，古籍原生性保护在图书情报界主要分为两大类：一个是古籍修复，另一个是古籍文献收藏环境的建设和改善。有一些专家学者将古籍版本工艺的非物质文化遗产保护，也列入古籍文献的原生性保护的范畴内，笔者认为，这也反映出图书情报界对古籍保护的高度重视。

　　2009 年起，文化部（现文化和旅游部）在国家图书馆等 12 家具备较好修复条件的全国古籍重点保护单位设立国家级古籍修复中心。国家级古籍修复中心的设立，为今后科学、规范地开展古籍修复工作创造了条件。在国家古籍保护中心统筹组织下，这十二家国家级修复中心将分工对入选《国家珍贵古籍名录》

的古籍文献进行修复。与此同时，国家级修复中心将安排常规的修复培训，对所辖区域的下级修复人员进行全方位的常年培训，希望通过这种模式，使古籍修复人员的培养常规化、制度化。通过国家级修复中心制度建立、技术研发等，使我国的古籍修复更加科学化、规范化，不但能将祖先留下的珍贵文献传承下去，也能将珍贵文献修复技艺不断传承发展下去，让古籍及其承载的文化传诸永久。最好的保护便是传承，希望古籍修复这种古老又极具现实意义的技艺能早日得到社会的普遍认可，也希望更多的青年人能够加入古籍保护的行列中，做修复时光的文化使者，也做中华文明的传递者！

第一节　原生性保护之古籍收藏环境的建设和改善

古话说，纸寿千年。用我国古代造纸术造出的纸所印刷的古籍在正常条件下，理论上来讲，可以保存上千年，但古籍文献纸张的酸化、老化、虫蛀、霉蚀、鼠啮、烬毁、水浸等问题，会直接影响古籍文献的寿命，是古籍文献损毁的最主要因素，这些因素与保存环境有直接关系。古籍书库是建立和改善古籍保护条件的基础设施，古籍书库的设计、建造是否合理、适用，设备的安装、运行是否经济实用，都直接关系到古籍文献能否得以长久、安全、完整的保护。建立符合古籍文献基本保护条件的古籍书库，是防止古籍损坏的有效措施，也是做好全国古籍保护工作的重要内容。

2007 年，国务院办公厅下发《关于进一步加强古籍保护工作的意见》（国办发〔2007〕6 号），"中华古籍保护计划"正式启动。《意见》明确提出，要"建立健全古籍书库的建设标准和技术指标，改善古籍保存条件，完善安全措施，保障古籍安全"。据国家古籍保护中心统计，截至目前，全国有一千余家古籍收藏单位不同程度地改善了库房条件，完善了库房管理各项制度，其中，有近百家古籍收藏单位新建或改建了古籍书库。为了进一步使古籍存藏及管理规范化、科学化，国家古籍保护中心组织全国十余家单位，在原文化行业标准《图书馆古籍特藏书库基本要求》（WH/T24—2006）的基础上，借鉴国内外相关行业最新研究成果，并结合我国国情，共同制定了国家标准《图书馆古籍书库基本要求》（GB/T30227—2013）。该标准于2013年12月31日发布，2014年12月1日正式实施。该标准在"以防为主，防患于未然"基本原则的指导下，本着根据损毁原因确定保护条件、适当考虑经济和技术发展水平的原则编制而成，分别对图书馆古籍书库的温湿度要求、空气净化与通风要求、照明与防紫外线要求，以及书库的建筑、消防、安防、防霉、防虫、防鼠、装具等与古籍保护和安全相关的基本条件都做了规定，具备可操作性。该标准的发布实施，对指导各古籍收藏单位改善存藏环境，规范书库基本建设，夯实古籍保护基础，推动古籍保护工作走向规范化、科学化具有重要意义。现将该标准主要内容摘引如下。详细内容请参看中国标准出版社出版的《图书馆古籍书库基本要求》（GB/T30227—2013）。

一、建筑要求

（一）古籍书库建筑的设计和选址应符合建筑行业标准《图书馆建筑设计规范》（JGJ38）的有关规定：图书馆古籍书库应单独设置，并自成一区且有独立通道。

（二）书库围护结构应根据古籍保护要求和未来发展，以及库内要求的温湿度指标、空气调节和当地水文气象参数等具体情况，确定合理的构造；书库围护结构应具有优良的密闭性和保温隔热性能，门窗的气密封性应 < 0.1m³/（m·h），外墙的热惰性指标（D值）≥ 6；书库围护结构的总热阻（R₀）应按现行国家标准《民用建筑热工设计规范》（GB50176）的规定，计算出最小总热阻再增加30%进行设计；书库围护结构的传热系数（K₀）应符合现行国家标准《采暖通风与空气调节设计规范》（GB50019）的规定。

（三）古籍书库应具有优良的抗震能力，抗震设防烈度应符合国家标准《建筑抗震设计规范》（GB50011）的规定。

（四）地下书库应有可靠的防水防潮措施，防水防潮设计应符合国家标准《地下工程防水技术规范》（GB50108）的有关规定，防水标准应达到1级；地下书库兼作人防工程的，应符合国家标准《人民防空工程设计规范》（GB50225）的有关规定。

（五）书库窗应为双层固定窗并具有优良的保温隔热性能；书库的供暖

应采用空调系统，不应使用以水为热媒的供暖装置；书库内不应有给、排水和空调、热力、消防等水管线通过，也不应与有给、排水和空调、热力、消防等水管线的空间相通；书库宜设置缓冲间。

二、温湿度要求

（一）善本书库应设置独立的恒温恒湿中央空调系统或恒温恒湿空调机组，以保证书库温湿度能够控制在标准要求的范围内；善本书库环境温湿度的控制要求为：温度 16℃ ~ 20℃，湿度 50% ~ 60%。

（二）普通古籍书库可以按照不同地区进行环境温湿度的控制。具体为：北方地区：温度 14℃ ~ 22℃，相对湿度 45% ~ 60%；南方地区：温度 16℃ ~ 22℃，相对湿度 45% ~ 60%；西北、青藏地区：温度 14℃ ~ 24℃，相对湿度 40% ~ 60%。

（三）为最大限度地延长古籍保存寿命，有条件的图书馆可以采用更严格的温度标准，如 1℃ ~ 4℃、8℃ ~ 12℃ 等，但最低温度不宜低于 0℃。

（四）古籍书库的温湿度应保持稳定，温度日较差不应大于 2℃，相对湿度日较差不宜大于 5%。

（五）书库应设置温湿度监测仪器，全年监测和记录温湿度变化情况；为保证书库安全，空调设备应置于专门机房，并符合《图书馆建筑设计规范》（JGJ38）中的相关规定。

三、空气净化与通风要求

（一）古籍书库的通风系统和空调设备应设置符合国家标准《空气过滤器》（GB/T14295）要求的粗效和高中效两级空气过滤装置，并可设置化学过滤器，以滤除空气中的灰尘和二氧化硫、二氧化氮、总挥发性有机化合物等。

（二）古籍书库的空气环境质量应符合下列规定（各项参数为 1h 平均值）：可吸入颗粒物 ≤ 0.15mg/m^3，二氧化硫 ≤ 0.01mg/m^3，二氧化氮 ≤ 0.01mg/m^3，总挥发性有机化合物（不含樟脑）≤ 0.12mg/m^3，菌落总数 ≤ 2500cfu/m^3。

（三）书库空气质量的检测应按国家标准《室内空气质量标准》（GB/T18883）的规定进行。

（四）古籍书库内不应混放缩微胶片等其他可能释放酸性或氧化性物质

的物品；库房的通风应保证一定比例的新风量，新风比例应符合国家标准《采暖通风与空气调节设计规范》（GB50019）的规定；通风口新风入口应设置金属网防止虫鼠等进入。

（五）书库应保持气流均匀平稳，书库内风速应＜ 0.2m/s；书库楼、地面应平整、光洁、耐磨。

四、照明和防紫外线要求

（一）书库的照明和照度应符合国家标准《建筑照明设计标准》（GB50034）的相关规定；古籍书库的照明和采光应消除或减轻紫外线对文献的危害；古籍书库照明光源的紫外线含量应＜ 20μW/1m。

（二）自然采光的书库，应采用防紫外线玻璃和遮阳措施，防止阳光直射；采用人工照明时应选用绿色节能光源；当采用荧光灯时，应有过滤紫外线和安全防火措施。

（三）书库照明应选用无眩光的灯具，灯具与书架的距离应≥ 0.5m，电线不应裸露在外；为减少古籍受到光照的时间，书库照明宜分区设置感应式红外自动开关。

五、消防与安防要求

（一）古籍书库建筑防火设计应符合国家标准《建筑设计防火规范》（GB50016），地下建筑应符合国家标准《人民防空工程设计防火规范》（GB50098）的有关规定。

（二）古籍书库建筑的耐火等级应为一级。书库与毗邻的其他部分之间的隔墙及内部防火分区隔墙应为防火墙，防火墙的耐火极限应不低于4.0h。

（三）古籍书库应单独设置防火分区；书库及其内部防火墙上的门均应向疏散方向开启，并应为甲级防火门。

（四）古籍书库应设置水灾、火灾自动报警系统；古籍书库应配备灭火系统，但不应采用水喷淋、干粉及泡沫灭火系统；善本书库应采用自动气体灭火系统；书库灭火器应使用二氧化碳灭火器并应符合国家标准《建筑灭火器配置设计规范》（GB50140）的有关规定；为减小水灾的危害，底层书架距地面的距离应≥ 20cm。

（五）古籍书库应设置自动防盗报警系统；书库入口应设置门禁系统，

书库入口和库内主要通道应设置视频监控装置；书库如有窗户，应设置防盗设施和安全监控系统。

六、防霉、防虫和防鼠要求

（一）古籍书库应在库外适当位置设置文献消毒用房和杀虫设备，用于文献入库前的消毒和杀虫处理。

（二）文献消毒用房和杀虫设备应符合《图书馆建筑设计规范》（JGJ38）的规定；书库的防虫和防鼠要求应符合《图书馆建筑设计规范》（JGJ38）的规定。

七、装具要求

（一）书柜、书箱应可关闭，并配有锁具；书柜、书箱应采用耐腐蚀、无酸性或氧化性物质挥发的材料制作，涂覆材料应稳定、耐用。

（二）古籍宜根据需要制作书盒、函套、包布、束绳、夹板等加以保护；善本宜配置木质书盒；书盒、函套的制作材料和文献包装纸应采用无酸纸板和无酸纸张制作，其 pH 值应在 7.5～10.0 之间；文献包布应使用无酸材料。

（三）新采入古籍的书盒、函套以及新制作的书盒、函套在入库之前应进行消毒、杀虫处理；书柜、书箱的排列应有利于书库空气的循环。

虫霉是危害古籍安全的重要因素，做好虫霉防治对古籍保护至关重要。随着科学技术的发展和环境保护要求的提高，古籍保存保护尤其是古籍虫霉防治工作面临着新的要求。由中国古籍保护协会、广东省立中山图书馆（广东省古籍保护中心）、珠海市利高斯发展有限公司三家单位，在调研国内主要省市图书馆、博物馆和档案馆所采用的各项古籍虫霉防治技术基础上，以有害生物综合治理的"预防为主、防治结合、综合防治"为原则，制定了《图书馆古籍虫霉防治指南》（WH/T88—2020），该指南发布日期为 2020 年 3 月 6 日，实施日期为 2020 年 4 月 1 日。旨在为各类古籍收藏单位开展古籍保护和古籍库房的虫霉防治工作提供科学的、可操作的指导。该指南规定了古籍虫霉防治的技术条件、操作方法和安全防护要求。现将该标准（指南）主要内容摘引如下。

一、术语和定义

古籍：中国古代书籍的简称，一般指书写或印刷于 1912 年以前、具有中国古典装帧形式的书籍。

古籍装具：用于保存和保护古籍的专用设备，包括箱、柜、橱架等外装具和帙、函、盒、套等内装具。

古籍害虫：昆虫纲的一个类群，仓储害虫的一个分支；生活在古籍、装具及库房内并能造成危害的昆虫。古籍害虫对古籍的危害方式有钻蛀（以鞘翅目害虫为主，如烟甲虫、药材甲、档案窃蠹）、侵食（毛衣鱼、书虱、白蚁等）和污损覆盖（蟑螂等蜚蠊目昆虫）等。

古籍有害霉菌：生长在古籍、装具及库房内并能造成危害的霉菌。

有害生物综合治理：通过清洁除尘、控制温湿度和空气质量等各种方法营造一种遏制古籍有害生物的环境，控制古籍害虫和霉菌，使害虫、霉菌的数量保持在最低水平，防止其对藏品造成损害。该方法尽可能减少使用化学药品，以降低对人体健康和环境的负面影响。

缓冲间：为避免虫霉对库房古籍的直接影响，在书库出入口处设立的独立封闭的过渡空间。其温湿度要求应符合相关的规定。

抑制：在亚致死剂量因子作用下微生物生长停止，但在移去这种因子后生长仍可能恢复的方法。

物理防治：利用物理因子，人工或机械钝化、抑制、杀死或清除有害生物的方法。

化学防治：利用天然或合成的化学药剂预防虫霉产生或清除有害生物的方法。

冷冻杀虫：采用低温冷冻技术杀灭害虫的方法。

气调杀虫：以高纯度氮气或氩气等气体作为杀虫气体，通过降低气密杀虫容器内的氧含量，减少害虫赖以生存的氧源，从而杀灭害虫的方法。

熏蒸法：在一定温度条件下将药物放入密闭的环境或容器中，通过药物挥发保持一定的密闭时间和一定的气体浓度，以杀死或控制虫霉的方法。

触杀法：让药剂接触到昆虫，通过表皮或气孔渗入体内，使害虫中毒、死亡的方法。

二、古籍虫霉的预防

1.接收入库前的预防措施——虫霉检查：接收古籍时，应逐册检查古籍以及装具是否有虫霉病害。

（1）虫害检查可采用 DA/T35 中给出的观察搜索法和震落法等方法，检查是否存在害虫卵、蛹、幼虫或成虫。

（2）霉菌可通过裸眼检查，应检查古籍纸张表面、装订和修复等位置是否有霉斑、菌落或菌丝。必要的时候，可进行活性检查。

2. 虫霉的处理：对于有虫霉迹象的古籍，应先进行杀虫除霉处理（方法见前内容）。

（1）古籍在杀虫除霉处理后，应在缓冲间隔离存放 14 天。

（2）经再次检查确认无虫霉后，方可入库上架。

3. 古籍整理、阅览和修复过程中的虫霉预防按前整理，阅览和修复区环境的温湿度要求应符合相关的规定。

（1）整理、阅览和修复区内空气质量要求应符合相关的规定。整理、阅览和修复区在无存放古籍时可采用杀虫菊酯等方法进行杀虫除霉处理。

（2）修复用具和材料在使用前均应进行虫霉检查，必要时进行杀虫除霉处理。

（3）待修复的古籍如已被虫霉感染，应按照如前进行杀虫除霉处理（方法见前）。

（4）修复所用的工具、设备和装具应定期进行除尘去污和高温、干热等消毒处理。

（5）新制作的古籍装具使用前，应按照规定进行杀虫除霉处理（方法见相关内容）。

4. 古籍保存过程中的库房虫霉预防

（1）新建库房及改建后的古籍库房在启用前，可采用杀虫菊酯等方法对库房环境进行杀虫灭菌处理。

（2）古籍库房的温湿度要求应符合 GB/T30227—2013 中 5.2、5.3 的规定。

（3）古籍库房的空气质量要求应符合 GB/T30227—2013 中 6.2 的规定。

（4）古籍库房应保持密闭，门窗应少且无缝隙、无破损，所有窗户都应安装纱窗。

（5）古籍库房的空调和其他机械进风口都应安装新风处理系统，以保持古籍库房内空气洁净。

（6）每年至少对古籍及其装具，以及库房的风口、门窗、管道进行一次虫霉抽查，必要时采取处理措施。

（7）古籍库房及柜架内若放置驱虫、防霉药剂，应避免与藏品直接接触。

三、古籍害虫除治方法及适用条件

物理除治方法及适用条件

1.冷冻杀虫法

根据 GB/T35661 给出的要求执行。重要提示：带有彩绘插图、木质装具和象牙装具等的古籍慎用。

2.气调杀虫法

（1）少量古籍可放入专门容器、高阻隔覆膜内密闭；大批量古籍可置于专用空间或整库密闭，多次抽取其中空气并置换气体，应使容器等内含氧量低于 0.2%，密闭 14 天以上进行杀虫。

（2）抽取容器等内空气前，应清理真空泵的过滤器；禁止向容器等内加入二氧化碳，以免对纸张造成伤害。

（3）古籍杀虫后，应在缓冲间放 14 天，经检测没有活虫后方可入库。

化学除治方法及适用条件

1.菊酯类触杀法

警示：该方法属于微毒类除治方法。该方法适用于处理比较严重的古籍虫害。

（1）杀虫剂主要成分应为富右旋反式苯醚菊酯和生物烯丙菊酯。

（2）菊酯类杀虫剂应稀释后采用极细雾化方式作用于空置库房、装具和书架等。

（3）雾化剂漂浮时间应不低于 30 分钟。

（4）库房杀虫后，应进行强制排放及空调抽风 12 个小时以上。

（5）不能直接接触古籍表面。

2.环氧乙烷熏蒸法

警示：该方法属于中毒类除治方法，需要专业人员操作。

（1）熏蒸室温度应维持在 29℃以上，相对湿度应维持在 30%~50% 的范围内。

（2）环氧乙烷极易燃烧，应以 1∶9 的比例与二氧化碳混合使用；环氧乙烷在常温常压下的用量为每立方米 400g，一般应熏蒸密闭 24 小时 ~48 小时。

（3）使用真空容器熏蒸杀虫时，使用剂量为每立方米 150g~300g，密闭 10 小时 ~24 小时。

（4）环氧乙烷气体熏蒸时古籍之间应留有足够的空隙，采用真空容器处理效果更好。

（5）环氧乙烷对人每日连续接触的极限是 50mg/L，操作人员应严格防护并做好尾气处理。该方法仅适用于处理特别严重的古籍虫害。

3. 硫酰氟熏蒸法

警示：该方法属于中毒类除治方法，需要专业人员操作。

（1）每立方米使用剂量为 10g~40g，密闭时间为 48 小时 ~72 小时。

（2）杀虫后应充分通风，采用气相色谱法或卤素灯测定残留量，低于 5mg/L 后工作人员方可进入。

（3）应在专用的密闭性良好的消毒室或容器内进行杀虫处理。

注：该方法仅适用于处理特别严重的古籍虫害。

四、古籍霉菌除治方法及适用条件

1. 手工清除法

可将古籍置于干燥通风处，待菌丝干燥后，用宽软刷在发霉的纸张上轻刷，或用低压真空吸尘器，将霉菌刷入或吸入吸尘袋，并轻敲发霉的书叶，以防霉菌嵌入纸张或织物的纤维内部。该方法适用于处理局部、轻度的古籍发霉。

2. 酒精擦拭法

（1）擦拭时视实际情况，用脱脂棉等蘸 75% 酒精擦拭。

（2）使用前需测试是否引起字迹褪色和纸张脱色；擦拭后的酒精棉花球应及时更换，避免交叉感染；注意防火。

注：该方法适用于处理局部、轻度的古籍霉斑。

3. 环氧乙烷熏蒸法

警示：该方法属于中毒类除治方法需要专业人员操作！

操作方法及注意事项同前。该方法仅适用紧急情况下处理大批量的古籍发霉。

古籍收藏环境因素包含多个方面，总体来说，古籍书库不同于普通书库，它对建筑、消防、安防设施的要求更高，是古籍文献收藏及安全存放的物质基础。

古籍库房特别是善本库的安防系统、水火灾自动报警系统、气体自动灭火系统、灾害预防应急预案体系、温湿度管理机制、空气质量要求、光照条件及标准、紫外线条件要求，以及书架底板防虫防霉条件，是古籍文献收藏及安全存放的标准配置，这类配置是否发挥作用，也是影响古籍保存寿命的重要原因。随着"中华古籍保护计划"的开展，各省古籍保护中心因地制宜、精准施策。比如，浙江省制定小微库房设施建设指导规范和最低配置设备清单，着力改造原有不规范的库房，使全省超过 91% 的古籍得到良好的保护；广东省加大经费投入，连续开展五期"广东省基层图书馆古籍库房和阅览空间提升计划"改善基层库房条件。通过国标引导和以评促改，带动全国各级各类古籍收藏单位不同程度改善库房条件，超过 2000 万册（件）古籍得到妥善保护。近千家公共图书馆、高校图书馆、博物馆等古籍收藏机构，进行了古籍书库的改建、重建，极大地改善了古籍收藏保护的环境条件。在政策推动下，我国在古籍保护的硬件方面有了很大的提升。增加了全国古籍存放馆所的硬件设备，在温度、湿度控制，以及虫霉防治等条件上有了明显改善。

第二节　原生性保护之古籍版本工艺的非物质文化遗产保护

古籍版本工艺的非物质文化遗产属性：2003 年，联合国教科文组织第 32 届大会通过的《保护非物质文化遗产公约》将"非物质文化遗产"定义为"被各群体、团体、有时为个人所视为其文化遗产的各种实践、表演、表现形式、知识体系和技能及其有关的工具、实物、工艺品和文化场所"，同时，将非物质文化遗产划分为五大类：口头传统和表述；表演艺术；社会风俗、礼仪、节庆；有关自然界和宇宙的知识和实践；传统的手工艺技能。古籍版本工艺作为传统的手工艺技能之一，自然也被归纳为非物质文化遗产保护的范围内。

2021 年 8 月，中共中央办公厅、国务院办公厅印发了《关于进一步加强非物质文化遗产保护工作的意见》，并发出通知，要求各地区各部门结合实际认真贯彻落实。古籍版本工艺的非物质文化遗产保护也被提上日程。

一、古籍版本工艺非物质文化遗产的传承性保护

古籍版本工艺离不开"人"这个非物质文化传承的核心和中介，传承性保护应主要从传承人的培育和管理入手。所谓"传承性保护"，即通过为传承古籍版本的雕版工艺、修复技术、鉴赏方法等培养接班人的方式，实现对古籍版本非物质文化遗产的"活保护"。这是古籍版本非物质文化遗产保护的根本途径，也是古籍版本非物质文化遗产得以存活与流传的根本途径。但这也是最为艰难的一种保护方式，因为它受到诸多主客观因素、内外部条件的制约。古籍版本非物质文化遗产的传承一直沿用口传心授、言传身教的师傅带徒弟的方式。尽管这种模式对手工技艺的传承曾起过非常重要的作用，但其狭隘性也是显而易见的。由于学生规模有限、教学保守，且各种技艺不易见诸文字而传之于后世，因此，核心技艺面临失传的极大风险。要打破这种传承模式，最好的方式就是将它纳入现代高等教育体系，大力发展职业教育，不断提升办学层次。

二、古籍版本非物质文化遗产的记忆性保护

作为古籍版本非物质文化遗产保护的途径之一，数量众多的各类古籍版本实物本身就蕴涵了丰富的版本文化信息，是我国古籍版本文化遗存的"活化石"，其本身就是一种实物记忆，只不过这种记忆是自然的、被动的。我们所谓的"记忆性保护"，是指通过文字、影像等主动记录方式，将无形文化遗产转换为有形存在并长久保存，由此形成古籍版本非物质文化遗产记忆档案。这些档案虽不是无形文化本身，但它们记录着一个时期版本文化的形态与状况，能够给人们提供一种文化认知的物质媒介与查考渠道，因而具有重要的文化价值与学术价值。中国国家版本馆于 2022 年 7 月 30 日正式开馆。中国国家版本馆是新时代标志性文化传世工程，是国家版本资源总库和中华文化种子基因库，开馆后将全面履行国家版本资源保藏传承职责。目前，中国国家版本馆中央总馆入藏版本量共 1600 万余册，开馆展品涵盖十大类版本类型、上万件展品。中国国家版本馆的重要功能就是征集出版版本资源，工程建设三年来，面向全国 580 余家图书出版单位和一万余家报刊出版单位，从 2020 年起按照每种 4 份的新要求征

集出版物版本，同时征集保藏 1 份数字版样本。中国国家版本馆是对"活化石"最好的保护，将永久保藏具有重要历史文化传承价值的各类版本资源，建设目的是赓续中华文脉、坚定文化自信、展示大国形象、推进文明对话。笔者认为中国国家版本馆的建立，对于古籍版本文化、工艺传承的保护是一次重大历史机遇。

三、古籍版本工艺非物质文化遗产的其他保护措施

政府主导机制对非物质文化遗产保护起决定性的导向作用。因此，古籍版本非物质文化遗产的保护要可持续发展下去，十分有必要申请加入国家级非物质文化遗产名录，以争取政府的大力支持。积极申报国家级非物质文化遗产及联合国人类非物质文化遗产项目，使其成为"世界记忆工程"是古籍版本工艺非物质文化遗产保护的途径之一。"世界记忆工程"是由联合国教科文组织于1992 年发起的，旨在通过使用最佳技术手段保护具有世界、地区和国家意义的文献遗产，促使这些文献遗产能够为国家间的广大公众所利用，并在全世界范围提高人们对本国文献遗产重要性的认识。它是世界文化遗产项目的延伸，主要关注的是《世界记忆遗产名录》中未涉及的文献遗产，如手稿、图书馆和档案馆保存的任何介质的珍贵文献及口述记录等。我国目前已经有十种文献遗产入选《世界记忆遗产名录》，分别是甲骨文、南京大屠杀档案、侨批档案、元代西藏官方档案、《黄帝内经》1339 年胡氏古林书堂版、《本草纲目》1593 年金陵版、"样式雷"建筑图档、清朝内阁秘本档、清代金榜档案和纳西东巴古籍文献。目前，扬州广陵古籍刻印社的雕版印刷技艺、南京金陵刻经处的刻经印刷技艺、四川德格印经院的藏族雕版技艺，都已经成功入选《人类非物质文化遗产代表作名录》，受到了政府部门的重视和大力支持，以及全社会的广泛关注。

广陵古籍刻印社坐落在江苏省扬州市，该社作为目前全国完整保存下来的运用雕版工艺印刷传统线装书籍的专业出版社，现收集有明清古籍版片近 40 万片，保存着国内唯一的全套古籍雕版印刷工艺流程，包括从写样到上板、从雕刻到刷印、从晾晒到装订等共二十多道工序。2005 年，扬州建成中国雕版印刷博物馆，向世人展示雕版印刷技艺的神奇魅力。2005 年 7 月 12 日，扬州"雕版印刷技艺传习所"正式挂牌成立，将采用"口传心授定向培养上门学艺"的开

放式传承方式，为雕版印刷队伍补充新鲜血液。已建立雕版印刷技艺传习所和雕版印刷技艺展示馆，制定并颁布 DB32 雕版印刷技艺地方标准，开发全唐诗体字库，成立中国印刷文化遗产研究中心，采用雕版印刷技艺创作了冯小刚执导的电影《一九四二》的字幕和演职员名单。2014 年，扬州广陵古籍刻印社入选国家级非遗生产性保护示范基地。2019 年 11 月，《国家级非物质文化遗产代表性项目保护单位名单》公布，连城县文化馆、扬州广陵古籍刻印社有限公司获得"雕版印刷技艺"项目保护单位资格。

金陵刻经处，坐落于南京市淮海路，是海内外著名的佛教文化机构。由"近代中国佛教复兴之父"杨仁山居士（1837 年—1911 年）于清同治五年（1866 年）创办，历经风雨，慧灯不熄。作为近现代中国佛教复兴的发源地、中国佛教经典刻印流通中心，金陵刻经处在海内外佛教界和文化界具有崇高地位和重要影响。金陵刻经处珍藏有杨仁山从日本寻回的隋唐古德逸书、多种版本大藏经和历年刻成并从全国汇集的十余万块经版、佛像版，是世界范围内的汉文木刻版佛教的出版中心，也是收藏木刻佛教经像版的文物中心。自创立始，金陵刻经处一直沿用木刻雕版印刷术刻印佛经、佛像。2006 年，"金陵刻经印刷技艺"被文化部（现文化和旅游部）公布为首批国家级非物质文化遗产。2009 年，"中国雕版印刷技艺"作为人类文明史上最古老的印刷术，又被列入联合国教科文组织"人类非物质文化遗产代表作名录"。"金陵刻经印刷技艺"遵循原生态手工刻印传统，活态传承着有着千年历史的"中国雕版印刷技艺"精髓。技艺包括刻版、印刷、装订三道工序，三道大工序还有上样、刻字、刷墨、擦印、分叶、折叶、齐栏、打眼、切边、线装等共计二十多个环节，精妙考究，具有深厚的文化和技艺内涵。"金陵刻经"选本精严，版式疏朗，刻印考究，纸墨精良，适宜读诵、收藏、供养，受到各方赞誉，特称为"金陵本"。目前，金陵刻经处设有流通展示中心，对外开放，每年流通数十万册佛教经典和佛像至海内外各地，并应广大善信施资印赠佛教经籍的需要，代为印制各类传统线装、现代胶装经书和宣纸类文创结缘品。

第三章 古籍再生性保护的作用和意义

古籍保护第二类为再生性保护，所谓再生性保护，就是把古籍的原件制成替代品，既查阅方便又利于保护古籍。目前，全国公共图书馆系统从事古籍修复工作的专业人才，总人数一千多名，一名较为熟练的古籍修复人员，正常状态下一年修复数量大多不会超过 50 册件，古籍修复的速度远远赶不上古籍纸张自然老化、损毁的速度，这就意味着，古籍修复远远满足不了古籍保护的需求。在这个前提下，古籍再生性保护就成为古籍保护中至关重要的一环。

中国国家图书馆常务副馆长、国家古籍保护中心副主任张志清曾说过，古籍的再生性保护有三种办法：一是缩微胶片保存，特点是保存时间长、占用空间小；二是数字化加工处理保护，特点是其共享性、再生性和传播便捷性；三是影印出版，特点是更忠实于文献原貌，更利于发挥其学术资料价值。这三种方式需要共同进行、相互配合。

第一节　古籍缩微胶片

缩微胶片方式是指将原始的古籍纸质文献通过缩微摄影的方式记录在胶片上，需要查阅古籍的时候就通过胶片阅读仪查看缩微胶片，不需要查阅原件，从而起到保护古籍的作用。缩微技术是目前国际公认的最为有效的珍贵文献长期保存手段。一方面，保存缩微胶片所需空间远小于纸质书籍；另一方面，缩微胶片能保存时间更长。缩微拍摄后，古籍原件可以被更好地保护起来，古籍的内容也能"化身千百"且广为传播，而不是被束之高阁。截至目前，全国图书馆文献缩微工作累计拍摄抢救各类珍贵文献约 20 万种，相当于书叶 1.5 亿叶，胶片长度已超过 7000 千米。缩微胶片，看上去和普通的摄影胶片没什么区别，但实际上差异还是相当大的。这种胶片与普通的相机胶片不同：上下无孔，画面十分清晰，肉眼就可以辨识较大的图案文字。一卷 35 毫米规格的胶卷可以拍摄 500～700 拍，普通的书叶一拍为两个叶面，也就是说，一卷手掌大的胶卷可以拍下 1000～1400 叶文献。这小小的胶片身上有很多"技术含量"，从胶片拍摄到使用，整个业务流程有 78 项国家标准和 30 多项操作规范来保证其传承留存五百年以上。

缩微摄影技术发展至今，历史已超过百年，欧美一些国家早在 20 世纪二三十年代就开始用缩微技术存藏文献，如中国国家图书馆早期对敦煌文献的海外收集和近期整理出版的《远东国际军事法庭庭审记录》，很多原始记录和素材都是通过胶片形式进入国内的。缩微技术并不时髦，但十分安全可靠。缩微胶片忠实地记录了文献原貌，具有不可篡改性，因此，《中华人民共和国档案法实施办法》中明确了缩微品具有与档案原件同等的效力。

我国的珍贵古籍文献缩微工作起步相对较晚，但此项工作取得的成果巨大。1982 年，国家图书馆原馆长任继愈在山东省曲阜市参加学术交流活动时，看到一些珍贵古籍文献残损严重，惋惜心切，便向中央提出建议"采用缩微摄影技术对珍贵的图书、档案、历史文献资料进行抢救"，很快得到相关领导批示。我国珍贵古籍文献缩微抢救保护工作也由此拉开序幕。

提到缩微工作的紧迫性和有效性，全国图书馆文献缩微复制中心主任王磊说，古籍文献保护对象主要分两方面：一是基于文献介质的保护；二是基于文献内容的保护。保护介质的最好办法就是将其置于符合古籍善本存藏标准的环境中，并尽可能减少不必要的触动。曾经就有古籍保护工作者测算，对于年代久远的珍贵古籍来说，每翻阅触动一次，对其造成的影响相当于正常条件下六十年左右的自然老化的程度。但不触动古籍，蕴含其中的中华优秀传统文化内容就无法得到有效利用与传播，古籍也就无法"活起来"。因此，对于内容保护的最好办法就是进行缩微拍摄，拍摄后的缩微胶卷可以很方便地进行数字化或影印出版，使珍贵古籍文献内容"化身千百"且广为传播的同时，最大程度避免或减少触动古籍原件。

1985 年，全国图书馆文献缩微复制中心正式成立，我国开启了利用缩微技术规模化抢救保护珍贵文献的工作。据了解，先后有 25 家公共图书馆成为缩微中心拍摄馆，19 家公共图书馆成为资料馆，共同取得了拍摄完成总量达 8800 万拍缩微胶片的丰硕成果。

最紧要的工作是珍贵善本古籍的抢救保护。据了解，目前，在全国图书馆文献缩微复制中心已拍摄完成的 20 万种缩微文献中，有 23000 种属于珍贵善本古籍，《赵城金藏》《敦煌遗书》等一大批国宝级的珍贵古籍善本均在其列。这项工作对中华珍贵古籍文献的抢救、保存、保护和传承都作出了重大贡献，国家图书馆发挥着重要的引领作用。在中国国家图书馆，随着拍摄、冲洗、编目、拷贝复制、数字化转换等一道道工序的开展，每天都有专业的缩微工作人员进行一系列的标准化操作，这里的缩微胶片库房只有 2000 平方米，却存藏了超过 20 万种缩微文献——这个数字每天都在增长，也将一直增长下去。因为我们的历史有多悠久，文献保护传承的工作就需要做多久。

第二节　古籍数字化加工处理

数字化加工处理是指采用扫描仪和数码相机等数码设备，对古籍文献进行数字化加工，将其转化为数据存储在移动硬盘、光盘等载体上，并能被计算机识别的数字图像或数字文本的处理过程。

保护古籍的目的在于更好地利用古籍，古籍数字化作为保护与传承中华珍贵典籍的重要手段之一，能够真实、清晰地反映古籍原貌，促进传统典籍文化传播，有效解决古籍保护和利用的矛盾。原中国国家图书馆副馆长、国家古籍保护中心副主任陈力指出，数字技术给古籍文献保护和文化传承带来了极大的便利。

古籍数字化对古籍阅览、古籍保护、古籍整理工作，包括对于古文献学科都产生了巨大影响，引起了革命性的变化。近三四十年来，我国古籍数字化工作突飞猛进。1983年，我国最早出现的是"《红楼梦》全文检索系统"。在21世纪初，我国的古籍数字化发生了根本性变化，出现了"国学宝典""中国基本古籍库""瀚堂典藏"等具有多种功能的大型古籍数据库。爱如生、书同文、国学时代等古籍数字化企业也具备了强大的开发和竞争能力。在公共图书馆的古籍数字化和线上阅览方面，诚如上述，成绩更为显著。就国家图书馆线上阅览而言，不但能阅览国内许多原来深阁秘藏的珍贵古籍，还能阅览国外所收藏的中文古籍善本。在高校里，很多学生都能充分利用多种大型古籍数据库学习，其中，就包括国家图书馆在线的古籍数字化资源。

近年来，古籍数字化的发展给古籍整理和古文献学研究带来了方法上的"革命"。比如，目前已经出现了计算机的联机自动校勘软件，在古籍数据库建设中实现了对古籍的自动校勘，以及校勘记录的自动生成。又如，计算机对古籍自动标点的技术也已取得了显著成绩。首都师范大学电子文献研究所研制的古籍自动标点技术，采用前沿的人工智能算法，在若干次演示中其自动标点的准确率达到99%以上。国家自然科学基金委员会（NSFC）与法国国家科研署（ANR）共同资助的项目"手写体中文古籍识别"，旨在加强我国古籍文化保护、促进失散在海外的珍贵古籍等的数字化回归和检索利用。项目中方负责人为清华大学电子系的彭良瑞副教授。一些机构也正在研究计算机对古籍的自动辑佚、注释、翻译技术。这些方法的革新将为古籍整理工作带来全新的发展前景。

古籍的数字化技术对于古文献学研究和学科建设带来许多新的理念。古籍数字化的新成果、新技术，要求古文献学给予及时的归纳和总结。首先，从文献学科来讲，首都师范大学电子文献研究所提出建立数字文献学，把它作为一个特色学科进行建设。其次，在文献载体材质上，应该更多地重视电子文献这一类型。再次，由于大量古籍数据库出现，其技术不断成熟、功能越来越多，产品质量也越来越高，如产出"国学宝典"的电子公司提出建设古籍数据库的"定本工程"，要求一些数据库的质量要达到零差错率。因此，在目录学书目著录上，应考虑增加新的分类，著录一批流通广泛、使用频繁的优秀古籍数据库。如"中国基本古籍库""瀚堂典藏""国学宝典"等应属于多功能的综合古籍电子丛书；而像敦煌、家谱、方志等特色数据库，则应属于专类古籍电子丛书。版本学方面，不仅在传统的古籍版本中要增加电子版类型，而且在电子版中又可根据产出机构的不同而分类，还可根据古籍数字化的不同途径分为图像版、文字版或图文版等类型。至于校勘学、文献的 E 考据等，都可根据已有的新技术，总结文献考校的新方法和新途径，从而为古文献学增加新内容。

我国的历史文献数字化工作，自 20 世纪 80 年代以来逐步推进，取得了较为显著的成果，先后建成了一系列大、中型古籍数据库和民国文献数据库，其中具有代表性的有：《古今图书集成》数据库、《文渊阁四库全书》电子版、《中国基本古籍库》、书同文全文检索系统等。近年来，各地图书馆投入大量经费购置了不少历史文献数据库，这些数据库不仅为普通读者提供了便利的专业知识服务，更为文史工作者进行学术研究提供了极大的方便。我国历史文献尤其是古籍的数字化建设步伐不断加速，《国务院办公厅关于进一步加强古籍保护工作的意见》（国办发〔2007〕6 号）明确提出了"制定古籍数字化标准，规范古籍数字化工作，建立古籍数字资源库"的要求，为此，国家古籍保护中心依托国家数字图书馆工程，积极推进"中华古籍数字资源库"建设工作。2012 年 5 月，中国文化部又主办了"全国古籍数字化建设与服务工作研讨会"，对全国古籍数字化合作服务机制、国内外古籍数字化保护利用、古籍数字化成果共享方式和古籍数字化标准规范等问题进行了研究并提出了要求。为指导古籍数字化工作，国家古籍保护中心组织专家编制了《古籍数字化工作手册》（试用本），对古籍数字化加工流程，包括古籍数字化加工准备、古籍元数据著录、古籍图像数字化、数据命名规则、数据提交、数据验收和发布管理等都做了具体的规定。同时，举办了 4 期全国古籍数字化培训班，采取授课与实践相结合的方式，开展有针对性的数字化业务培训，培训学员 176 人次，着力造就了一批熟悉和掌握古籍数字化业务、技能的专业人才，为推进全国古籍数字化工作打下坚实的基础。

为提升古籍服务水平，满足社会大众对古籍影像的阅览需要，围绕着"中华古籍数字资源库"建设工作，国家古籍保护中心在已有成果的基础上，通过合作共建、购买社会资源等方式，陆续开展了"中华珍贵典籍资源库建设""国家图书馆藏善本缩微胶片数字化""国家图书馆藏普通古籍数字化""购买天津馆普通古籍数字资源""海外中华古籍调查暨数字化合作"等一系列项目。

1. "中华珍贵典籍资源库建设"项目

该项目从入选《国家珍贵古籍名录》的古籍中遴选出 1115 部珍贵古籍进行数字化，首批参建单位 27 家，目前，已收到全国 19 家单位约 28 万拍珍贵古籍影像资源，将陆续上网发布。国家图书馆收藏古籍善本 3 万余部，直接继承了南宋缉熙殿、元翰林国史院、明文渊阁、清内阁大库等皇家珍藏，更广泛地继承了明清以来许多私人藏书家的毕生所聚。宋元旧椠、明清精刻琳琅满目；名刊名抄、名家校跋异彩纷呈；古代戏曲小说、方志家谱丰富而有特色。通过缩微胶卷转化数字影像方式建设，从 2016 年 9 月 28 日起陆续在线发布，目前，已发布馆藏古籍善本 20398 部，国家图书馆超过三分之二的善本古籍实现了在线阅览。

2. "国家图书馆藏善本缩微胶片数字化"项目

该项目自 2012 年启动，计划将国家图书馆藏 18000 部约 900 万拍善本缩微胶片进行数字化。截至目前，已完成 17363 部 133295 册 8746115 拍善本缩微胶片的转换工作，发布古籍影像 1340 余部。该项目全部完成后，国家图书馆所藏善本缩微胶片影像可通过网络免费提供读者阅览。

3. "国家图书馆藏普通古籍数字化"项目

在做好古籍善本数字化的同时，为进一步丰富和完善古籍品种、版本，加大对普通古籍的保护力度，自 2015 初开始，国家古籍保护中心启动了"国家图书馆藏普通古籍数字化"项目，该项目在前期遴选查重的基础上，首选读者利用率较高、文献价值较大的普通古籍进行数字化，尽量满足社会大众对普通古籍的阅览需求。

4. "购买天津馆普通古籍数字资源"项目

为避免重复建设，更好地利用已有的古籍数字资源，2014 年底，国家古籍保护中心通过单一来源方式购买了天津图书馆总量约 5300 余种 300 万拍古籍数字资源，该批资源在验收加工后，将通过网络发布并免费提供阅览服务。

5. 推进"海外中华古籍调查暨数字化合作"项目

为了解中华古籍在海外各主要机构的存藏情况，国家古籍保护中心不断加强海外中华古籍调查工作，努力建设海外中华古籍书目数据库。"海外古籍登记平台"已累计完成包括美国、加拿大、西班牙三个国家 15 家收藏单位的 13000 条书目；同时，积极开展国际合作，促进海外中华古籍以数字化形式回归，与哈佛燕京图书馆合作建设的"哈佛燕京图书馆藏中文善本特藏资源库"已通过网络发布古籍资源 741 部，法国国家图书馆藏《圆明园四十景图》和敦煌写卷、牛津大学博德利图书馆藏 19 册《永乐大典》等一批珍贵文献以数字化形式实现回归。

6. 开发"中华再造善本数据库"项目

"中华再造善本数据库"是将"中华再造善本工程"中影印出版的珍贵古籍善本进行图像数字化，目前已囊括"中华再造善本"一期 757 种珍稀古籍的数字资源。随着项目的进展，还将收录更多善本。库中所收每一种书均配提要，并提供检索功能，使该丛书数据库具有了极高的文献数据价值、学术研究价值和保存价值。

国家古籍保护中心和各省级古籍保护中心，正在继续进行较大规模的中华古籍数字资源库的建设。作为图书馆工作者，应该主动关注历史文献数据库的建设与再利用，充分发挥数据库使用效益，积极开展特色资源的开发建设，从而进一步提升馆藏资源建设，以及个性化服务的质量和水平。截至 2023 年 1 月，国家图书馆（国家古籍保护中心）、天津图书馆、南京图书馆、云南省图书馆、苏州图书馆、中山大学图书馆等 39 家单位，累计在线发布古籍数字资源 13 万部（件）。

第三节　古籍影印出版

古籍影印书是指采用按原本照相制版复印的办法出版古籍，是古籍整理出版工作的一种形式。古籍影印作为其中一种整理出版方式，在经历了复苏、发展和突飞猛进三个阶段，在国家持续的古籍出版规划的指导和二十多家专业古籍出版社的努力下，影印出版了数万种古籍，为学者提供了便利，对弘扬传统文化、保护古籍原本起到了重要作用。

随着国家规划的科学引导，古籍整理出版队伍的不断壮大，21 世纪以来，产生了一大批重要的古籍影印成果，尤其在以下几个方面，非常突出。

一、一大批集大成的综合性丛书项目面世

2001 年齐鲁书社出版《四库全书存目丛书补编》；2002 年上海古籍出版社

出版了 1800 册的《续修四库全书》；2008 年北京出版社推出《四库禁毁书丛刊补编》，至此，"四库系列"收书超过 1 万种，成为国内外图书馆基本的古籍收藏资料。2005 年商务印书馆重印《文津阁四库全书》；2012 年北京出版社出版《四库提要著录丛书》；2015 年杭州出版社重印《文澜阁四库全书》，继续丰富着"四库书系"。近些年，除了"四库系列"，还有两套大书值得记录。一个是国家重点文化工程——《中华再造善本》，自唐迄清，分为《唐宋编》《金元编》《明代编》《清代编》《少数民族文字文献编》，每编下以经、史、子、集、丛编次。从 2002 年至 2014 年，历时十二年，由国家图书馆出版社用传统线装方式，影印重要善本典籍 1300 多种，是中华人民共和国规模最大的一套线装书。另一个是国家图书馆出版社 2014 年出版的《原国立北平图书馆藏甲库善本丛书》，收录原国立北平图书馆甲库善本藏书 2621 种，其中，美国国会图书馆 20 世纪 40 年代拍摄的原国立北平图书馆甲库善本缩微胶卷 2600 种，现藏于国家图书馆的原甲库善本 20 种，还有 1 种分散存于国家图书馆和台湾省。这套"三合一"而成的丛书不仅数量庞大，不乏存世孤本，都是极富学术研究价值的珍贵资料。此外，由国家清史编纂委员会主持的"档案丛刊"和"文献丛刊"陆续推出了数千册的清代档案、珍稀文献和诗文集等，蔚为大观。

二、方志影印和地方丛书编纂大放异彩

截至 2017 年底，《中国地方志集成》陆续出版府县志辑、省志辑、专志辑等 60 辑，共计收录方志 4000 种左右。与之相补充的是"著名图书馆藏稀见方志丛刊"，2005 年以来，陆续出版 25 家机构的 1400 多种珍稀方志。其他以收藏机构命名规模较大的尚有《国家图书馆藏地方志珍本丛刊》800 册 727 种，《天一阁藏历代方志汇刊》850 册 515 种，等等。这些加在一起，已超过了 2000 种。各方志办也是汇编影印旧志的重要力量，以穷尽的方式广为搜罗。如《广东历代方志集成》，收广东旧志 433 种，比《广东府县志辑》多出 322 种，几乎是其 4 倍之多。继之而起的四川、江苏、黑龙江、福建、河南等地也纷纷动手，近几年陆续规模面世。编纂地方丛书，在我国有优良的传统，清代以降，此风尤盛。仅以《中国丛书综录》来看，其郡邑类丛书有 75 种之多，省级如《畿辅丛书》《山右丛书》等，府级如《金陵丛书》等，县级有《江阴丛书》等，层级完

整，内容丰富。近些年，随着各地政府对地方文化的重视和资金扶持力度的加大，新的地方丛书编纂蔚然成风，颇有点没有自己的地方丛书就跟不上时代的感觉。各省都在陆续动作，如《江苏文脉》《广州大典》《巴蜀全书》《中州文献集成》《云南丛书续编》等。就已经出版的而论，《山东文献集成》由地方领导挂帅，山东大学承担编纂任务，系统收录大量山东地方著述稿抄本，无论从学术性还是印刷质量，堪称典范之作，至今未发现出其右者；地市级丛书数量更为可观，除了江浙地区的《绍兴丛书》《金华丛书》《无锡文库》《衢州文献集成》《宁海丛书》等，贵州省遵义市是西部地区走在前列的地区，《遵义丛书》已经启动两年多，由国家图书馆出版社和上海古籍出版社合作出版。

三、国外中文善本的影印回归成为新趋势

就学术组织而言，先后出现了高校古委会、中国社会科学院中国历史研究所、中国人民大学国学院、山东大学"全球汉籍合璧工程"、北京外国语大学等。与此同时，一些出版社尤其是专业古籍出版社则主动承担起更重的责任，先后组织力量，出版了大量的海外中文古籍文献，略举几例。中华书局 2008 年出版的《古本小说丛刊》包含了大量海外珍本，2015 年出版《法兰西学院汉学研究所藏清代殿试卷》，2014 年出版《美国柏克莱加州大学东亚图书馆藏宋元珍本图录》，2016 年出版《海外中医珍善本古籍丛刊》等。广西师范大学出版社在近年海外文献出版中占有重要地位，中文古籍类出版有《日本所藏稀见中国戏曲文献丛刊》《美国哈佛大学哈佛燕京图书馆藏明清妇女著述汇刊》《美国哈佛大学哈佛燕京图书馆藏中文善本汇刊》等，2013 年出版了方广锠教授主编的《英国国家图书馆藏敦煌遗书》，近两年出版了乐怡整理《美国哈佛大学哈佛燕京图书馆藏稿钞校本汇刊·经部》和《史部》等。国家图书馆出版社则配合国家古籍保护中心的工作，规划海外中文古籍书目书志丛刊，出版《文求堂书目》等多种海外中文古籍目录；对海外《永乐大典》进行仿真影印，已完成美国哈佛燕京图书馆、普林斯顿大学东亚图书馆、汉庭顿图书馆、英国牛津大学博德利图书馆、阿伯丁大学图书馆、大英图书馆、德国柏林国家图书馆等 7 家收藏的《永乐大典》51 册；与哈佛燕京图书馆合作出版了《哈佛燕京图书馆藏齐如山小说戏曲文献汇刊》《哈佛燕京图书馆藏韩南捐赠文学文献汇

刊》《哈佛燕京图书馆藏稀见方志丛刊》《哈佛燕京图书馆藏古籍珍本丛刊·经部》等项目。

四、文学类专题丛书渐入佳境，三个类别比较集中

一是别集方面：2010 年上海古籍出版社出版《清代诗文集汇编》，收录清人诗文集 4000 多种；于此前后，广西师范大学出版社陆续推出北京师范大学图书馆、天津图书馆、南开大学图书馆等机构的"清人别集丛刊"；2013—2017 年，黄山书社陆续出版《明别集丛刊》，收录明人别集 1800 多种；2017 年国家图书馆出版社出版国家图书馆所藏《清代诗文集珍本丛刊总目·索引·提要》，收录清人诗文集 1300 多种，均为首次影印。二是总集方面：国家图书馆出版社先后出版了《清代家集丛刊》正续编 400 册，《历代地方诗文总集汇编》500 册，与别集形成资料的互补。三是戏曲方面：《古本戏曲丛刊六集》《七集》的顺利出版，标志着一度停顿的《古本戏曲丛刊》重新启动，全部出齐指日可待。与此同时，在国家古籍整理出版规划项目中我们能看到更多剧种的文献正在被系统整理、陆续推出。以收藏机构或人物为题的戏曲文献丛书络绎不绝：《绥中吴氏藏抄本稿本戏曲丛刊》《日本所藏稀见中国戏曲文献丛刊》《郑振铎藏古吴莲勺庐钞本戏曲百种》《富连成藏戏曲文献汇刊》《北京大学图书馆藏程砚秋玉霜簃戏曲珍本丛刊》《明清孤本戏曲选本丛刊》等。

南京图书馆很早就开展了古籍的整理开发工作。一是积极参与国家重大文化项目。如"中华再造善本"项目，第一期南图入选 14 种，第二期已选入 20 种。二是加大整理开发力度，积极编纂出版。近几年来，南京图书馆编纂出版的重要项目有：《南京图书馆藏朱希祖文稿》《南京图书馆藏稀见地方志丛刊》《江苏省国家级珍贵古籍名录图录》（第一至六批）。其中，《南京图书馆藏稀见地方志丛刊》是十一五国家古籍整理重点图书出版规划项目，代表了南图较高的学术研究水平。三是挖掘特色古籍馆藏，影印出版项目，其中，较有代表性的有正在进行的《南京图书馆未刊稿本集成》，该书也被列为十二五国家古籍整理重点图书出版规划项目。四是积极配合地方文史研究需要，合作、参与一些大型出版项目的整理与影印工作。如《金陵全书》《广州大典》《无锡文库》《地方志人物传记资料丛刊·华东卷下编》《子藏》等。

第四章　民国文献的保护

　　中国历史上的民国是一个政治起伏跌宕，社会经济凋敝零落，文化多元繁盛的特殊转型期。各类思潮、各种观念、各式学术先锋的不同种类文献，经由多种方式广泛流传民间，仿佛肩负独特历史使命的宣传阵地，承载众多思想的汇聚、理论的斗争，以独特的行文方式记录下了那段历史时期的社会事件，在新闻学和历史文献学方面都具有重要的价值。民国历史的研究对民国文献的利用向来为各界所重视。

　　动荡的民国时期，使我国在较长一段时间内战乱频发，文献在战乱时期不仅不能得到保护，还遭遇了无法弥补的灾难性破坏。许多存世的民国文献纸张出现了洇染、黏连、捆扎印记、浸泡水渍等状况。除外在因素外，民国文献自身特质也有不足。决定纸张使用时长的因素不外乎制造材料和自身化学酸碱度。19世纪后期至20世纪初是手工纸与机制纸并存时期，但仍以手工纸为大宗。造纸工艺在这一时期正处于由传统向机械化转变的过渡期，木浆、草浆作为造纸的基础原料，其纤维较短，加胶步骤又用硫酸铝、松香等，导致产出纸张的酸性较高，使用寿命较短。目前，业界研究结果表明，民国文献的纸质寿命最多不超过两百年。民国文献装订工艺较为特别，便于携带和阅读为目标，但在装订质量与装订方法方面有所欠缺，很容易造成掉皮或是掉叶等情况，这给民国文献的保护增加了难度。

民国文献的保护工作自 20 世纪 80 年代启动，进入 90 年代，国家图书馆、上海图书馆等开始禁止复印和限制查阅民国纸质文献。近年来，民国文献保护工作日益引发关注。在 2004 年，国家图书馆组织专项课题小组，对国家图书馆馆藏的 67 万册（件）民国文献进行检测，发现所有民国文献的 pH 值几乎都下降到了 4.5 及以下。根据国家档案局发布的 DA/T64.1—2017 行业标准规定，这些民国文献都属于酸化"严重破损"级别，可以说，这一时期的馆藏文献全面受损。其中，约 70% 的文献受损更为严重，大部分都已到了濒临损毁阶段，这类文献纸质已经丧失其原有的机械强度，轻触即碎。要解决民国文献大批量酸化的问题，最好的方法就是采用批量式纸张脱酸工艺。

第一节　民国文献的界定和价值

一、民国文献的界定

民国时期是 1912 年至 1949 年中华人民共和国建立。民国文献一般来说是指中华民国成立到 1949 年 10 月 1 日中华人民共和国成立这段时间内产生的各种文献资料。民国图书在出版形式、装帧样式、封面设计等方面都开始有了不同于古籍的变化，形成了民国图书的独特"味道"，包括杂志、图书、报纸及其他形制特殊的非书资料，如照片、房地契、旧地图、老账本、手稿、招贴画、布告、通知、传单、证照等。据统计，民国时期出版的图书达 20 万种，期刊达 2.5 万多种，报纸近 8000 种，对民国这一特殊历史时期的多维度化研究具有无可替代的重要价值。民国文献保护的对象包括报纸、期刊、图书、档案、手稿、传单、海报、照片、票据等。现阶段，古籍版本研究蔓延到民国文献，当代藏书家提出新文学版本，形成独有的术语系统，也使得民国文献成为版本学分支。我国在 1958 年组建古籍整理出版规划小组，把古籍下限定为辛亥革命前，由于 2007 年后国家对古籍的关注程度加大，特殊文献下限延后五十年，因此，民国文献被图书馆界列入保护范围内。

二、民国文献的价值

民国时期是中国历史上短暂而重要的历史时期，这一时期东西文化交融、碰撞，学术思想活跃，形成了特殊的文化景观，留下了大量文献，包括图书、期刊、报纸、档案、日记、手稿、票据、传单、海报、图片及声像资料等。这些文献全面记载了中国近代历史的风云变幻，文献数量众多、内容丰富，具有较高的历史价值、学术价值和重要的现实意义，也是开展爱国主义教育的生动教材。民国文献属于图书文献发展阶段之一，具有划时代的文献价值，主要体现在以下几方面。

（一）历史文物性价值

民国文献所展现的历史语境，能够全方位、多角度地反映民国时期的政治、经济、军事、文化及生活风情。民国时期是近代中国与世界接轨的转型时期，是具有承前启后的历史大时代，而民国文献就是演绎民国历史风采的最佳文本。这些文献记录了著者亲身经历的政治、军事、外交、社会和文化等诸多方面的活动，往往从某一个侧面真实反映了当时的历史原貌，厘清许多重大历史问题的关键，不仅有利于人们还原历史，更帮助世人重新认识一个全面、客观、真实的近代中国的全貌。从历史文物性层面分析，民国文献作为文物珍品，具备极强的历史文物性价值，从相关数据资料上看，我国除了几个大型图书馆、档案馆外，中小型图书馆及收藏机构中关于民国时期文献原本存量因各种原因有减少趋势，使得民国文献价值明显化。

（二）艺术代表性价值

民国时期正是近代出版业、印刷业萌芽发展的初期。彼时随着西方的机械印刷排版技术进入我国，使石板印刷、照相铜锌版印刷、照相凹版印刷、平版胶印、泥版翻铸铅版印刷等外国印刷技术与我国传统雕版印刷术呼应共生，民国文献印刷呈现出多种多样的版本形式。但由于近代出版业兴盛时期过后，印刷术很少应用，现在有许多当时使用的技术已经失传。现存民国文献可以体现出近代出版业发展初期的印刷水平和印刷技术，并存在大量图案精美、印刷考究的文献，艺术价值极高。特别是珂罗版印刷字画，这种20世纪20年代源于日本的印刷技艺，如今已经消失殆尽，仅在北京与上海还可以找到这种文献，日本也很难找到，这是我国对传统文化的重视，使得这一历史文物得以流传。民国文献作为历史信物见证和反映了近代出版业在发展萌芽期的印刷技术和水平。

（三）学术资料性价值

文献是人类验证历史的文明留存，是历史足迹的验证者。当前，要想全面了解中国，就不可忽视民国这一特殊的时期，载录各学科领域发展演变的文献资料，便有了极其珍贵且不可替代的学术价值，这就凸显出民国文献的重要性。民国时期作为学术界"第三个诸子百家争鸣时代"，在文化和学术方面继承了晚清特点。学者在传承我国传统文化的同时，也吸收了西方现代文明，在文学、史学、哲学等领域呈现出不拘一格的状态，各种文化、思想在社会转型时期进行碰撞，形成文化争论和文化借鉴共存的学术发展盛世，记录各个学术的发展和演进，这一时期的文献资料极具学术价值。除此之外，报刊是民国文献的重要内容，在学术资料中地位十分重要。我国近代报刊始于 19 世纪，这是中国乱世时期，以剪辑的形式记录了这一时期的历史事件，形象鲜活、价值多元，当时思想宣战也主要以报刊为载体，包括《新青年》中的马克思主义传播，陈独秀、李大钊、鲁迅等新文化运动领头人发表争论和杂文，成为思想斗争的主要阵地。民国期间的大革命阶段、抗战阶段、解放战争阶段的革命文献，以其独特唯一的艺术价值、学术资料价值和文物收藏价值逐渐开始受到大家的重视。世界之大变局使国人深感救亡图存的迫切，各种言论、思潮、主张对传播媒介的迫切需要，政治、经济、工程技术、自然科学著作译介活动的持续推进，新式教育对各类教材的巨大需求等，都极大地刺激了新闻出版业的发展。图书报刊的出版发行，无论是单体出版量还是整体规模，都是之前所无法比拟的。在这一特殊历史时期中，报刊肩负着更为重要的历史使命，除了传播知识和文化，还记录了当时社会事件，刊载时事评论等，具备新闻学价值和历史文献价值。

第二节　民国文献的装帧形式

中国的书籍装帧形式一千多年来一直处于自给自足的状态，很少受到外来的干扰。到了民国时期，才开始受到外来的影响。1840 年的鸦片战争，英国资产阶级的坚船利炮炸开了中国封闭的大门，中国沦为半殖民地半封建的国家，大量外来文化、思想开始侵入。在书籍的发展方面，1879 年，英国人在上海设立点石斋石印书局，采用奥地利人施纳菲尔德发明的石印术刊印书籍，如《镜花缘》《红楼梦图咏》《九尾龟》等。继点石斋石印书局之后，同文书局、拜石山房书局和鸿文书局等石印书籍出版机构也纷纷成立。这一时期的书籍装帧特点基本上保留了晚清延续下来的传统形式，采用线装装订，书衣设计也是以简单的单色书壳附上一块淡色方形纸标签用于题写书名。在内文的排版上，也采用了传统的从右至左的竖排版方式。

民国初年，政府带来民族经济的发展，同时促进了商业的繁荣，大量的商业广告开始出现，带动了印刷技术的不断精进。这一时期，中国的文学界也正进行着一场文学革命，文学作品内容与形式大胆创新。受到洋务运动、维新变法的影响，东学西渐之风在当时的中国流传开来，这一时期的书籍装帧形式开始效仿西方。书籍以平装装订，封面从传统的蓝底白签变为了印刷有各式图案的现代封面。这些图案主要包括了一些传统的手绘纹样、受西方现代艺术风格影响的各式图案，以及与当时流行的月份广告牌类似的美女肖像。书籍封面的设计开始从单一走向多元。"鸳鸯蝴蝶派"是盛行于民国初年的一个文学流派，以世俗小说为主，是当时为大众所接受的一种平民文学形式。以小说《恨海孤舟记》为例，封面采用了现代设计版式，有文字与图案，文字部分有主有次错落有致，居于封面正中身着旗袍的时髦女郎，成为该封面的主体图案，与文字部分配合，使得封面颇具现代设计感。

1912 年—1928 年的北洋政府，是中国在清朝灭亡后第一个被国际承认的中国政府。这一时期的民主氛围为思想的自由带来保障，新文化运动便在这一时期发生。新文化运动在道德、文学、哲学、艺术等各个方面都产生了很大的影响，在书籍设计方面也大大打破了之前的定势，开创出了多种新的设计形式，并出现很多优秀的书籍设计家。这一时期的纸张、印刷、版式、装帧都有了新的革新。书籍设计的开本从之前的参差不齐变为以规则的 32 开本为主流，印刷则采用西方传入的胶版印刷方式，封面设计也更加具有形式美，开始更多地融入现代艺术与现代设计的成分，更加注重字体设计的变化，版式的设计也更为讲究。

　　南京国民政府成立后，中国的社会向前蓬勃发展。在教育方面，注重发展高等教育，在人才、科研方面加大经费投入，为这一时期思想文化的发展培养了大量人才。各行各业的能人都加入了书籍设计的行列，如诗人、作家、画家等，书籍设计出现了一片繁荣的局面。当时比较著名的书籍设计家有鲁迅、钱君匋、孙福熙、陶元庆等人。以鲁迅的《坟》为例，这是1927年出版的32开的毛边本。封面是由鲁迅的好友陶元庆设计，采用了一些与题名相关的较为抽象的几何形，让人联想到棺撑、墓碑、树木等，与书名相呼应，又象征得恰到好处。再以鲁迅主编并亲自设计封面的杂志《文艺研究》为例，该书采用25开本，封面设计非常具有现代感。由鲁迅亲自设计的美术字体十分讲究，图案部分加入了现代透视原理和构成主义的风格要素。通过以上两本书可以看出，这一时期的书籍设计样式发展得种类繁多，风格多变。

　　抗日战争使得中国的经济发展一度停滞，文化也遭受到了空前浩劫。这一时期由于印刷、纸张条件的限制，书籍的出版也十分艰难，书籍的题材多是宣传抗战的内容。由于物质条件的匮乏，书籍的纸张与印刷工艺都有所下降，在有些抗战地区甚至出现了同一本书中用了几种不同颜色的纸张。书籍的封面也从之前富有装饰性演变为简洁、稳重的风格。这一时期为了应对战时需要，书籍设计进入了一个特殊阶段。在抗日战争与之后的解放战争期间，由于受到政治、经济环境的限制，书籍装帧设计具有明显的政治色彩，强调艺术服务于政治，故而摒除了过多装饰性的形式美，这一时期的书籍也具有其独特的时代风格。

　　总体来说，民国文献的装帧形式主要分两种：一是古典装帧式，也就是传统的古籍线装书。二是平装本式，"民国时期文献保护计划"所针对的主要对象是指平装本的保护。虽然当前"中华古籍保护计划"仅将1912年之前的古籍列入保护范围，但在古籍保护工作的实际开展中，各地多家单位都将民国时期的纸质文献古籍线装书也做了调研、普查、登记、编目。这项工作的开展是必要且正确的，因为从根本上来说民国时期的纸本线装书与1912年之前产生的古籍是一脉相承、没有根本性区别的，且典藏、保护、修复等保护手段都是一致的。

第三节　民国文献保护的现状

通过相关数据统计，我国民国时期出版图书超过 12.4 万种，通过《民国珍稀短刊断刊》丛书筛选后录入 1800 种，可见民国文献数量巨大，但历经天灾人祸后，文献数量有限。其中，南京图书馆藏有 70 万件，国家图书馆藏有 67 万件，上海图书馆藏有 40 万件，广东省立中山图书馆藏有 25 万件，吉林省图书馆藏有 16 万件……同时，北京大学、复旦大学、南京大学、辽宁大学等高校也存有一定的民国文献，规模一般在 1 万件左右。民国文献的保护障碍有以下几方面。

一、纸质材料的自然消亡

民国文献脆弱的原因之一是受当时造纸印刷装订质量所影响。以国内外通用标准为主：一是造纸原材料，从历史上看，我国古代造纸选择的材料为耐久性高的植物韧皮纤维，以纯手工工艺为主，化学原料添加剂量极少，使得纸张制造完成后偏碱性，产量低但纸张质量和韧性较好。民国时期，纸张需求量快速增加，传统植物韧皮纤维原料无法满足生产需求，造纸原材料改为机械磨木浆纸或是酸性化学浆纸，传统造纸逐渐转变为机械造纸，产量高但纸张质量远远低于传统纸质。二是由于原材料的改变，纸张为酸性，文献纸张的最佳酸碱度是弱碱性，通过酸碱度检测，我国民国文献纸张酸碱度 pH 值普遍低于 5.0，酸化严重。三是民国文献装订工艺较为特别，以便于携带和阅读为目标，但在装订质量与装订方法方面有所欠缺，很容易造成掉皮或是掉叶等情况，这给民国文献的保护增加了难度。

二、文献保护观念欠缺

除了民国文献自身客观保护障碍之外，文献保护意识的不足增加了民国文献保护难度，中华人民共和国成立后的一段时期，有相当数量的民国文献没有得到应有的保护。十一届三中全会之后，一些图书馆以古代文献为重点保护对象，没有意识到民国文献的价值，文献保护观念十分欠缺，这是民国文献走向人为流失的重要原因。究其原因，除了自身纸张因素之外，民国文献没有建立一条供需价值链，没有市场就没有需求，没有需求就没有使用，而没有使用又何谈保护。对此，可以借鉴古籍的"逆袭之路"，拯救民国文献，只有在国家政策法规的引领下，全民参与，才能实现民国文献的保护。

三、技术与资金的不足

在民国文献保护中，为了做到原生性保护，最好的方式就是借鉴古籍的修复方式，但在实际操作中发现，一些诸如加封牛皮纸、精装封订的传统方式，会加快民国文献纸质酸化速度，不利于长期保存。针对破损严重的古籍以托裱为主，但是由于民国文献多为双面印刷，这种保护方式也不适用；一些地方通过纳米镀膜技术进行文献加固，但由于在使用中会造成文献的二次破坏，目前不被文献保护专家普遍认可；国外图书馆多采用脱酸处理技术，消退纸黄，提高纸质韧性，但由于设备、原料昂贵，脱酸处理需要消耗大量的资金，再加上环境保护等原因，我国收藏机构基本不具备大规模脱酸的能力。

第四节　民国文献的保护办法及措施

民国文献老化属于不可逆的化学变化过程，从纸张泛黄、酸化到机械强度消失，最终彻底消失殆尽，而文献保护就是延缓这一过程，修补破损文献，协调藏和用之间的关系，进而达到保护目的。

一、改善贮存环境

在进行民国文献保护时，要先从储藏环境入手，合理控制储藏室温度，将其控制在18℃~22℃；合理控制储藏室湿度，将湿度控制在50%~60%。根据文献物理、化学特征，控制储藏环境的温度与湿度，适当给予采光处理方式。过度太阳光线照射或是直射，会造成民国文献纸张的破损和老化，结合储藏室内结构特征，科学安排书架位置，对民国文献设置防光隔离层，以实现对民国文献的防光处理。若受客观因素或是主观因素影响，没有设置防光隔离层，管理人员需要在白天拉下窗帘，室内开灯，这样会增加保护成本。同时，要配置相关保护设备，对民国文献进行强酸化检测，将科学技术和科学管理有效结合，保证民国文献管理的针对性和有效性，监控民国文献纸张酸碱度变化，根据纸张酸碱度制定针对性保护对策和应对措施。针对特藏或是珍贵文献，要制定保护装具，包括中性和微碱性材料的书盒、书柜及函套，并与地面距离10厘米，阻止民国文献纸张的酸化和老化，减少各方面因素的影响，进而实现对民国文献的保护。

二、强化保护意识

首先，为了真正实现民国文献的保护，要进一步强化民国文献保护意识和保护观念，借助编辑和出版民国书籍文献的方式进行民国文献使用和宣传，做好用户调研，出版二次文献，强化民国文献史料和现代化媒体的合作，宣传民国历史，引起社会各界对民国文献的重视，进而逐步树立保护意识。其次，宣传民国文献的价值，对大众进行民国文献脆弱性和独特性的特殊教育，提醒大众民国文献的脆弱与珍贵，使得民国文献被小心谨慎地使用，防止破损或是撕裂。再次，遵循阅览室相关规章制度，以保护民国文献为基础进行日常使用，少复印、少拍照，让大众尽量使用复制品，控制纸质文献的流通，设定阅览室范围和数量，提高服务对象的门槛，尽量以高素质人群为主，设定借阅次数和借阅时间，降低民国文献破损概率。除此之外，还可以呼吁爱好者积极参与到文献保护中，辅助图书馆进行民国文献管理，不仅可以减少管理人员的工作量，还可以起到一定的宣传效果。

三、创新保护技术

1.脱酸技术

现阶段，大多数民国文献已发黄，这主要是随着时间的推移，纸张中纤维素出现水解反应，而纸张酸性物质在水解反应中起到催化剂的作用，纸张 pH 值酸碱度越低，酸性越大，越容易出现水解反应，纸张被严重破坏。通过实验证明，纸张若为中性或是偏碱性，会减缓这一反应的过程，延长纸张的保存时间。对此，在进行民国文献保护时，要创新保护技术，多以纸张脱酸、纳米镀膜的方式为主，提高纸张的酸碱度，防止纸张过分酸化，包括显色螯合脱酸法、碳酸氢镁水溶液脱酸法、碱性螯合物有机溶液脱酸法，灵活使用这些技术方法使民国文献达到长期保存目的。

2. 修复技术

民国文献修复是通过专业修复和帧裱技术修补文献原本，实现文献原貌再现的目的。这种修复方式是一种有效的保护手段，尤其针对文物价值、研究价值高且破损严重的文献，保护效果显著。在实际修复中，相关工作人员要根据破损程度对民国文献进行划分修复等级，制订合理的修复计划，坚持质量原则，尽可能地还原文献原貌，避免对文献原件的破坏。借鉴古籍修复经验，结合文献纸质特点，合理选择修复手段，纸质未老化的文献，湿润撕裂处，用糨糊黏接；纸质老化严重的文献，以透明薄纸进行黏接；针对污损文献，采用机械摩擦法，科学处理。当然，目前的民国文献修复技术尚未成熟，修复效果仍不理想，需要从业者和研究者加以探索，寻求新的修复技术，以实现对民国文献的保护目的。

3. 抢救技术的革新

在进行民国文献抢救时，从原生性保护与再生性保护入手，二者兼顾，对破损严重到无法提供借阅的文献，采用缩微复制和数字化扫描，既不耽误读者的查阅使用，又能将濒危的民国文献安稳储藏，将文献内容进行复制和载体转移，提供给读者，进而达到长期保存的目的。

直至今日，民众对民国文献保护意识日渐觉醒，特别是红色革命文化的崛起，使得处在民国时期的诸多红色文献得到抢救修复并得以发掘利用。全国各大公共图书馆、博物馆及收藏机构等，都纷纷将革命文献、共产国际早期论著、进步人士和名人手稿，以及进步书刊等革命性资料单独挑选出来，以革命文献、进步文献为主，设置革命文献专区，开发革命文献数据库，这种情况的出现，也让同时期的其他民国文献逐渐开始受到大家的重视。

第五章　红色文献的保护

　　红色文献是百年党史的见证。站在"两个一百年"奋斗目标的历史交汇点，整理红色经典文献，弘扬革命精神，传承红色基因，各级红色文献收藏机构责任重大。红色文献凝聚着艰苦奋斗的民族精神，是中共党史研究的重要参考资料，是进行红色爱国主义教育的重要载体，是各族人民的精神财富与力量源泉。红色文献形成于革命战争年代，经过岁月的洗礼，至今品相完整、内容齐全的文献保存得很少，具有很明显的稀缺性。据京、津、沪三地近十年来的拍卖数据统计表明，在近现代书刊资料拍卖中，红色文献的表现最为抢眼，成交价格连续多年一直向上攀升。前几年，在北京举办的一场"红色收藏专场拍卖会"上，百余件红色文献受到了包括中国国家图书馆、北京大学图书馆、井冈山革命博物馆、中国人民革命军事博物馆等国内知名博物馆及众多红色收藏者的青睐。

第一节　红色文献的界定和范围

　　习近平总书记指出："党的历史是最生动、最有说服力的教科书。"革命文献正是生动记录党的历史且具有教育意义的珍贵文物。图情部门根据文献的内容及开放性方面，认为以政治机关或人物为线索的党政机关文件及领导人的著作都是红色文献。尽管我国对红色文献的起止时间界定方面，至今学界还没有一个比较确切的说法，但对如下的解释，认识还是相对一致："红色文献主要是指1921年7月中国共产党成立至1949年中华人民共和国建立这段时间内，由中国共产党机关或各根据地所出版发行的各种文献资料，其中，包括党的领袖著作、党组织各类文件及根据地出版的各类书籍和报纸杂志等"。

虽然业界对红色文献是否涵盖中国共产党诞生之前及中华人民共和国成立之后所产生的部分文献，还存在较大的争议，但各收藏单位、机关或部门，在文献收藏的时间上有上溯下延。比如，南京图书馆就藏有《新青年》（原名《青年杂志》）的部分原件及比较完整的影印件，此刊由陈独秀主编，上海群益书社印刷发行，1915年9月15日创刊，1926年7月停刊；《劳动界》（扫描件）（注：为20世纪50年代做的影印件），此刊由中国共产党上海发起组创办，1920年8月15日创刊，1921年1月终刊。浙江图书馆馆藏红色文献就有5000多册，文献涉及中、英、俄、日、德文等多种文字，如1903年东京《浙江潮》编辑所出版的《社会主义神髓》就为该馆所藏。我国各大省级图书馆为体现相关文献收藏的延续性，1949年之后出版的革命文献也被悉数收藏。正是收藏单位、机关或部门在文献收藏的时间上上溯下延，使得这些文献涵盖了中国共产党诞生之前及中华人民共和国成立之后产生的文献，极大地丰富了革命文献的内涵，具有极强的延伸性和更加广阔的范围。

第二节　红色文化的保护现状

红色文化是在革命战争年代，由中国共产党人、先进分子和人民群众共同创造并极具中国特色的文化，蕴含丰富的革命精神和厚重的历史内涵。红色文献作为红色文化的载体，它的出版和发行受到当时特定的经济条件、政治文化环境及印刷技术等各种条件的限制。在艰苦的政治斗争和战争环境下，面对敌人、反动势力的严密封锁，出版印刷条件极其简陋和困难，尤其是在根据地建立之后，难以建立较大规模的印刷厂，连纸张供应都要实行配给制，印刷材料更是缺乏。

这就导致当时印刷的书刊及文献材料虽然种类多但数量相对较少，留存至今的书刊很少。再加上年代久远和战乱等因素造成的损毁，大批革命文献资料都已失散和自然损蚀，留存下来的都弥足珍贵。目前，这类革命文献资料大都散存在各地档案馆、图书馆、文化馆、纪念馆和博物馆内，民营收藏机构和私人手中也有收藏。

过去，一些博物馆、图书馆往往存在着重古轻今的思想观念，对反映近代革命史资料的收集、保管程度重视不够，很多红色珍稀书报刊资料从一些机关单位、大学、出版社甚至研究机构中被卖废纸处理。这让一些慧眼识珠的红色收藏爱好者捡了"漏"。恰恰正是红色收藏爱好者抢救保存了这些险被搅成纸浆的珍贵史料文献，做出了自己的贡献。

第三节　红色文献的价值

在中国共产党的百年奋斗进程中，产生并留下了大量珍贵的红色文献，真实记载了中国共产党波澜壮阔的发展历程，记录了中华人民共和国从诞生走向繁荣富强的前进脚步，凝结着先辈们可歌可泣的奋斗精神，是我们宝贵的红色财富，挖掘、收集、整理和利用红色文献具有十分重要的历史和现实意义。

文献学界一般从文献的内容及其开放性角度，把中国革命历史上有关资料及党政领导人的著作称为红色文献，红色文献著作内容来自实际，往往属于原始记录，信息鲜活，内容可靠，针对性强，具有较强的历史资料性、保密性，自身蕴含着丰富的革命精神和厚重的历史文化积淀。红色文献作为我党在宣传工作中一种表现力强、影响力大、感染力深的宣传方式，如南京图书馆馆藏的《毛泽东选集》（1944年晋察冀日报社版，最早的《毛泽东选集》版本，被列为馆藏十大珍本），这类红色文献在我党的建设和发展历程中起到了至关重要的作用，它传播和普及了马克思主义基本理论，使人民群众了解了党的纲领、政策和方针，促进了群众对党的信任与拥护，体现出极大的宣传价值，是党在宣传工作中最强有力的手段之一。

一、政治引导，弘扬红色文化

红色文献承载着红色文化和革命精神，是传承红色文化、弘扬革命精神的重要蓝本。红色文献作为红色历史的记录载体，阅读趣味性较强，能够激发读者的阅读热情，提高学习的主动性和积极性。人民群众通过学习红色文献，领悟红色文化精髓，感受革命精神真谛，有利于坚定政治立场，净化社会风气，营造良好的政治环境和社会氛围，筑牢社会经济文化高质量发展的思想根基，开启社会主义现代化建设新征程。

二、精神引领，发展红色旅游

红色文献彰显红色精神，红色精神推动社会经济快速发展，进而能够在竞争激烈的市场经济时代为社会经济发展提供源源不断的前进动力。革命先辈艰苦奋斗、追求真理、开拓进取的红色精神，激励人们在经济全球化浪潮中大胆创新、锐意进取、敢闯敢干，坚定做大做强的信心与决心，增强发展动力和活力。同时，红色文献承载着战斗历史和革命精神的内涵，是有效开发红色旅游的资源支撑，各级政府将红色文献、红色教育融入旅游，开展红色革命主题旅游活动，传阅红色文献，了解革命历史，培训新时代革命精神，有利于开创红色旅游经济发展新格局。

三、文化洗礼，强化价值观认同

红色文献作为红色文化的重要载体，蕴含着老一辈革命家的思想精髓和社会主义信仰，蕴含着开拓创新、敬业奉献、艰苦奋斗的精神。在当今多元文化的时代，人们的价值观容易受到"三俗"思想的腐蚀，通过学习红色经典文献，接受红色文化的洗礼和革命精神的熏陶，以强大的红色基因内核引导积极向上的文化方向，激发思想正能量，丰富文化精神领域，有利于增强大众对社会主义核心价值观的认同。南京图书馆于2021年6月举办了"百年党史 百人百事——庆祝中国共产党成立100周年馆藏文献专题特展"。从历年来出版的众多党史主题读物中精选出100本优秀图书，并将所选书籍分为四个主题，分别是：马克思主义在中国的传播与发展、党的重要思想理论、国际共产主义运动与中国共产党的发展历程、中国共产党领导下的革命史与社会主义建设史。在南京图书馆"不忘初心——马克思主义在中国的传播与发展文献纪念展"中，马克思主义相关著作《唯物史观解说》〔荷〕郭泰著，李达译，上海，中华书局，1929年10版（1921年初版）；《独秀文存》，上海，亚东图书馆，1937年；《毛泽东选集》第一卷，盐城，苏中出版社，1945年7月；《随军西征记》廉臣（陈云）著，汉口，生活书店，1938年3月等珍贵革命文献都有展陈。读者们纷纷表示，这么有特色的展陈让人难忘。许多读者都是第一次见到如此珍贵的革命文献，通过这次参观看到了更多南京图书馆珍贵的红色文献，通过学习马克思主义在中国的传播和发展历程，更加清晰地认识了中国特色社会主义的内涵，更加坚定跟党走的信念，决心为中华民族的伟大复兴再添新的力量。

四、历史认同，正确研判新形势

红色文献见证了中国共产党的早期成长和发展历程，记录了中国革命取得胜利的艰难历程，具有重要的史料价值和研究价值。研究红色文献既能够唤起人民的民族自豪感，增强民族自信心，又能更加真实、深入地了解历史，认识中国革命史，以史为鉴，为正确研判新形势、处理新问题提供借鉴和参考。

如西柏坡红色文献的历史阶段就是属于解放战争时期，尤其集中在争取全国解放、革命最后胜利的阶段，通过中国共产党的各类文件、报告，以及党的领袖讲话、文章等一系列红色文献的宣传教育，提高了中国共产党在人民群众中的威望，激发了人民群众的革命热忱和生产热情。1949年元旦，《人民日报》刊载的毛泽东为新华社所写的"新年献词"，向全国人民发出"将革命进行到底"的伟大号召，最大限度地调动一切人力、物力、财力，使解放事业真正成为全国人民的奋斗的目标，此件藏品也成了促进解放战争胜利的重要历史文献见证。西柏坡红色文献作为特定历史时期的产物，不仅仅意味着在革命战争时期所突出的凝聚和激励作用，更是历史性与时代性的统一，对今天仍然具有很强的教育和启示作用。在数字技术、网络技术迅速发展的新环境下，西柏坡红色文献作为社会主义先进文化的重要源头之一，对于积极倡导中国化的马克思主义思想、爱国主义和革命英雄主义，引导人们树立坚定的理想信念、高尚的道德品质，推动社会主义核心价值体系的建立都具有重大意义。

第四节　红色文献的保护办法及措施

一、红色文献整理的优化策略

1. 健全制度，组建红色文献整理专门机构

各文献收藏机构要制定红色文献收集整理保护制度，搭建红色文献联合征集平台，互联互通，扩充红色文献资源库，同时加强与政府相关部门的联系。寻求红色文献征集和整理法规政策及资金支持；优化设备体系，更新数字网络，建设红色文献信息智能化采集平台，线上采集与线下采集方式相结合，提升红色文献资源整理成效，推进红色文献资源的回溯建库和数字化建设；成立红色文献整理专职部门，设立专职岗位，配备专人负责红色文献的管理工作，对红色文献进行缩微拍摄，制成电子文献供用户使用，同时加强工作人员的技术培训和业务教育，提升他们的红色文献整理专业素养。各文献收藏机构还要建立红色文献资料库，形成红色文献资源整理体系，选择有价值的红色文献资源整理、编辑出版红色读本、研究专著等，促进红色文献的高效整理。

2. 科学整理，编制红色文献联合书目

科学整理是红色文献开发和利用的前提，各文献收藏机构应按照编制书目、索引、汇编等内容对文献进行归纳和分类，编制红色文献联合书目，制定科学的条目、著录细则等；注重红色文献资源的完整性，详细著录文献的日期、编者、题目等内容，使用规范化语言填写收录的红色文献资源，按照内容分别对文字类资源、图片类资源进行分类组卷，保证内容完整准确；根据内容编制红色文献摘要，明确文献主题词、关键词、著者等内容，编制整理红色文献提要，方便用户检索查阅原文。同时，各文献收藏机构还要将红色文献资源信息同步到信息网络系统，形成网络红色文献检查工具，根据实际应用需要编制专题索引或文献纲要等检索工具，提升用户使用的便捷性。

3. 联合整理，实现红色文献资源共建共享

红色文献整理需各机构加强合作，增加交流，联合开发红色文献资源，实现文献资源的共建共享。图书馆、档案馆、博物馆等红色文献收藏机构间除加

强联动合作，利用联合开发平台发挥各自的资源优势，弥补短板和不足外，还可联合社会团体开展系列活动，扩大红色文献的宣传力度，提高社会影响力。此外，各红色文献收藏机构还可邀请领域专家举办讲座或研讨会，汲取专家红色文献整理开发的智慧和经验，实现红色文献整理的高效化、规范化；利用全媒体实现文献资源的访问与推送，为用户提供红色文献的全新体验。

4. 整合资源，建立红色文献数据库

各红色文献收藏机构要开展红色文献的专题性资源建设，联合学术机构、科研院校等成立红色文献资源联盟，汇聚红色文献数据资源，合作共建红色文献专题数据库，形成内容齐全、体系完整的红色文献数据系统。此外，红色文献收藏机构还需开发红色文献网站，共建共享网络资源信息，展示红色文献资源整理成果，实现跨库检索和资源异地共享；借助智能化平台检索、整合红色文献资源信息，对红色文献资源进行分类归档，形成电子文献资源，丰富红色文献资源保存形式，促进红色文献整理的升级。

二、国家图书馆"革命文献与民国时期文献保护计划"

随着国家图书馆"革命文献与民国时期文献保护计划"项目的实施。国家图书馆编制了《图书馆民国时期文献特藏书库基本要求》，配置原生性保护装具和设备，完成"民国时期文献检测及国内外脱酸技术调研""民国时期文献脱酸研究与脱酸设备研制"等项目，改善文献存藏条件，延长文献使用寿命。2022年是国家图书馆"革命文献与民国时期文献保护计划"项目实施10周年，同年4月13日，"革命文献与民国时期文献保护工作研讨会"在国家图书馆举行，来自全国各省（区、市）图书馆、中国社科院近代史研究所、北京大学、清华大学、中国人民大学、四川大学等60余人参加研讨会。研讨会对十年来革命文献与民国时期文献保护工作进行了总结，各文献收藏单位之间进行了工作交流，进一步明确了"十四五"期间的工作重点。

1. "革命文献与民国时期文献保护计划"项目背景

民国时期东西文化交融、碰撞，学术思想活跃，形成了特殊的文化景观，留下了大量文献，包括图书、期刊、报纸、档案、日记、手稿、票据、传单、海报、图片及声像资料等。这些文献全面记载了中国近代历史的风云变幻，记录了中国共产党带领中华民族争取民族独立与国家振兴的光辉历程，文献数量众多、内容丰富，具有较高的历史价值、学术价值和重要的现实意义，也是开展爱国主义教育的生动教材。

中华人民共和国成立以后，特别是改革开放以来，我国在一定范围内对革命文献与民国时期文献进行了调查、整理、出版、缩微和数字化保护，取得了一定成果。然而，从整体看，革命文献与民国时期文献保护仍面临严峻形势，主要表现为：文献底数不清，破损严重；原生性保护设施、技术基础薄弱，文献保存条件堪忧；再生性保护进展缓慢，文献开发和利用不足；部分珍贵文献流失海外，保护和修复人才匮乏等。随着时间的延续，革命文献与民国时期文献的损坏速度越来越快，许多已不能使用，如不及时抢救，文献历史将面临断层危险。

为此，国家图书馆于 2011 年联合业界共同策划"革命文献与民国时期文献保护计划"，2012 年项目正式启动。在文化和旅游部的大力支持下，"革命文献与民国时期文献保护计划"作为"文献典籍保护重点项目"纳入文化和旅游部《全国公共图书馆事业发展"十二五"规划》，2016 年列入国家"十三五"规划纲要文化重大工程"中华典籍整理"专项。近年来，在各级领导的高度重视和关怀下，在各级各类图书馆、博物馆、档案馆、科研院所等单位的积极参与和共同努力下，革命文献与民国时期文献保护工作在普查、征集、研究、整理、数据库建设和人才培养等各方面均取得了丰硕成果，充分发挥了国家图书馆的行业引领作用。

2."革命文献与民国时期文献保护计划"项目开展情况

（1）文献普查渐次展开，机构联动共建共享

采取"大馆先行、分类推进"策略，依次开展民国时期平装书、连续出版物普查工作，建成"革命文献与民国时期文献联合目录"。目前，已累计汇集国家图书馆及 41 家民国时期文献普查成员馆的书目数据 30 余万条、馆藏数据 70 余万条，这些普查成果通过"革命文献与民国时期文献联合目录"发布，免费提供公众查询使用，满足社会各界便捷利用文献需求和业界编目人员查询套录书目信息需要。为将普查成果尽快共享利用，国家图书馆同步启动《民国时期图书总目》编撰工作。该书目是一部反映最新民国时期文献普查工作成果的大

型回溯性书目。截至 2021 年底，已出版哲学、宗教、社会科学总论、农业科学、自然科学（基础科学）等 5 卷，共收录图书 24066 种，对比 20 世纪出版的《民国时期总书目》相关类别收录总量 17914 种，增长 34%，其余各卷编纂整理工作正在有序推进。

（2）文献征集成果显著，填补国内史料空白

紧密结合国家战略和社会需求，积极与海内外收藏单位联络，开展珍贵文献史料征集工作。从海外征集缩微胶卷、缩微平片、数字化档案等项目，在此基础上，建成"东京审判资源库""日本细菌战资源库""革命历史文献资源库"等专题特色资源库，进一步填补了国内文献资料空白，完善了馆藏资源体系。

（3）整理出版规模显现，专题史料成果丰富

近年来，文献整理工作依托全国各级各类文献存藏机构资源和海外征集文献，对文献资料进行科学分类、统筹规划、建构体系，将文献整理与当下政治、经济、文化等各方面紧密结合起来，与各收藏单位的文献普查和馆藏整理工作结合起来，使大量珍稀文献化身千百，提供学界使用，既保护了原件，又满足了公众使用文献的需求。

截至 2021 年底，文献整理项目累计立项 308 项，完成 146 项，出版图书 8522 册，逐步形成了"革命历史文献资料丛编""民国时期文献资料丛编""抗日战争文献史料丛编""对日战犯审判文献资料丛刊"等系列，出版了多项填补国内空白、具有重要价值的资料，其中，不少文献系首次披露，推动了一些重要历史事件的专题研究，具有重要现实意义。

（4）数字化与原生性保护并进，加强实体文献保护

编制《图书馆民国时期文献特藏书库基本要求》，配置原生性保护装具和设备，完成"民国时期文献检测及国内外脱酸技术调研""民国时期文献脱酸研究与脱酸设备研制"等项目，改善文献存藏条件，延长文献使用寿命。

完成民国时期文献缩微胶卷数字化 1028 万拍，馆藏革命文献特藏数字化 2 万拍，这些成果均在国家图书馆网站向公众提供免费公益服务，满足读者文献利用需求的同时，有效减少了文献原件损耗。

（5）加强史料深度挖掘，推进专题资源建设

国家图书馆对征集到馆的数字资源进行整理和开发，挖掘与揭示具有学术

价值和爱国主义教育意义的特色文献，组织整合多载体、多语种和多类型的文献信息资源，建成"东京审判资源库""日本细菌战资源库""革命历史文献资源库"等专题资源库，不断拓展文献服务深度和广度，提升文献服务效能。

——东京审判资源库

2015年8月14日正式上线"东京审判资源库"，以海外征集的东京审判等对日战犯审判资料为基本素材，充分利用已有民国时期文献研究、整理和出版成果，对所有原始文件进行系统整理，按照国家图书馆相关标准规范，制作人物、事件、证词、背景资料等元数据，最终形成的"东京审判资源库"下设庭审记录、证据文献、判决书、影像记录等8个子库，内容包括东京审判庭审记录4.9万叶、中英文判决书各1200叶，证词、证据文件4949份，庭审现场历史照片384张等。"东京审判资源库"将对日战犯审判的原始资料和研究成果逐步展开，再现对日战犯审判的重要历史事实，极大便利了读者使用，促进了史料文献面向公众的推广，对于了解真实历史，并以史为鉴、面向未来具有重要意义。

——日本细菌战资源库

2018年起开始建设"日本细菌战资源库"。资源库以国家图书馆从海外征集的日本细菌战档案为基本素材，对原始文件进行逐叶整理标引后建成，内容包括日本细菌武器研究与试验、日本对华实施细菌战、日本使用活人进行人体试验、日军针对战俘及平民的暴行、盟军对日本涉细菌战科研人员和军人进行调查、盟军关于组织战争罪行审判等方面的史料10000余叶。资源库还系统揭示了远东国际军事法庭审判期间，美国为获取日本细菌战所谓"研究成果"，阻碍司法公正，牺牲中国人民追究日本细菌战罪责的权利，与日本达成秘密交易的内幕，是研究日本细菌战罪行重要的一手史料。资源库下设日本细菌战档案、人物索引、地名索引、机构索引、疾病索引、相关报告、伯力审判庭审记录、相关历史事件8个子库，并为每份档案撰写了中文提要，实现了原始档案叶级深度标引和全库知识点检索定位。资源库于2020年"中国人民抗日战争暨世界反法西斯战争胜利75周年"之际正式面向全社会提供免费公益使用，展示史实史证，助力学术研究，"让历史说话，用史实发言"。

——革命历史文献资源库

2021 年 6 月，中国共产党成立 100 周年之际，在征集文献基础上组织建成"革命历史文献资源库"，向党的百年华诞献礼。"革命历史文献资源库"包含革命图书、革命期刊、革命报纸 3 个子库，第一期发布革命图书 6255 种，革命期刊 170 种，革命报纸 14 种，共计百万余叶，为"学史明理、学史增信、学史崇德、学史力行"提供史实本源。

（6）持续开展宣传推广，加强保护人才培养

围绕重大历史题材和国家重要纪念日，先后举办"历史的审判——馆藏东京审判图片展""不朽的长城——纪念中国人民抗日战争暨世界反法西斯战争胜利 70 周年馆藏文献展""红色记忆——庆祝中国共产党成立 95 周年馆藏文献展""不忘初心，砥砺奋进——国家图书馆藏革命历史文献精品展""钢铁长城——纪念中国人民解放军建军 90 周年馆藏文献展""中华传统文化典籍保护传承大展""纪念中国人民抗日战争胜利 75 周年暨抗战文献整理成果发布会"等，在 17 个省份举办"革命文献与民国时期文献保护计划"巡展 18 场，通过大量珍贵史料展陈，切实履行好围绕中心、服务大局、传承文明，服务社会的职责。

在全国 19 个省（区、市）举办革命文献与民国时期文献保护工作培训班与线上专题培训班 22 期，培训全国各类文献收藏机构业务骨干 3000 余人，不断提升革命文献与民国时期文献保护工作从业人员的工作能力和专业水平，为文献保护工作奠定了坚实的人才基础。

3. 未来展望

2019 年，在国家图书馆建馆 110 周年之际，习近平总书记给国家图书馆老专家回信中明确提出，国家图书馆要"坚持正确政治方向，弘扬优秀传统文化，创新服务方式，推动全民阅读，更好满足人民精神文化需求，为建设社会主义文化强国再立新功"，这是习近平总书记对国家图书馆提出的殷切希望和目标要求。

国家图书馆是国家书目中心和文献信息资源总库，承担着传承文明，服务社会的职责，是"滋养民族心灵、培育文化自信"的重要阵地。"十四五"时期，国家图书馆"革命文献与民国时期文献保护计划"项目将继续坚持正确政治方向，深入学习贯彻习近平新时代中国特色社会主义思想，认真贯彻落实习近平

总书记给国家图书馆老专家回信精神，推动全国协调共进，不断拓展文献普查登记范围，开展海内外革命文献与民国时期文献的调查与征集，推进重点文献专题整理和专题资源库建设，切实加强实体文献保护，做好人才培养，履行国家文献战略保障职能，不断增强人民群众对文献保护成果的获得感，深入推动革命文献与民国时期文献保护工作向更高水平发展，把红色资源利用好、把红色传统发扬好、把红色基因传承好。

红色文献具有重要的政治、经济、文化价值，是传承革命精神的力量源泉。红色文献收藏部门要运用现代技术，通过制定红色文献整理保护制度、联合社会各界共同收集整理，以及建立红色文献联合资源库等方式实现红色资源的共建共享，释放红色文献的时代价值，推动全社会筑牢信仰之基，让红色文献在新征程绽放新光彩。

第五节　革命文献与民国时期文献保护计划
"十四五"时期规划纲要

为深入贯彻落实习近平总书记对国家图书馆"坚持正确政治方向，弘扬优秀传统文化，创新服务方式，推动全民阅读，更好满足人民精神文化需求，为建设社会主义文化强国再立新功"的要求，明确革命文献与民国时期文献保护计划"十四五"期间的主要目标和重点任务，根据《中华人民共和国国民经济和社会发展第十四个五年规划和2035年远景目标纲要》《国家"十四五"时期文化发展改革规划纲要》《"十四五"时期文化和旅游发展规划》和《国家图书馆"十四五"规划》，制定本规划。

序言：

"十三五"时期，在文化和旅游部的大力支持下，在国家图书馆领导班子的正确领导下，在业界、学界的积极参与下，革命文献与民国时期文献保护工作取得长足进步。2016年，"革命文献与民国时期文献保护计划"被列入《中华人民共和国国民经济和社会发展第十三个五年规划纲要》《国家

"十三五"时期文化发展改革规划纲要》和《文化部"十三五"时期文化发展改革规划》，成为继中华古籍保护计划之后的又一个重大文献保护项目，得到国家财政资金持续支持。在此基础上，革命文献与民国时期文献保护工作有效开展，建立了相应的保护工作机制，陆续从文献普查、文献征集、文献整理、文献保护、数据库建设、宣传推广和人才培养等方面开展工作，取得丰硕阶段性成果，为项目延续性开展提供了充分保障。

1. 文献普查渐次展开，普查成果共建共享

采取"大馆先行、分类推进"策略，依次开展民国时期平装书、连续出版物普查工作，建成"革命文献与民国时期文献联合目录"系统。截至"十三五"时期末，已发展普查成员馆37家，收集发布平装书书目数据30万条，馆藏数据70万条，5万余条书目包含目次与全文，提供给社会各界免费使用。连续出版物普查已汇集期刊书目数据1.4万条，报纸书目数据4000余条。

在此基础上编纂《民国时期图书总目》，完成《民国时期图书总目·哲学》《民国时期图书总目·社会科学总论》《民国时期图书总目·自然科学（基础科学）》《民国时期图书总目·农业科学》等4卷的编纂出版，共收录图书条目16890种。

2. 文献征集成果显著，整理出版规模显现

通过多种方式积极开展海外文献征集，共征集对日战犯审判、日本战争罪行、中国抗战、外国政府对华调查等系列专题缩微胶卷3493卷、缩微平片2208片、数字化档案6.7万余拍、老照片2万余张、视频30余份。以此为基础，形成系列出版成果和专题数据库。革命文献与民国时期珍贵历史文献整理累计立项294项，完成121项，出版图书7330册，形成"革命历史文献资料丛编""民国时期文献资料丛编""对日战犯审判文献资料丛编"等系列，在填补史料空白、还原史实真相、助力学术研究等方面发挥了重要作用。

3. 专题资源建设推进，实体文献保护不断加强

完成民国时期图书缩微胶片数字化加工1003万拍，极大丰富了国家图书馆"民国图书数字化资源库"内容。建成"东京审判资源库""日本细菌

战资源库"等专题资源库，不断提升文献服务效能。推进馆藏革命文献特藏数字化工作，扫描馆藏新善本275种447册件，完成2万余拍图像扫描、图片处理及元数据制作工作。启动馆藏民国时期图书建档和酸化程度测试工作，编制《图书馆民国时期文献书库建设标准》，配置原生性保护装具和设备，改善文献存藏条件，延长文献使用寿命。

4. 宣传推广持续开展，人才队伍不断壮大

配合国家重要纪念日举办相关纪念活动，先后举办"历史的审判——馆藏东京审判图片展""不朽的长城——纪念中国人民抗日战争暨世界反法西斯战争胜利70周年馆藏文献展""红色记忆——庆祝中国共产党成立95周年馆藏文献展""不忘初心，砥砺奋进——国家图书馆藏革命历史文献精品展""钢铁长城——纪念中国人民解放军建军90周年馆藏文献展""中华传统文化典籍保护传承大展""纪念中国人民抗日战争胜利75周年暨抗战文献整理成果发布会"，充分发挥文献的爱国主义教育价值，引起社会各界强烈反响。

通过举办"革命文献与民国时期文献保护计划"宣传推广活动，陆续在全国18个省（自治区、直辖市）举办革命文献与民国时期文献保护工作培训班20期，"革命文献与民国时期文献保护计划"线上专题培训1期，累计培训全国各类文献收藏机构业务骨干2879人，并在17个省份开展了巡展活动，不断普及文献保护理念，培养专门人才队伍，为今后文献保护工作深入开展打下坚实基础。

这些工作为"十四五"时期革命文献与民国时期文献保护工作的进一步推进积累了丰富经验，奠定了坚实基础。但同时也必须清楚认识到，工作中还存在亟待解决的问题，主要表现为：文献底数庞大，存藏情况复杂，文献普查工作任重道远；文献老化破损严重，文献保存条件堪忧，文献保护配套资金、技术和人才极度匮乏；再生性保护工作进展缓慢，部分珍贵稀缺文献流散海外尚未回归；文献开发和利用远远不能满足需求。随着时间延续，文献的损坏速度将越来越快，亟需加大资金投入，抓紧抢救保护，避免文献历史断层。

革命文献与民国时期文献全面记载了马克思主义在中国的传播，记载了中

国共产党领导中华民族争取民族独立与国家振兴、最终取得革命胜利的光辉历史，记载了中国近代社会的巨大变化，具有较高的历史价值、学术价值与重要的现实意义，是革命文化的物质载体，是激发爱国热情、振奋民族精神的深厚滋养，是中国共产党团结带领中国人民不忘初心、继续前进的力量源泉，是中国近现代历史研究和党史研究的珍贵资料。科学制定革命文献与民国时期文献保护工作"十四五"规划，对于认真贯彻习近平总书记作出的"把红色资源利用好、把红色传统发扬好、把红色基因传承好"重要指示精神，推动革命文献与民国时期文献保护工作向更高水平发展，具有重要意义。

一、指导思想与发展目标

（一）指导思想

以习近平新时代中国特色社会主义思想为指导，深入贯彻党的二十大精神，坚持中国特色社会主义文化发展道路，把马克思主义基本原理同中国具体实际相结合、同中华优秀传统文化相结合，深入推进中华优秀传统文化创造性转化、创新性发展，加强古籍抢救保护、整理研究和出版利用，促进古籍事业发展，为实现中华民族伟大复兴提供精神力量。

（二）基本方针

贯彻"保护为主、抢救第一、合理利用、加强管理"的基本方针，坚持依法保护与科学保护原则，正确处理文献保护与利用的关系。加强基础建设，强化服务职能，做到统筹规划、分类指导、规范管理、突出重点、分步实施、稳妥推进，推动革命文献与民国时期文献保护工作全面、科学、深入、可持续开展。

（三）主要目标

在继承与发展"十三五"工作成果基础上，继续大力推进"革命文献与民国时期文献保护计划"相关工作，继续加强文献原生性和再生性保护，尽快实现革命文献与民国时期文献科学有效保护，充分发掘文献历史教育价值，确保国家珍贵典籍有序传承和长久安全，面向国家创新驱动发展战略要求，进一步提升服务党政军和社会公众的能力。

——文献普查深度、广度进一步加强。持续推进革命文献与民国时期文献普查工作，摸清文献存藏状况，不断丰富和完善国家图书馆民国时期平装书、连续出版物普查数据，适时启动线装书普查工作。在普查成果基础上，进一步充实并整合"革命文献与民国时期文献联合目录"，编制各类文献总目、专目。

——**海内外珍贵文献史料获取能力持续提升**。紧密围绕中心、服务大局，持续推进海内外珍贵文献史料的征集工作，不断完善国家图书馆革命文献与民国时期文献馆藏资源体系建设，为相关历史研究提供学术支持和文献保障。

——**文献史料研究整理成果更加丰富**。进一步深入调研，充分考虑馆藏特色、资料类型、濒危状况与珍稀程度，按计划、成体系地开展民国时期重要文献，特别是珍贵革命文献的整理研究工作，传承经典、服务当代。

——**实体文献保护切实有效**。科学稳妥开展实体文献的抢救保护工作，分阶段、分步骤、有重点地逐步解决实体文献保护中出现的重点和难点问题，不断改善文献保存环境，促进保护工作的科学化与规范化建设。

——**文献资源服务效能进一步提高**。继续深度挖掘与揭示具有学术价值和爱国主义教育意义的特色文献，适应智慧图书馆管理系统与服务平台新要求，组织整合多载体、多语种和多类型的文献信息资源，建设一批富有特色的专题资源库，提高资源的揭示率及利用率，充分发挥文献价值。

——**人才培养和宣传推广工作进一步加强**。从筑牢意识形态阵地，坚定文化自信，更好构筑中国精神、中国价值、中国力量，为人民提供精神指引的战略高度，发挥革命文献与民国时期文献在继承弘扬革命文化方面的独特作用，加强史料展陈揭示和舆论宣传力度，不断普及文献保护理念和文献保护知识，加强人才培养，为文献保护工作深入开展打下坚实基础。

二、推动全国协调共进，开展文献普查登记

持续推进革命文献与民国时期文献普查工作，继续做好民国时期平装书和连续出版物普查工作，适时启动线装书普查及其文献整理工作。不断完善普查登记制度，及时根据普查单位实际情况和工作进展调整优化普查登记工作方案，健全各类文献普查标准规范，推动普查工作广泛深入持续开展。重点加强革命历史文献普查工作，编纂出版革命历史文献专题书目。不断优化"革命文献与民国时期文献联合目录"系统功能，实现多类型文献普查数据的实时发布与更

新，及时将普查成果提供给社会各界使用，不断增强社会公众和业界学界对文献普查成果的获得感和满足感。

1. 文献普查登记项目

继续加强与国内各级各类文献收藏机构合作，大力拓展民国时期平装书普查范围，加快推进连续出版物普查工作。重点加强革命历史文献普查工作，探索与革命老区各类文献收藏机构的合作。做好相关普查数据评估、审校、验收、整理等各项工作。适时启动民国时期线装书普查，确保文献资源普查的完整性。

2. 普查书目编纂项目

积极促进文献普查阶段性成果转化。完成《革命历史文献专题书目（1911—1949）》的编纂出版工作，按照"成熟一项编纂一项"策略，不断完善革命历史文献整理出版工作。

3. "革命文献与民国时期文献联合目录"建设项目

充分利用在线服务模式，做好文献普查数据发布和平台维护工作，及时将普查成果向全社会公益开放共享，充分增强人民群众对文化资源普查成果的获得感，满足业界编目人员查询套录革命文献与民国时期文献书目信息需要，发挥好国家图书馆行业引领作用。

三、开展海内外文献调查与征集

紧密结合国情大势和社会需求，充分调研海内外主要文献收藏机构的文献存藏情况，加强与这些机构的沟通联络，积极探索多样化合作保护方式，有计划、分步骤开展海内外革命文献与民国时期文献征集工作，为相关历史研究提供学术支持和文献保障，不断完善国家图书馆文献资源体系建设。进一步加强海内外所藏革命历史文献、抗日战争史料、日本战争罪行文献等重点专题文献的调查与征集，以文献实体征集、影印出版、缩微复制、数字化版权使用等多种形式促进海内外珍贵革命文献与民国时期文献回归，填补国内文献资料空白。

1. 革命历史文献征集项目

积极履行"继承革命文化、传承红色基因"的文化使命，加强革命历史文献数字资源征集力度。采取"成熟一项实施一项""分期分批"的征集策略，逐步扩大馆藏革命文献数字资源体量，充分发挥革命文献在继承和弘扬革命文化方面的独特作用。

2. 抗日战争史料征集项目

继续认真贯彻落实习近平总书记关于"让历史说话，用史实发言，深入开展中国人民抗日战争研究"讲话精神，加强抗战史料收集工作，不断丰富国家图书馆日本战争罪行文献、对日战犯审判文献、中国抗战文献等系列专题文献内容，形成多语种、多类型、多视角的史料支撑，展现中国人民维护第二次世界大战胜利成果和国际公平正义的坚定决心，宣示中国人民牢记历史、不忘过去、珍爱和平、开创未来的积极姿态。

四、深入推进重点文献专题整理

从巩固党的执政地位、筑牢意识形态、坚定"四个自信"的战略高度，加强选题策划，强化顶层设计，充分考虑馆藏特色、资料类型、濒危状况与珍稀程度，开展革命文献与民国时期文献专题整理工作。通过组织开展革命文献与民国时期文献整理项目的申报评审及立项资助工作，继续有计划、成规模地开展"革命历史文献资料丛编""民国时期文献资料丛编""对日战犯审判文献资料丛刊""抗日战争文献史料丛编""民国时期珍稀档案、日记、手札文献""民国时期文献目录、图录、索引系列""民国时期珍稀报纸"等系列史料的整理揭示工作。

五、革命文献与民国时期文献整理项目

扎实开展文献调研工作，把握社会亟需文献信息及文献出版、学术研究动态，继续组织各公共图书馆、大学图书馆、科研机构图书馆、地方博物馆、档案馆等文献收藏机构深入挖掘资料，策划专题文献整理项目，推出资料建构完整、研究亟需、服务现实的优秀选题，满足社会对文献多角度、多层面需求。重点关注民国时期革命历史文献、重要流域文献、生态文明史料、灾害史资料、近代卫生防疫资料、海关档案资料、华侨史料、教育史料、经济调查文献、社会调查文献等档案资料，不断推出优秀整理项目成果。

六、对日战犯审判文献资料丛刊整理项目

在全面收集、挖掘、研究对日战犯审判文献基础上，继续丰富"对日战犯审判文献资料丛刊"专题文献，按照"总体研究要深、专题研究要细"的原则，制定资料整理规划和具体工作方案，确定出版重点，积极推出文献价值高、学术研究亟须的审判日本战犯系列研究整理成果。

七、抗日战争文献史料丛编系列整理项目

全面推进"抗日战争文献史料丛编"专题文献的整理工作，继续组织各文献收藏机构申报抗战文献整理出版项目，充分利用业界优势，策划新选题，突破既往文献整理局限性，积极整合不同收藏机构的同类文献，推出填补空白、满足社会需要的抗战文献整理成果。

八、切实加强实体文献保护，推动标准建设

不断加强革命文献与民国时期文献原生性保护工作规划，科学探索文献分级保护标准的制定和实施。开展馆藏革命文献与民国时期文献来源、破损状况、装帧工艺和材质的建档工作和酸化程度测试工作，为建立馆藏革命文献与民国时期文献总台账、实现后续文献精细化管理和精准保护打好基础。继续推进革命文献与民国时期文献原生性保护相关标准建设，编制民国时期图书破损定级标准和酸化定级标准，探索开展革命文献与民国时期文献的分级保护。

1. 馆藏文献建档项目

开展馆藏民国时期图书信息的建档工作，按照时间顺序选取馆藏，客观记录图书的文献来源、破损状况、装帧工艺和材质状况等信息，建立档案编号。根据图书的破损状况、装帧工艺和材质状况等数据，组织编制民国时期图书分级分类保护工作方案，为后续开展文献保护工作提供参考。

2. 酸化程度测试项目

对馆藏民国时期图书进行酸化程度抽样测试，统计分析不同因素对文献 pH 值的影响，并在此基础上形成"文献酸化分级标准"，为实现后续文献精细化管理和精准保护打好基础。

九、加强文献数字化与专题资源库建设，提升服务效能

继续开展革命文献与民国时期文献数字资源建设，加强对文献信息与资源的集成管理，持续提升文献的可视度和社会服务效能。依托文献征集及整理成果，选择有历史和学术价值的特色文献进行深度挖掘与揭示。推进"革命历史文献资源库""中缅印战区抗战史料库""二战时期西南太平洋战区日本战俘讯问档案史料库"（暂定名）建设，不断丰富和完善"日本战争罪行史料专题服务平台"内容。加大"东京审判资源库""日本细菌战资源库"等已有专题资源库的宣传和推广力度，充分发挥文献史料价值。

1. 革命文献与民国时期文献专题数据库建设项目

——**革命历史文献资源库**。以国家图书馆红色文献馆藏为基础，坚持正确政治方向，守好意识形态阵地，整合所征集革命历史文献，建设"革命历史文献专题资源库"。一期发布革命图书 6000 余种、革命期刊 170 余种、革命报纸 10 余种，共 100 余万叶，供党政军研机构使用。

——**中缅印战区抗战史料库**。以海外征集 2 万余叶中缅印战区盟军作战计划、军事训练、后勤补给、战时宣传等历史档案为素材，开展史料整理和专题数据库建设工作，与自建"东京审判资源库""日本细菌战资源库"形成特色资源体系，还原历史真相，支撑学术研究。

2. 二战时期西南太平洋战区日本战俘讯问档案史料库（暂定名）

在对海外征集档案进行深度整理揭示基础上，建设专题数据库。该数据库将对二战战时日本军队组织形态、军队编制、组织运行及其决策过程等重要问题的研究起到积极作用，也将为研究二战史、亚太战争史、日本战争罪行等提供重要史料依据。

十、继续做好人才培养和宣传推广工作

积极创新宣传方式，围绕重大历史题材和国家重要纪念日，做好文献展陈、宣传工作，通过大量珍贵史料展陈，大力弘扬爱国主义精神，增强中华民族共有精神家园的文化凝聚力，更好地发挥"滋养民族心灵、培育文化自信"的主

阵地作用。优化革命文献与民国时期文献保护网功能，整合发布专题资源和工作成果，全面提升各类资源服务信息获取效率。

继续在全国各地举办"革命文献与民国时期文献保护计划"专题培训班，进一步完善人才培养机制，加强人才队伍建设。不断优化培训内容，提高培训质量，提升从业人员的工作能力和专业水平，为文献保护工作深入开展做好专业力量储备。

积极履行国际图联保存保护中心中国中心职责，加强与国际组织的沟通交流。结合国家图书馆工作实际，按照国际图联保存保护中心要求开展相关工作。积极传递"中国图书馆声音"，讲好"中国图书馆故事"。

"革命文献与民国时期文献保护计划"宣传推广项目

——**文献保护专题培训项目**。充分发挥行业引领示范作用，结合文献普查、整理、保护等各项工作，开展专题培训，与文献收藏机构、普查成员馆共同培养文献保护专业人才。充分利用新媒体开展信息发布、线上指导、解惑答疑等工作，加强与国内民国时期文献收藏机构的交流合作，解决实际问题，提升工作实效。

——**宣传推广项目**。深入挖掘革命文献与民国时期文献的深厚内涵，结合重要历史事件及国家纪念日，运用数字化、信息化、网络化等技术手段，采取线上线下相结合的方式，加强对文献多媒体、多渠道、多终端宣传展陈，更好地发挥文献史料在爱国主义教育和培育社会主义核心价值观方面的独特作用。

第六章　中国少数民族古籍文献的保护

中国少数民族古籍，是指 55 个少数民族在历史上形成的古代书册、文献典籍和口头传承及碑刻铭文。内容涉及政治、哲学、法律、历史、宗教、军事；文学、艺术、语言文字、地理；天文历算、经济、医学等领域。中国少数民族古籍可分为两大类，一是文字类，有文字类的少数民族古籍包括：①用少数民族文字和少数民族古文字记载的历史文献和文献典籍；②用汉文记载的有关少数民族内容的古代文献典籍；③用少数民族文字和汉文记载的有关少数民族内容的碑刻铭文。二是无文字类，无文字类的少数民族古籍是指各少数民族在历史上口头传承下来的，具有历史和文化价值的各种资料，反映本民族的民族起源、历史变迁、风土人情、生活习俗、民族性格等特点。中国少数民族古籍的时间范畴和汉文古籍一样以 1911 年为限制，根据各民族的实际情况，有的少数民族古籍可以限定到 1949 年以前。

中国是一个有 56 个民族组成的大家庭，也是世界上文明发达最早的国家之一，在几千年的历史长河中，曾以繁荣的经济、灿烂的文化艺术和辉煌的科学技术成就蜚声于全世界，对世界文明做出了重大贡献，对人类社会进步有着深远的影响。中华民族在形成和发展的过程中，每个民族都创造着自己独具特色的文化遗产。少数民族文化是少数民族旺盛生命力的内核，是中华文化不可缺少的一部分。少数民族文化的传承与创新发展，是对中华民族共有精神家园的归属与认可，为铸牢中华民族共同体意识提供重要资源和精神动力。面对文化多元、市场经济冲击等客观因素带来的消极影响，坚守文化自信、增强文化认同，坚持文化服务人民生活的宗旨，不断创新民族文化发展模式，是全面提升少数民族文化事业发展水平，铸牢中华民族共同体意识的根本点。少数民族优秀传统文化是中华优秀文化的重要组成部分，尊重、保护和传承少数民族的优秀传统文化有利于增强中华民族的凝聚力和生命力。尊重、保护和传承少数民族饮食习惯、衣着服饰、建筑风格等优秀民族文化，体现了我国各民族平等的原则，有利于维护我国各民族团结。发展少数民族优秀文化，有利于发展中华文化的多样性，促进我国文化的大发展大繁荣。中国少数民族古籍文献是中华民族文化的重要组成部分，这些古籍文献生动而真实地记录了各少数民族历史发展进程，具有重要的历史价值和文化价值。中国是多民族国家，各民族共同创造了灿烂辉煌的多元文化，极大丰富了祖国的文化遗产宝库。据不完全统计，中国境内少数民族古文字有近 30 种，如焉耆—龟兹文、于阗文、古藏文、回鹘文、蒙古文、西夏文、傣文、彝文、东巴文、古壮字等，历史悠久，形成了大量的民族文献。作为记录和传承民族传统文化的重要载体，民族古籍是中华文化遗产宝库中的瑰宝，具有重要的文物、文献、文字研究价值。第二批《国家珍贵古籍名录》精选民族文字古籍珍品就有 266 部，透过这些文献，看到历史上各民族文化的繁荣与辉煌，以及各民族间的学习与融合。少数民族文化与汉文化交汇，成为有机整体，中华文化因之生生不息，绵延不绝。随着历史的发展，目前我国现存有文字的少数民族 21 个，这些文种几乎囊括世界文种形式，用这些文字书写的文献，其研究价值很高，但由于种种原因，有些少数民族文字文献和口碑文献正处于濒危阶段。

第一节　少数民族古籍文献的价值

　　少数民族文化是带有地域性和民族性特征的中华文化，无论从历史渊源还是从现实发展来看，少数民族文化的传承与创新发展都植根于中华民族共同体这一根脉，对于铸牢中华民族共同体意识、促进国家安定团结具有重大意义。

我们要深刻把握少数民族文化传承与创新发展的价值意蕴与实践要求，面向新时代实现各民族文化共同繁荣兴盛。

少数民族优秀文化为铸牢中华民族共同体意识提供重要资源。在这部浩瀚的中国史中，不仅是人类繁衍赓续、创造财富的物质文明发展史，更是中华文化积累、传承和精神文明的发展史，它不只记录在《史记》《汉书》《四库全书》等汉文文献中，也记载在《蒙古秘史》（蒙）、《创世纪》（傣）、《满文老档》（满）等少数民族历史文献中，这些少数民族古籍文献经典，生动记述了各民族共同缔造伟大祖国的历史进程，与汉文古籍文献相互印证，共同构成中华民族光辉灿烂的五千年历史。自秦汉开启中国历史上第一个大一统时期以来，各民族交流融通、兼容并蓄，共同开拓疆土，西藏自治区、新疆维吾尔自治区纳入中央政府管辖成为中国领土不可分割的一部分，都有汉文和少数民族文字的印信文书记载，有据可考。珍藏在博物馆里的文物，陈列在祖国广袤大地上的文化遗址，镌刻在典籍文本里的文字等古籍文献都是各族人民携手共创伟大祖国、共同谱写中华民族悠久历史的坚实依据和佐证。

少数民族文化为中华民族共同体屹立世界文化之林提供重要支撑。我国自古就是一个多民族国家，农耕社会之前，少数民族在采集、狩猎、狩渔过程中创造出璀璨生辉的游牧文化、游耕文化、狩猎文化、渔猎文化，这些优秀文化遗产是不同民族或族群相互区别的"基因图谱"，体现着人与自然和谐相处的生态智慧，包含着"百里不同风，千里不同俗"的本土知识，充实了中华文化宝库，是中华民族文化自信之"根"，使中华文化在世界文化之林中独领风骚。少数民族三大英雄史诗《格萨尔》《江格尔》《玛纳斯》流传甚广，是中华民族文学宝库的奇珍异宝，被列入世界著名史诗之林。不少学者从全球化角度来看待少数民族文化的保护与发展问题，提出"文化全球化是世界化与民族化辩证统一"的观点，指出国内少数民族文化在面对全球化趋势时，需要站在国家利益和中华民族文化共同发展的角度来审视自身，认清自身文化价值的同时，也要有铸牢中华民族共同体的使命感。边疆少数民族文化发展关系到边疆稳定、国防巩固及国际荣誉等，从这个意义上说，保护与发展少数民族文化，不仅具有丰富中华民族历史传统的文化意义，也具有向全世界宣示中华文化历史边界和地域边界的政治意义，为中华民族共同体在世界上形成广泛共识打下扎实基础。

少数民族文化发展为铸牢中华民族共同体意识提供精神动力。文化是一个国家、一个民族的血脉与灵魂，文化繁荣是一个国家、一个民族发展进步的重要条件和内容。

云南是我国少数民族种类和民族自治地方最多的省份，一部云南民族史，就是一部各民族交往交流交融的历史。"文化因交流而多彩，文明因互鉴而丰富。"在卷帙浩繁的云南少数民族文献典籍中，有一批来自汉族题材、被少数民族群众广泛接受和喜爱的古籍经典，这些经典有的来自汉族典籍的正史，有的来自汉族民间故事或传说……再经过各少数民族重组演绎，艺术再造，成为被各民族群众喜爱的艺术模式。云南少数民族对作为中华主流文化的汉文化的认同，历史悠久，早在东汉时期，作为西南夷的"白狼"部落就非常向往内地，喜欢中原文化，并曾作《白狼歌》诗三章，表达"慕义向化""心归慈母"的强烈愿望。

汉字传入云南后，古滇国和南诏国时期以汉字作为官方通用文字，白族民间艺人亦借用汉字记录本民族语言，用"汉字白读"方式传承本民族文化。壮族、瑶族、布依族先民也都借用汉字记录本民族语言，书写文献典籍，流传至今的"汉字壮读""汉字瑶读"文献数以千计。在新平流传的一部清代彝文典籍中，当时抄写彝文的毕摩在典籍中用汉文写下了"汉书不可不读，夷书亦不可废也"的文字，以提醒后辈子孙要学好汉文。儒学传入云南后，少数民族文人逐渐倡导儒学，敬孔尊孔蔚然成风。作为彝族文化人的毕摩开始在家中设立孔子神位，一些地方的彝族开始改姓孔，自命是孔子后代。又如自清康熙年之后，大理白族大修家谱并宣称祖先来自南京，原来的地方大姓如段、董等家族的家谱都与华夏的英雄祖先连上了关系。又如陇川县（云南省德宏傣族景颇族自治州下辖的县）、芒市遮放的土司自称原籍南京应天府，均称是明朝时期随军征边到云南的，据《太祖实录》中记载，洪武二十年（1387年）至洪武二十一年（1388年），当时调往云南的军民有二十三万之多。据专家考证，有些土司先世原来都是当地少数民族。彝族中也有自称是从南京应天府而来，有的甚至称家谱为南京籍。此种现象，说明了当时的少数民族土司对汉族身份的渴望，这些少数民族"努力地使自身融入国家一体的社会文化脉络中"，究其原因就是他们的内心深处激荡着对中华文化的认同。这样的事例在云南少数民族地区俯拾即是。元、明、清时期，云南一些少数民族将来自内地的戏剧、唱书等文本改编为少数民族语言文字文本，并在民族地区传唱，这一典型事例，绝非如以往一些学者所说的"文化传播""文化辐射""文化移植""文化影响"等所能概括的，这背后其实蕴含着云南少数民族对来自内地的中华文化的热爱和认同。这种认同来自心底、发自灵魂深处，具有积极意义和主动性。

"云南少数民族中华文化认同文献典籍"丛书，是汉族与云南少数民族经过长期交往交流交融而成就的一宗重要文化遗产，是汉族文化和云南少数民族文化深度交融的结晶，这在中华文化传播史上是一个非常生动的范例，在中华民族团结史中熠熠生辉。云南少数民族中华文化认同文献典籍，因其内容反映民众世俗生活，颂扬男女真情，提倡孝悌忠信，同情苦难贫穷，鞭挞邪恶霸道，文本因贯穿着惩恶扬善、歌颂真善美的主题而获得广大人民群众的欣赏和共鸣。在当时条件下，对于教化民众心灵、陶冶思想情操、丰富少数民族群众文化生活起到积极作用。

据史家考证，远在石器时代，云南各民族先民就与祖国中原地区、西北地区、东南沿海地区有着广泛的文化联系。在社会历史发展过程中，云南各民族先民与内地各民族的交往交流一直未曾中断，中原王朝也很早就关注了对云南的经营和开发。其中，秦始皇统一中国后，在云南开"五尺道""置郡县"，并任命郡守掌管行政军事。汉朝承秦制，在云南设益州、朱提、永昌三郡。秦开五尺道，把内地与云南连接起来，并与庄蹻开滇所用横贯西南夷内部的原有通道交会，西南边疆云南早期的交通干线网络开始构成，从而为云南边疆与内地的联系创造了条件，祖国内地各民族特别是汉族与云南各民族的经济、文化交往交流交融从此步入新的发展时期。

汉代时期，随着内地汉族不断移迁云南，内地汉文化亦如潮涌向西南边疆，汉字自西汉起开始在云南使用。随着汉、夷文化的交流和交融，各民族更加团结，交往交流交融的基础更加坚实。

到了元代，儒学得到大力弘扬。历代王朝在云南推广儒学和汉文化，推动了汉文化在少数民族地区的传播，缩短了云南与内地的差距，促进了云南各民族的大融合、大团结，并更进一步地增强了云南各民族对中华文化的认同。

明代时期，云南文化特别是民间大众文化进入一个新的发展繁荣时期。汉族的戏曲声腔、时尚曲调和各种曲艺在云南各地得到广泛传播，日趋盛行。明永乐（1403 年—1424 年）年间，从内地传入的多种戏曲及多种声腔已经在云南传唱。云南的地方戏曲滇剧、云南花灯、关索戏、傣剧、白族吹吹腔、云南壮剧、壮族沙剧，以及云南扬琴、云南评书、云南唱书、渔鼓、讲圣谕、讲善书、花灯说唱、白族大本曲、傣族喊贺哩、彝族甲苏、姚安莲花落等曲艺、民俗活动正是在这样的大众文化大背景下或传承，或组合，或交融丰富发展起来的。而在云南这块土地上，交错杂居的民族分布格局早已形成，各民族之间的交往交流从未间断，汉族艺人们在各地表演汉族戏剧、曲艺时，也吸引来当地的少数民族，许多少数民族群众参与同乐。天长日久，少数民族民间艺人们，以及参与同乐的少数民族群众也被这些文艺所吸引，进而产生了喜爱和认同，最终，为丰富本民族文化生活，满足本民族群众的文化需求，一些少数民族民间艺人便开始将汉族戏剧、曲艺内容移入本民族文艺之中，并在少数民族地区传播。如白族戏剧吹吹腔就吸纳了来自江南的弋阳腔，白族曲艺大本曲更是吸收了来自内地的《梁山伯与祝英台》《董永卖身》《王玉莲》《磨房记》等大量汉族曲目。又如傣剧也是深受汉族戏剧影响而形成的。在傣剧中，根据汉族章回小说和汉族戏曲剧本《三国演义》《水浒传》《说岳传》《包公案》等改编的剧目多达一百余个。傣族曲艺喊贺哩中亦吸纳了来自内地的《王莽篡位》《董永卖身》《王玉莲》《红灯记》《唐王记》等数十部汉族唱书。

叙事长诗源于汉文化，反映中华文化认同内核的云南少数民族叙事长诗主要在彝族和傣族中流传。彝文叙事长诗主要有：清代抄本《董永记》，流传于新平、红河的彝族地区，其文本源是清代汉文唱书《大孝记》，篇幅 11000 余行；清代抄本《唐王记》，流传于新平、元江、双柏、石屏、建水、元阳、红河、绿春等地的彝族地区，其文本源是明清汉文唱书《唐王游地府》，篇幅 6000 余行；清代抄本《凤凰记》，流传于新平、元江的彝族地区，其文本源是明清汉文唱书《凤凰记》，篇幅 2300 余行；清代抄本《王玉莲》，流传于新平彝族地区，其文本源是明清汉文唱书《王玉莲》，又名《西京记》，篇幅 2000 余行；清代抄本《齐小荣》，流传于绿春彝族地区，其文本源待考，篇幅 3600 余行；清代抄本《卖花记》，流传于元阳、建水、红河等地彝族地区，其文本源是明清汉文唱书《卖花记》，篇幅 1800 余行；清代抄本《张四姐》，流传于元阳、红河、绿春、元江等地彝族地区，其文本源是明清汉文唱书《张四姐》，又名《张四姐大闹东京宝卷》《张四姐下凡》等，篇幅2000余行；清代抄本《毛洪记》，流传于元阳、红河、元江、石屏、绿春等地彝族地区，其文本源是明清时期的汉文唱书或黄梅戏《两世姻缘》，又名《毛洪歌》《毛洪与玉英》等，篇幅2000余行。

源于汉文化的傣文叙事长诗主要有：清代抄本《王莽篡位》，流传于昌宁、龙陵等地傣族地区，其文本源是明清汉文唱书《王莽篡位》，又名《刘秀走国》，篇幅5000余行；清代抄本《唐僧取经》，流传于永德、镇康、昌宁等地傣族地区，其文本源是明清汉文唱书《唐僧》《唐僧宝卷》《西游宝卷》等，篇幅7000余行；清代抄本《王玉莲》，流传于昌宁傣族地区，其文本源是明清汉文唱书《王玉莲》，又名《西京记》，篇幅3500余行；清代抄本《元龙太子》，流传于昌宁的傣族地区，其文本源是明清汉文唱书《元龙太子》，篇幅4000余行；清代抄本《唐王》，流传于昌宁、盈江的傣族地区，其文本源是明清汉文唱书《唐王游地府》，篇幅3000余行；清代抄本《红灯记》，流传于盈江、梁河、腾冲等地傣族地区，其文本源是明清汉文戏剧《红灯记》《红灯宝卷》，篇幅4000余行；清代抄本《刘子英》，流传于盈江、梁河、腾冲的傣族地区，其文本源是明清汉文唱书《刘子英》，篇幅4000余行；清代抄本《董永卖身》，流传于龙陵傣族地区，其文本源是清代汉文唱书《大孝记》，篇幅4000余行；清代抄本《夏仙记》，流传于龙陵傣族地区，其文本源待考，篇幅5000余行等。

曲艺唱本源于汉文化，反映中华文化认同内核的云南少数民族曲艺唱本主要在白族中流传。在白族村寨中，大本曲演唱的场景隆重而热烈。在宽敞的村子场院中，大本曲唱台张灯结彩，成百上千的男女老少坐在唱台前，聚精会神地聆听唱曲师傅演唱，场下鸦雀无声，只有唱曲师傅时高时低、时喜时悲、时而舒缓、时而激扬的唱曲声和三弦伴奏的优美旋律。有的人家有喜事时也请唱曲师傅到家中演唱，一唱就是三场五场，甚至十场二十场。场中休息时，主人还用热气腾腾的红糖糯米稀饭、三道茶招待听曲乡亲。三坊一照壁、四合五天井的白族庭院中，主客熙熙攘攘，喜气洋洋，情趣盎然。这是对演唱白族大本曲场景的生动描述。所谓大本曲，顾名思义，就是演唱大本（长篇）的故事曲目。演唱形式为一人坐唱，另一人在一旁以三弦伴奏，另加一块手巾或一把纸扇辅以有限的动作。据杨政业主编的《大本曲简志》统计，现存白族大本曲传统曲艺唱本有百余本，有曲无存唱本的传统曲目亦有百余本，主要有《柳荫记》《天仙配》《磨房记》《鹦哥记》《沙灯记》《桥头记》《小道童上寿》《韩顺龙认亲》《闹书房》《摇钱树》《张四姐大闹东京》《高彦珍下科》《双槐树》《西厢记》《唐僧出世》《陈光远上任洪州府》《祭东风》《王石朋祭江》《八仙图》等。这些大本曲唱本，大多源于明清时期在云南流传的汉文唱书或宝卷。此外，在武定、禄劝、禄丰一带彝族地区，长期流传着名为《劝善经》的彝文木刻印刷本，书中以道家《太上感应篇》的章句为母题，于每章之后用彝文加释义与解说，"借题发挥"对彝族民众进行"劝善"，全书约 23000 字，为今存彝文古籍中最早的木刻印刷本。

戏剧剧本源于汉文化，反映中华文化认同内核的云南少数民族戏剧剧本主要在傣族和壮族中流传。在傣剧中，源自汉族唱书、宝卷或戏剧的剧目主要有《五虎平西》《薛仁贵征东》《薛丁山征西》《薛刚反唐》《西游记》《封神榜》《白蛇传》《庄子试妻》《八美图》《鲤鱼精》《李广》《杨文广征南》《三下河东》《目连救母》《火龙传》《宝莲灯》《台天》《二十八大吵闹》《张海》《飞龙剑》《五鼠闹东京》等。在壮剧中，源自汉族唱书、宝卷或戏剧的剧目主要有《柳荫记》《八仙图》《鹦鹉记》《双贵图》《双槐树》《白蛇传》《昭君和番》《秦香莲》《杜十娘》《珍珠塔》《二度梅》《七姐下凡》《四姐下凡》等。由于这些剧目的故事完整、情节曲折、是非明确、爱憎分明，深受各族人民喜爱。此外，在云南少数民族民间以口传形式流传的汉族传说故事亦较多，尚无人进行专门收集与研究。这些传说故事也是汉族与云南少数民族交往交流交融和中华文化认同的物证。

收录的这些来自内地汉族题材的少数民族叙事长诗、剧本、唱书等具有三大特色，具体如下。

一是文本风格的少数民族化。无论来自戏剧、唱书，还是小说、民间传说故事，进入到少数民族中后，汉文原文文本从语言文字到体裁都要随少数民族语言文字、文学艺术表达风格而全部实现少数民族化，即文化翻译学所言的"归化"，都要归口到少数民族语言文字和文学艺术"文风"系统。如汉文唱书《大孝记》，原文体裁是散韵结合，韵文部分多为七言、十言句式，押韵，散文部分通俗易懂，但移入彝族文化系统后书名被改为《董永记》，正文部分被改编为彝文传统叙事长诗五言句式。又如汉文唱书《白扇记》，原文多为七言句，并不时有散文说白，但传入白族地区变为大本曲后，全部被改编为白族语言传统诗歌"七七七五"山花体句式，语言和文体都全部实现白族化。

二是人物和故事发生地的少数民族化。如壮族的叙事长诗《梁山伯与祝英台》，虽人物仍叫梁山伯、祝英台，但其身份已变为"两个壮族年轻人"。在流传于贵州的董永传说彝文叙事长诗《赛特阿育》中，董永的名字被彝族化为"赛特阿育"，七仙女的名字被彝族化为"举祖伦霓"，人物名全部被"归化"为彝族名字。有的少数民族文本还对人物进行了增减。此外，为便于听众理解和接受文本内容，不少少数民族文本还将原汉语文本地名改编为本民族民众熟知的地名。如在白族文本《梁山伯与祝英台》中，虽然两个主角的名字没有改变，但白族人民把大理地区作为故事发生地来展开叙事，在文本里，梁山伯与祝英台是在松树下结拜的，"两人同游点苍山，携手盖学堂，造桌椅，上山砍柴，挑水做饭，是一对白族的劳动能手"。

三是部分情节的少数民族化。这些汉族题材少数民族叙事长诗剧本或曲艺唱书，没有一个是原原本本照搬汉文原作的。有的将主要情节或内容全部打散重构，如傣文抄本《唐僧取经》，除"取经"中心主题不变外，内容情节几乎与汉文本《西游记》没有相同的。而汉文本和彝文本的描写，各具本民族审美文化特色。这些文本，情节的取舍和嬗变往往服从于塑造人物和表达情感的需要，壮族、侗族、白族等各民族将梁祝故事改编为叙事长诗以后，都增加了阎王断案这一情节。祝英台跃入裂开的梁山伯坟后，二人之魂到阎王那里等待判决。同时殒命的马郎也到了阎王那里，状告梁山伯夺爱。最后阎王判决梁祝前世姻缘，当为夫妇，让二人还阳，白头偕老。这就满足了各族群众对美满婚姻，情侣终成眷属的心理需求。这种团圆的结局，在南方民族当中比较普遍。"缥缈的化蝶虽然很富于诗意，但满足不了人们感情的实际需要。"这个情节是梁祝传说传入西南地区和南方民族中后添加的，与原作有很大的不同。来自内地的汉族文本正是以这样的方式融入少数民族文本中，并被少数民族常演、常听、常唱不衰。

我们可以感受到，云南少数民族中华文化认同文献典籍，犹如一个食料多元的元宵，虽然其核心馅体部分仍是中原文化，但包裹馅体的部分却蕴含着许多少数民族文化因子。这样的文本嬗变，与其说是文化的相互影响，不如说是来自内地的中华文化与云南少数民族文化的深度交融更为准确。

云南少数民族中华文化认同文献典籍在中华文化史上是一个非常生动的范例，表明在中华民族多元一体格局的形成过程中，云南少数民族在创造内容丰富、形态多样的优秀民族文化的同时，也积极学习、借鉴和传播来自内地的文化，为增强中华文化的生命力和创造力做出了贡献。通过来自内地的文化滋养，从思想深处不断铸牢对中华文化的认同。这是西南边疆云南各族人民与汉族人民交往交流交融的真实写照，是来自内地的文化与云南少数民族文化深度交融结出的文化硕果，是研究中华民族团结史不可多得的珍贵文献资料，对于铸牢中华民族共同体意识具有重要意义。

第二节　少数民族古籍文献的保护现状

《中国少数民族文字古籍定级标准》于 2018 年 9 月 17 日发布，2019 年 4 月 1 日正式实施。由中华人民共和国国家民族事务委员会、中华人民共和国文化和旅游部共同提出，由全国图书馆标准化技术委员会归口管理。该标准由全国少数民族古籍整理研究室、民族文化宫图书馆（中国民族图书馆）负责起草，国家图书馆（国家古籍保护中心）、中国社会科学院民族学与人类学研究所、中央民族大学、中国第一历史档案馆参加起草。现将《中国少数民族文字古籍定级标准》摘要如下。

中国是统一的多民族国家，各民族在长期相互交往与相互促进的历史进程中，不仅创造了自身的文化，也为中华民族文明的形成注入了丰富内涵。这充分体现了中华民族多元一体的格局及中华民族文化多样性的特点。我国历代由少数民族创制使用的文字约有 30 余种，以这些文字书写、印制的典籍，形制多样，内容博大精深，包含着丰富的历史内容和对社会实践的深刻体察。许多著作生动记述了各民族先民披荆斩棘、艰苦创业、生息繁衍的历程，为后人留下了关于自然、社会和人生的特殊认识与深邃思考。由于各民族先辈所处的自然、人文和社会环境不尽相同，他们对事物的认知体验也存在着一些差，而正是这些差异，构成了中华民族文化的多样性和兼容性，是我国民族多元一体格局的民族文化层面上的体现。少数民族文字古籍既是各民族文化的传承载体，也是中华民族的重要文化遗产和人类文明的宝贵财富。保护少数民族古籍是党和政府一贯的文化政策，也是编制少数民族文字古籍定级规则的政策依据。2006年，原文化部公布了适用于汉文的《古籍定级标准》，当时考虑到少数民族文字古籍与汉文古籍，以及各少数民族文字古籍之间在产生、发展、流传过程中客观存在的差异和复杂性，未将少数民族文字古籍列为定级对象，决定另行编制标准。2007年8月1日原文化部发《文化部关于印发〈全国古籍普查工作方案〉等文件的通知》（文社图发〔2007〕31号），规定"少数民族文字古籍定级标准由国家民族事务委员会组织制定并颁布实施"。2008年11月14日国家民族事务委员会发《国家民委关于编制〈少数民族文字古籍定级标准〉的通知》（民委发〔2008〕253号），规定"经研究，决定由民族文化宫中国民族图书馆负责牵头编制'少数民族文字古籍定级标准'，全国少数民族古籍整理研究室负责指导"，启动编制《少数民族文字古籍定级标准》。2012年6月编制完成《少数民族文字古籍定级标准（草案）》。2013年国家民族事务委员会和原文化部商定将《少数民族文字古籍定级标准（草案）》直接申报为国家标准，2014年9月，国家标准化管理委员会批准将其列入国家标准制修订计划。

文本起草过程中，曾在全国收藏少数民族文字古籍较多的11个省、自治区、直辖市及所辖少数民族地区，先后14次邀请各民族专家140多人次参加调研座谈会和论证会，广泛听取专家的意见。本文成稿后，又在全国收藏少数民族文字古籍较多的7个省、自治区、直辖市的14个单位，对12个文种的少数民族文字古籍进行过试验划分，效果良好。在广泛听取、吸纳各方面意见和测试结果的基础上，参照国家标准化管理委员会2014年12月22日发布的GB/T31076.1—2014《汉文古籍特藏藏品定级第1部分：古籍》，兼顾全国少数民族文字古籍现存的实际情况，依照历史文物性、学术资料性、艺术代表性、有时限又不唯时限和各少数民族文种平等五项原则制定本标准。本标准所规范的少数民族文种名称来源于国务院公布"国家珍贵古籍名录"文种名称。并明确中国标准出版社授权北京万方数据股份有限公司在中国境内（不含港澳台地区）推广使用该标准。

1. 范围

本标准规定了中国少数民族文字古籍的定级总则以及古籍的级别。

本标准适用于中国各少数民族文字普通形制古籍的定级。本标准适用于全国各级各类型图书馆、博物馆、档案馆、文物管理所、考古所、民族宗教研究机构、寺庙，以及各省、自治区、直辖市少数民族古籍。搜集整理出版规划领导小组办公室等单位的少数民族文字古籍收藏、保护、整理和利用工作；同时出版、教学、科研等机构在开展少数民族古籍相关工作中可参考使用。

本标准不适用于中国现存各少数民族文字其他特种古代文献，如甲骨、简策、金石、木牍、舆图、书札、契约、文告、档案等的定级。跨境民族在境外产生的属于他国的同文种古籍，不在本标准定级范围之内。

2. 规范性引用文件

下列文件对于本文件的应用是必不可少的。凡是注日期的引用文件，仅注日期的版本适用于本文件。凡是不注日期的引用文件，其最新版本（包括所有的修改单）适用于本文件。GB/T31076.1—2014 汉文古籍特藏藏品定级第1部分：古籍。

3. 术语和定义

GB/T31076.1—2014 界定的以及下列术语和定义适用于本文件。

3.1 中国少数民族文字古籍 Chinese ethnic minorities languages ancient books

1912 年（不含 1912 年）以前，在中国及相关历史疆域（含少数民族历史上建立的地方辖区）内，用少数民族文字书写或印制的书籍。注：因少数民族文字古籍与汉文古籍在产生、发展、流传过程中客观存在的差异和复杂性，本标准将符合以少数民族文字抄写、印制以传统方式著述、装帧）具有重要历史、学术、艺术价值及传承意义三个条件的各少数民族文字古籍时代下限延伸至 1949 年（含 1949 年）。

3.2 版本 edition

抄写或用雕版、活字排版以及其他方式印制而成的传本。注：指书籍具有的特征，如书写或印刷的各种形式，内容的增删修改，一书在流传过程中卷帙的存佚，以及书中所形成的记录如印记，批校，题识等。

3.3 版本类型 types of editions

使用不同写印技术制作而成的各类型版本（3.2）的总称。[GB/T31076.1—2014，定义2.3]。

3.3.1 写本 handwritten copy

缮写而成的古籍。注：包括宋代及以前的抄写本；元代及元以后由中央或地方政府组织编纂各书的抄写本；历代名家的抄写本；佛经的各类抄写本；用特殊材料抄写本等。

3.3.2 稿本 manuscript

分为手稿本、修改稿本、清稿本、写样稿本。注：作者亲笔书写的书稿，称手稿本；作者亲笔修改自著的书稿，称修改稿本；只是请人誊抄而作者未加任何修改的书稿，称清稿本；准备上版雕刻的样稿，称写样稿本。

3.3.3 抄本 transcript

依据某一底本缮写誊抄而成的古籍。

3.3.4 彩绘本 manuscript with color illustrations

用多种颜色写绘而成的古籍。

3.3.5 印本 edition printed

印刷而成的书本。注1：对写本（3.3.1）、抄本（3.3.3）而言。雕版印制或活字排印书籍的统称。注2：雕版印本，雕刻木板、铜板成版片，经敷墨覆纸印制而成的古籍。注3：活字印本，利用泥、木、铜、锡、铅等材质制成的活字摆成印版，再敷墨覆纸印制而成的古籍。

3.3.6 影印本 photo offset edition

用照相技术摄取底本的图文，制成印版后用机械印刷而成的古籍。

3.3.7 石印本 lithographic edition

用特殊制剂和技术，对多孔石质平版进行处理制成印版，用机械印刷而成的古籍。

3.3.8 初刻初印本 first blockedition first printed

第一次镌版且较早印刷、版面文字清晰的古籍。

3.3.9 批校题跋本 copy with hand written colophons and comments

带有批、校、题、跋的古籍。注：对书的内容进行品评、圈点而形成的批语谓之批；记载不同文字异同的谓之校；批、校均具者谓之批校。对底本内容、版本源流及其价值等所作的评论、鉴赏、考订、记事等文字，统称题跋；题，指写在书籍前面的文字；跋，指写在书籍后面的文字。

3.3.10 贝叶本 pattraleaf

以经过必要加工的贝多树叶为书写材料制成的古籍。

3.4 孤本 onlyexisting classics

传世只有一部的书籍。

3.5 残本 fragmentary remains of books

内容残缺不全，但书名或内容梗概或成书时间或作者等主要信息保留的古籍。

4. 总则

4.1 历史文物性原则：侧重以古籍产生的时代为衡量尺度。其价值体现在：其版印、抄写时代较早，具有珍藏价值；同时，可以作为历史人物、历史事件的实物见证，具有文物价值。

4.2 学术资料性原则：

侧重以古籍反映的学科内容为衡量尺度。其价值体现在：内容重要，精校细勘，文字讹误较少，注疏缜密；学术见解独到，有学派特点或系统归纳众说，或在反映某一时期、某一领域、某一人物、某一事件方面，资料比较集中完备或稀见。

4.3 艺术代表性原则：

侧重以古籍版本具有的印刷技术，抄写、手绘水平和装帧形式特征为衡量尺度。其价值体现在：能够反映古代各种印刷技术的发明、发展和成熟水平；能够反映古籍各种装帧形制的演变；能够反映古籍版式、插图、抄写、手绘艺术及雕版制作工艺成就；能够反映古代造纸工艺及其他书写材料加工制作的变化与进步。

4.4 有时限又不唯时限原则

指确定古籍的级别时，在坚持有时限性的前提下，视其价值及保存状况可采取适度灵活性定级。即古籍以历史文物性衡量应定为某一级别时，而按学术资料性和艺术代表性衡量，价值特别重要的可上靠一个级别，残本或书品较差的则下调一个级别。

4.5 少数民族文种平等原则

侧重以科学态度正视各少数民族文字古籍，强调各少数民族文字古籍在定级时享有平等权利。即各少数民族文字古籍都有特别重要、重要、比较重要和一定价值之分，应在各等级中客观体现。允许不同文种的少数民族古籍在同等级别划分上存在适度差异。

4.6 少数民族文字古籍时间下限延伸界定原则少数民族文字古籍与汉文古籍在产生、发展、流传过程中客观存在的差异和复杂性，本标准将同时符合以下三种情况的各少数民族文字古籍时代下限延伸至 1949 年（含 1949 年）。

4.6.1 内容古老、传本随坏随抄，其抄写的时间在 1949 年以前；未成文的法律法规，1949 年以前才有文本流传者；民国时期（1912 年至 1949 年）以后、1949 年以前才有文字，并以这种文字追记以前故事者；

4.6.2 以传统方式著述、装帧；

4.6.3 具有重要历史、学术、艺术价值及传承意义。

4.7 跨境民族文字古籍的定级原则

在中国历史疆域内产生的古籍，或境外同一民族的作者由他国入籍中国，并在中国境内撰著的古籍，或作者是境内少数民族，在他国以本民族语言文字撰著、翻译或传抄的古籍应属于本标准定级范围。

4.8 不属于本标准定级的内容

1912 年至 1949 年产生的与本民族传统文化无直接关系的书籍，不属于本标准中少数民族文字古籍定级范畴。1949 年以后抄写或翻印的这类书籍中具有特别重要价值的应加以保护，但因其本身不属于古籍，故不在本标准定级范畴。

4.9 其他

本标准尚未涵盖未来可能出现的少数民族文字古籍的定级，按其文种类型、古籍特征等情况，可参考相应文种古籍定级。

5. 定级细则

5.1 佉卢字古籍

5.1.1 一级古籍

具有特别重要历史、学术、艺术价值和代表性，符合下列条件之一的古籍，定为一级：

——内容比较完整或存留部分较多的稀见写本；

——虽为残本，但却有能够反映古籍重要内容、成书时间等信息的写本。

5.1.2 二级古籍

具有重要历史、学术、艺术价值的残本古籍，定为二级。

5.2 焉耆—龟兹文古籍

5.2.1 一级古籍

具有特别重要历史、学术、艺术价值和代表性，符合下列条件之一的古籍，定为一级：

——内容比较完整或存留部分较多的稀见写本；

——虽为残本，但却有能够反映古籍重要内容、成书时间等信息的写本。

5.2.2 二级古籍

具有重要历史、学术、艺术价值的残本古籍，定为二级。

5.3 突厥文古籍

5.3.1 一级古籍

具有特别重要历史、学术、艺术价值和代表性，符合下列条件之一的古籍，定为一级：

——内容比较完整或存留部分较多的稀见写本；

——虽为残本，但却有能够反映古籍重要内容、成书时间等信息的写本。

5.3.2 二级古籍

具有重要历史、学术、艺术价值的残本古籍，定为二级。

5.4 于阗文古籍

5.4.1 一级古籍

具有特别重要历史、学术、艺术价值和代表性，符合下列条件之一的古籍，定为一级：

——内容比较完整或存留部分较多的稀见写本；

——虽为残本，但却有能够反映古籍重要内容、成书时间等信息的写本。

5.4.2 二级古籍

具有重要历史、学术、艺术价值的残本古籍，定为二级。

5.5 粟特文古籍

5.5.1 一级古籍

具有特别重要历史、学术、艺术价值和代表性，符合下列条件之一的古籍，定为一级：

——内容比较完整或存留部分较多的稀见写本；

——虽为残本，但却有能够反映古籍重要内容、成书时间等信息的写本。

5.5.2 二级古籍

具有重要历史、学术、艺术价值的残本古籍，定为二级。

5.6 回鹘文古籍

5.6.1 一级古籍

具有特别重要历史、学术、艺术价值和代表性，符合下列条件之一的古籍，定为一级：

——内容比较完整或存留部分较多的稀见写本、印本、抄本；

——虽为残本，但却有能够反映古籍重要内容、成书时间等信息的写本、印本、抄本。

5.6.2 二级古籍

具有重要历史、学术、艺术价值的残本古籍，定为二级。

5.7 契丹文古籍

5.7.1 一级古籍

具有特别重要历史、学术、艺术价值和代表性，符合下列条件之一的古籍，定为一级：

——内容比较完整或存留部分较多的稀见写本、印本、抄本；

——虽为残本，但却有能够反映古籍重要内容、成书时间等信息的写本、印本、抄本。

5.7.2 二级古籍

具有重要历史、学术、艺术价值的残本古籍，定为二级。

5.8 西夏文古籍

5.8.1 一级古籍

具有特别重要历史、学术、艺术价值和代表性，符合下列条件之一的古籍，定为一级：

——内容比较完整或存留部分较多的稀见写本、抄本、印本；

——虽为残本，但却有能够反映古籍重要内容、成书时间等信息的写本、抄本、印本。

5.8.2 二级古籍

具有重要历史、学术、艺术价值的残本古籍，定为二级。

5.9 女真文古籍

5.9.1 一级古籍

具有特别重要历史、学术、艺术价值和代表性，符合下列条件之一的古籍，定为一级：

——内容比较完整或存留部分较多的稀见写本、印本、抄本；

——虽为残本，但却有能够反映古籍重要内容、成书时间等信息的写本、印本、抄本。

5.9.2 二级古籍

具有重要历史、学术、艺术价值的残本古籍，定为二级。

5.10 八思巴字古籍

5.10.1 一级古籍

具有特别重要历史、学术、艺术价值和代表性，符合下列条件之一的古籍，定为一级：

——内容比较完整或存留部分较多的稀见写本、刻本、抄本；

——虽为残本，但却有能够反映古籍重要内容、成书时间等信息的写本、印本、抄本。

5.10.2 二级古籍

具有重要历史、学术、艺术价值的残本古籍，定为二级。

5.11 藏文古籍

5.11.1 一级古籍

具有特别重要历史、学术、艺术价值和代表性，符合下列条件之一的古籍，定为一级：

——唐代（吐蕃）时期（618年至907年）抄写的虽为残本，但却存有能够反映古籍重要内容、成书时间等信息的古籍；

——元代及之前（1367年及以前）印写，且卷帙比较完整的古籍；

——明代（1368年至1643年）稀见古籍、孤本；

——明清两代（1368年至1911年）朝廷及地方组织编纂的超大部帙的古籍；

——清乾隆及之前（1795年及以前）用特殊纸张印写，或以特殊工艺制作，或具有特殊装帧形式的代表性古籍。

5.11.2 二级古籍

具有重要历史、学术、艺术价值，符合下列条件之一的古籍，定为二级：

——元代及之前（1367年及以前）的残本；

——清乾隆及之前（1795年及以前）的古籍；

——清嘉庆至清末时期（1796年至1911年）名家名著的初刻初印本；

——清嘉庆至清末时期（1796年至1911年）的稀见古籍、孤本；

——民国时期（1912年至1949年）地方组织编纂的超大部帙的古籍。

5.11.3 三级古籍

具有比较重要历史、学术、艺术价值，符合下列条件之一的古籍，定为三级：

——清嘉庆至清道光时期（1796年至1850年）的古籍；

——清咸丰至清末时期（1851年至1911年）流传较少，或书品较好、卷帙完整的古籍；

——无明确年款，但纸质古旧、字体古朴、抄写精良、装帧典雅或制作工艺特殊的稀见古籍；或从内容和形式上都可以确定为流传较少的、具有重要历史和学术价值的古籍。

5.11.4 四级古籍

具有一定历史、学术、艺术价值，符合下列条件之一的古籍，定为四级：

——清咸丰至清末时期（1851 年至 1911 年）流传较多，或书品较差、卷帙残损的古籍；

——无明确年款，但可以确定为 1912 年之前形成的古籍；

——民国时期（1912 年至 1949 年）以 1912 年之前形成的原本为底本翻印或抄写的古籍；

——民国时期（1912 年至 1949 年）以传统著述方式和装帧形式成书的反映藏族传统文化与历史的、具有重要价值及传承意义的书籍。

5.12 察合台文古籍

5.12.1 一级古籍

具有特别重要历史、学术、艺术价值和代表性，符合下列条件之一的古籍，定为一级：

——明代及之前（1643 年及以前）的古籍；

——清乾隆及之前（1795 年及以前）的稀见古籍、孤本；

——清嘉庆至清末时期（1796 年至 1911 年），或原书未标记年代，经推断定为这一时期的稀见古籍、孤本。

5.12.2 二级古籍

具有重要历史、学术、艺术价值，符合下列条件之一的古籍，定为二级：

——清顺治至清乾隆时期（1644 年至 1795 年）的稀见古籍、孤本；

——清嘉庆至清道光时期（1796 年至 1850 年），或原书未标记年代，经推断定为这一时期的稀见古籍、孤本；

——无明确年款，但纸质古旧、字体古朴、抄写精良、装帧典雅或制作工艺特殊的稀见古籍；或从内容和形式上都可以确定为早期的、流传较少的、具有重要历史和学术价值的古籍。

5.12.3 三级古籍

具有比较重要历史、学术、艺术价值，符合下列条件之一的古籍，定为三级：

——清嘉庆至清道光时期（1796 年至 1850 年）的古籍；

——清咸丰至清末时期（1851 年至 1911 年），或原书未标记年代，经推断定为这一时期书品较好、卷帙完整的古籍；

——民国时期（1912 年至 1949 年）以 1912 年之前形成的原本为底本翻印或抄写，且原本散佚的重要古籍。

5.12.4 四级古籍

具有一定历史、学术、艺术价值，符合下列条件之一的古籍，定为四级：

——清咸丰至清末时期（1851 年至 1911 年），或原书未标记年代，经推断定为这一时期书品较差、卷帙残损的古籍；

——无明确年款，但可以确定为 1912 年之前形成的古籍；

——民国时期（1912 年至 1949 年）以 1912 年之前形成的原本为底本翻印或抄写的古籍；

——民国时期（1912 年至 1949 年）以传统著述方式和装帧形式成书的反映民族传统文化与历史的具有重要价值及传承意义的书籍。

5.13 蒙古文古籍

5.13.1 一级古籍

具有特别重要历史、学术、艺术价值和代表性，符合下列条件之一的古籍，定为一级：

——明代及之前（1643 年及以前）的稀见古籍、孤本；

——清雍正及之前（1735 年及以前）的古籍；

——清乾隆至清末时期（1736 年至 1911 年）朝廷组织编纂的超大部帙的古籍。

5.13.2 二级古籍

具有重要历史、学术、艺术价值，符合下列条件之一的古籍，定为二级：

——清顺治至清乾隆时期（1644 年至 1795 年）的稀见古籍、孤本；

——清乾隆时期（1736 年至 1795 年）抄写、印制，或原书未标记年代，经推断定为这一时期的古籍；

——清乾隆至清末时期（1736 年至 1911 年）用特殊纸张写、印，或以特殊工艺制作，或具有特殊装帧形式的代表性古籍；

——清嘉庆至清道光时期（1796 至 1850 年）名家名著的稿本、写本、印本，或著名人士的批校题跋本；

——无明确年款，但纸质古旧、字体古朴、抄写精良、装帧典雅或制作工艺特殊的稀见；或从内容和形式上都可以确定为早期的、流传较少的、具有重要历史和学术价值的古籍。

5.13.3 三级古籍

具有比较重要历史、学术、艺术价值，符合下列条件之一的古籍，定为三级：

——清嘉庆至清道光时期（1796 至 1850 年）的稀见、孤本，或原书未标记年代，经推断定为这一时期的古籍；

——清咸丰至清末时期（1851 年至 1911 年）名家名著的稿本、写本、印本，或著名人士的批校题跋本；

——清代（1644 年至 1911 年）采用新技术印制的石印本、影印本的初刻初印本。

5.13.4 四级古籍

具有一定历史、学术、艺术价值，符合下列条件之一的古籍，定为四级：

——清咸丰至清末时期（1851 年至 1911 年），或原书未标记年代，经推断定为这一时期的古籍；

——无明确年款，但可以确定为 1912 年之前形成的古籍；

——民国时期（1912 年至 1949 年）以 1912 年之前形成的原本为底本翻印或抄写的古籍；

——民国时期（1912 年至 1949 年）以传统著述方式和装帧形式成书的反映蒙古族传统文化与历史的具有重要价值及传承意义的书籍。

5.14 满文古籍

5.14.1 一级古籍

具有特别重要历史、学术、艺术价值和代表性，符合下列条件之一的古籍，定为一级：

——清雍正及之前（1735 年及以前）的古籍；

——清乾隆时期（1736 年至 1795 年）内府写、印，卷帙完整的古籍；

——清乾隆时期（1736 年至 1795 年）名家名著的重要写本、稿本、印本或著名人士的批校题跋本、彩绘本；

——清乾隆至清末时期（1736 年至 1911 年）朝廷组织编纂的超大部帙的古籍。

5.14.2 二级古籍

具有重要历史、学术、艺术价值，符合下列条件之一的古籍，定为二级：

——清乾隆时期（1736 年至 1795 年）的古籍；

——清嘉庆至清末时期（1796 年至 1911 年）用特殊纸张印写，或以特殊工艺制作，或具有特殊装帧形式的代表性古籍；

——清嘉庆至清道光时期（1796 年至 1850 年）内府写、印的古籍；

——清嘉庆至清道光时期（1796 年至 1850 年）名家名著的重要写本、稿本、印本或著名人士的批校题跋本、彩绘本；

——无明确年款，但纸质古旧、字体古朴、抄写精良，从内容和形式上都可以确定为早期的、流传较少的具有重要历史和学术价值的古籍。

5.14.3 三级古籍

具有比较重要历史、学术、艺术价值，符合下列条件之一的古籍，定为三级：

——清嘉庆至清道光时期（1796 年至 1850 年）的古籍；

——清咸丰至清末时期（1851 年至 1911 年）内府写、印的古籍；

——清咸丰至清末时期（1851 年至 1911 年）名家名著的重要写本、稿本、印本，或著名人士的批校题跋本、彩绘本；

——清咸丰至清末时期（1851 年至 1911 年）采用新技术印制的铅印本、石印本、影印本的初刻初印本。

5.14.4 四级古籍

具有一定历史、学术、艺术价值，符合下列条件之一的古籍，定为四级：

——清咸丰至清末时期（1851 年至 1911 年）的古籍；

——民国时期（1912 年至 1949 年）以 1912 年之前形成的原本为底本翻印或抄写的古籍；

——民国时期（1912 年至 1949 年）以传统著述方式和装帧形式成书的反映满族传统文化与历史的、具有重要价值及传承意义的书籍。

5.15 彝文古籍

5.15.1 一级古籍

具有特别重要历史、学术、艺术价值和代表性，符合下列条件之一的古籍，定为一级：

——清乾隆及之前（1795 年及以前）的古籍；

——清嘉庆至清末时期（1796 年至 1911 年），或原书未标记年代，经推断定为这一时期的稀见古籍、孤本；

——清嘉庆至清末时期（1796 年至 1911 年）用特殊纸张印写，或以特殊工艺制作，或具有特殊装帧形式的代表性古籍。

5.15.2 二级古籍

具有重要历史、学术、艺术价值，符合下列条件之一的古籍，定为二级：

——清嘉庆至清道光时期（1796 至 1850 年），或原书未标记年代，经推断定为这一时期的古籍；

——清嘉庆至清末时期（1796 年至 1911 年）著名毕摩、慕史的稿本、抄本、彩绘本、批校题跋本、珍藏本；

——无明确年款，但纸质古旧、字体古朴、抄写精良，从内容和形式上都可以确定为早期的、流传较少的、能够代表彝族传统文化精髓的重要古籍。

5.15.3 三级古籍

具有比较重要历史、学术、艺术价值，符合下列条件之一的古籍，定为三级：

——清咸丰至清末时期（1851 年至 1911 年），或原书未标记年代，经推断定为这一时期流传较少，或书品较好、卷帙完整的古籍；

——民国时期（1912 年至 1949 年）著名毕摩、慕史的稿本、抄本、彩绘本、批校题跋本；

——民国时期（1912 年至 1949 年）以 1912 年之前形成的原本为底本翻印或抄写，且原本散佚的重要古籍。

5.15.4 四级古籍

具有一定历史、学术、艺术价值，符合下列条件之一的古籍，定为四级：

——清咸丰至清末时期（1851 年至 1911 年），或原书未标记年代，经推断定为这一时期流传较多，或书品较差、卷帙残损的古籍；

——无明确年款，但可以确定为 1912 年之前形成、流传较多，历史、学术、艺术价值均较为一般的古籍；

——民国时期（1912 年至 1949 年）以 1912 年之前形成的原本为底本翻印或抄写的古籍；

——民国时期（1912 年至 1949 年）以传统著述方式和装帧形式成书的反映彝族传统文化与历史的具有重要价值及传承意义的书籍。

5.16 傣文古籍

5.16.1 一级古籍

具有特别重要历史、学术、艺术价值和代表性，符合下列条件之一的古籍，定为一级：

——清乾隆及之前（1795 年及以前）的古籍；

——清嘉庆至清末时期（1796 年至 1911 年），或原书未标记年代，经推断定为这一时期的稀见古籍、孤本；

——清嘉庆至清末时期（1796 年至 1911 年）用特殊纸张印写，或以特殊工艺制作，或具有特殊装帧形式的代表性古籍。

5.16.2 二级古籍

具有重要历史、学术、艺术价值，符合下列条件之一的古籍，定为二级：

——清嘉庆至清道光时期（1796 至 1850 年），或原书未标记年代，经推断定为这一时期的古籍；

——无明确年款，但纸质古旧、字体古朴、抄写精良，从内容和形式上都可以确定为早期的、流传较少的、能够代表傣族传统文化精髓的重要古籍；

——无明确年款，但纸质古旧、字体古朴、抄写精良、装帧典雅或制作工艺特殊的稀见；或从内容和形式上都可以确定为早期的、流传较少的、具有重要历史和学术价值的古籍；

——书册首叶或末叶中标明某年某月某日某人抄写供奉某寺的民国八年（1919 年）以前的抄本、贝叶本。

5.16.3 三级古籍

具有比较重要历史、学术、艺术价值，符合下列条件之一的古籍，定为三级：

——清咸丰至清末时期（1851年至1911年），或原书未标记年代，经推断定为这一时期流传较少，或书品较好、卷帙完整的古籍；

——民国时期（1912年至1949年）以1912年之前形成的原本为底本翻印或抄写，且原本散佚的重要古籍。

5.16.4 四级古籍

具有一定历史、学术、艺术价值，符合下列条件之一的古籍，定为四级：

——清咸丰至清末时期（1851年至1911年），或原书未标记年代，经推断定为这一时期流传较多，或书品较差、卷帙残损的古籍；

——民国时期（1912年至1949年）以1912年之前形成的原本为底本抄写的古籍；

——民国时期（1912年至1949年）以传统著述方式和装帧形式成书的反映傣族传统文化与历史的具有重要价值及传承意义的书籍。

5.17 东巴文古籍

5.17.1 一级古籍

具有特别重要历史、学术、艺术价值和代表性，符合下列条件之一的古籍，定为一级：

——清乾隆及之前（1795年及以前）的古籍；

——清嘉庆至清末时期（1796年至1911年），或原书未标记年代，经推断定为这一时期的稀见古籍、孤本；

——清嘉庆至清末时期（1796年至1911年），或原书未标记年代，经推断定为这一时期用特殊纸张印写，或以特殊工艺制作，或具有特殊版式及装帧形式的代表性古籍。

5.17.2 二级古籍

具有重要历史、学术、艺术价值，符合下列条件之一的古籍，定为二级：

——清嘉庆至清末时期（1796年至1911年）著名东巴的重要写本、抄本、彩绘本、批校题跋本；

——无明确年款，但纸质古旧、字体古朴、抄写精良，从内容和形式上都可以确定为早期的、流传较少的、能够代表东巴文化精髓的重要古籍。

5.17.3 三级古籍

具有比较重要历史、学术、艺术价值，符合下列条件之一的古籍，定为三级：

——清嘉庆至清末时期（1796年至1911年），或原书未标记年代，经推断定为这一时期流传较少，或书品较好、卷帙完整的古籍；

——民国时期（1912年至1949年）著名东巴的重要写本、抄本、彩绘本、批校题跋本；

——民国时期（1912年至1949年）以1912年之前形成的原本为底本翻印或抄写，且原本散佚的重要古籍。

5.17.4 四级古籍

具有一定历史、学术、艺术价值，符合下列条件之一的古籍，定为四级：

——清嘉庆至清末时期（1796年至1911年），或原书未标记年代，经推断定为这一时期流传较多，或品相较差、卷帙残损的古籍；

——民国时期（1912年至1949年）以1912年之前形成的原本为底本抄写的古籍；

——民国时期（1912年至1949年）以传统著述方式和装帧形式成书的、反映纳西族传统文化与历史的、具有重要价值及传承意义的书籍。

5.18 水文古籍

5.18.1 一级古籍

具有特别重要历史、学术、艺术价值和代表性，符合下列条件之一的古籍，定为一级：

——清乾隆及之前（1795年及以前）的古籍；

——清嘉庆至清末时期（1796年至1911年），或原书未标记年代，经推断定为这一时期的稀见古籍、孤本；

——清嘉庆至清末时期（1796年至1911年）用特殊纸张印写，或以特殊工艺制作，或具有特殊版式及装帧形式的代表性古籍。

5.18.2 二级古籍

具有重要历史、学术、艺术价值，符合下列条件之一的古籍，定为二级：

——清嘉庆至清道光时期（1796 至 1850 年），或原书未标记年代，经推断定为这一时期的古籍；

——清嘉庆至清末时期（1796 年至 1911 年）著名水书先生的稿本、抄本、彩绘本、批校题跋本；

——无明确年款，但纸质古旧、字体古朴、抄写精良，或从内容和形式上都可以确定为早期的、流传较少的、能够代表水族传统文化精髓的重要古籍。

5.18.3 三级古籍

具有比较重要历史、学术、艺术价值，符合下列条件之一的古籍，定为三级：

——清咸丰至清末时期（1851 年至 1911 年），或原书未标记年代，经推断定为这一时期流传较少，或书品较好、卷帙完整的古籍；

——民国时期（1912 年至 1949 年）著名水书先生的稿本、抄本、彩绘本、批校题跋本；

——民国时期（1912 年至 1949 年）以 1912 年之前形成的原本为底本抄写，且原本散佚的重要古籍。

5.18.4 四级古籍

具有一定历史、学术、艺术价值，符合下列条件之一的古籍，定为四级：

——清咸丰至清末时期（1851 年至 1911 年），或原书未标记年代，经推断定为这一时期流传较多，或书品较差、卷帙残损的古籍；

——民国时期（1912 年至 1949 年）以 1912 年之前形成的原本为底本抄写的古籍；

——民国时期（1912 年至 1949 年）以传统著述方式和装帧形式成书的反映水族传统文化与历史的具有重要价值及传承意义的书籍。

5.19 古壮字古籍

5.19.1 一级古籍

具有特别重要历史、学术、艺术价值和代表性，符合下列条件之一的古籍，定为一级：

——清乾隆及之前（1795年及以前）的古籍；

——清嘉庆至清末时期（1796年至1911年），或原书未标记年代，经推断定为这一时期的稀见古籍、孤本；

——清嘉庆至清末时期（1796年至1911年），或原书未标记年代，经推断定为这一时期用特殊纸张印写，或以特殊工艺制作，或具有特殊版式及装帧形式的代表性古籍。

5.19.2 二级古籍

具有重要历史、学术、艺术价值，符合下列条件之一的古籍，定为二级：

——清嘉庆至清道光时期（1796至1850年），或原书未标记年代，经推断定为这一时期的古籍；

——清嘉庆至清末（1796年至1911年）时期著名师公、道公、麽公、歌王、歌师的稿本、抄本、彩绘本、批校题跋本；

——无明确年款，但纸质古旧、字体古朴、抄写精良，从内容和形式上都可以确定为早期的、流传较少的、能够代表壮族传统文化精髓的重要古籍。

5.19.3 三级古籍

具有比较重要历史、学术、艺术价值，符合下列条件之一的古籍，定为三级：

——清咸丰至清末时期（1851年至1911年），或原书未标记年代，经推断定为这一时期流传较少，或书品较好、卷帙完整的古籍；

——民国时期（1912年至1949年）著名师公、道公、麽公、歌王、歌师的稿本、抄本、彩绘本、批校题跋本；

——民国时期（1912年至1949年）以1912年之前形成的原本为底本抄写，且原本散佚的重要古籍。

5.19.4 四级古籍

具有一定历史、学术、艺术价值，符合下列条件之一的古籍，定为四级：

——清咸丰至清末时期（1851年至1911年），或原书未标记年代，经推断定为这一时期流传较多，或书品较差、卷帙残损的古籍；

——民国时期（1912 年至 1949 年）以 1912 年之前形成的原本为底本抄写的古籍；

　　——民国时期（1912 年至 1949 年）以传统著述方式和装帧形式成书的反映壮族传统文化与历史的具有重要价值及传承意义的书籍。

　　5.20 朝鲜文古籍

　　5.20.1 一级古籍

　　具有特别重要历史、学术、艺术价值和代表性的民国元年以前（1912 年以前）的稀见古籍、孤本古籍，定为一级。

　　5.20.2 二级古籍

　　具有重要历史、学术、艺术价值的民国元年以前（1912 年以前）的古籍，定为二级。

　　5.20.3 三级古籍

　　具有比较重要历史、学术、艺术价值的民国时期（1912 年至 1949 年）的稀见古籍、孤本古籍，定为三级。

　　5.20.4 四级古籍

　　具有一定历史、学术、艺术价值的民国时期（1912 年至 1949 年）以传统著述方式和装帧形式成书的反映朝鲜族传统文化与历史的、具有传承意义的书籍，定为四级。

　　5.21 多文种合璧的古籍

　　5.21.1 一级古籍

　　具有特别重要历史、学术、艺术价值和代表性，符合下列条件之一的古籍，定为一级：

　　——清雍正及之前（1735 年及以前）的古籍；

　　——清乾隆时期（1736 年至 1795 年）内府写、印的古籍；

　　——清乾隆时期的稀见古籍、孤本。

　　5.21.2 二级古籍

　　具有重要历史、学术、艺术价值，符合下列条件之一的古籍，定为二级：

　　——清乾隆时期（1736 年至 1795 年）的古籍；

　　——清嘉庆至清道光时期（1796 年至 1850 年）内府写、印的古籍；

——清嘉庆至清末时期（1796 年至 1911 年）的稀见古籍、孤本。

5.21.3 三级古籍

具有比较重要历史、学术、艺术价值，符合下列条件之一的古籍，定为三级：

——清嘉庆至清道光时期（1796 年至 1850 年）的古籍；

——清咸丰至清末时期（1851 年至 1911 年）内府写、印的古籍。

5.21.4 四级古籍

具有一定历史、学术、艺术价值，符合下列条件之一的古籍，定为四级：

——清咸丰至清末时期（1851 年至 1911 年）的古籍；

——民国时期（1912 年至 1949 年）以 1912 年之前形成的原本为底本翻印或抄写的古籍。

6. 其他古籍的定级

6.1 难以断代的少数民族文字古籍的定级

对原书未标识年代的古籍应根据其纸张、字体、墨色、版式、行款、词法句法结构、作者、抄书人、传承关系、装帧形式、制作工艺和其他相关佐证资料及其他信息进行鉴别，推定大致年代，划入相对应的等级。对这类古籍定级应采取谨慎的科学态度，要有一定依据。

6.2 单一少数民族文字与汉文合璧古籍的定级

按少数民族文字古籍定级。

6.3 三种以上（含三种）不同文种合璧古籍的定级

按多文种合璧古籍定级。

6.4 古白文、古瑶文、古布依文、古侗文、古哈尼文、古苗文等古籍的定级

参照古壮字古籍定级。

6.5 哥巴文、玛丽玛萨文、尔苏沙巴文等古籍的定级

参照东巴文古籍定级。

6.6 少数民族使用外国文字撰著古籍的定级

少数民族用梵文、波斯文、阿拉伯文等外国文字与本民族文字合璧撰著的古籍，参照本民族文字古籍标准定级。少数民族用外国文字创作的反

映本民族历史与传统文化的古籍参照本民族文字古籍标准定级。

我国长期以来都十分重视少数民族文化及古籍文献的传承发展，新中国成立至今，我国抢救、整理了散藏在民间的少数民族古籍约 30 万种（部、件、册）（不含公共单位馆藏及寺院藏书），其中，包括许多珍贵的孤本、珍本和善本。公开出版了 6000 余部有价值、有影响的少数民族古籍。同时，数百种少数民族古籍获得各种奖项，其中有 60 种民族古籍获得国家级奖项。这表明，少数民族古籍文献的整理、出版、研究体系已经形成。仅中国国家图书馆收藏的少数民族古籍文献就达 26 文种 10 万多件册。《中国少数民族古籍集成》（汉文版）是国家民委"十五"重点文化项目，新中国成立以来，最大的少数民族古籍（汉文版）整理项目，也是中国第一套系统整理出版的少数民族古籍丛书。该项目悉心准备近年来，由国家民委全国少数民族古籍整理研究室协调领导，四川新华出版发行集团有限公司策划、组织编纂，四川民族出版社出版，四川新华出版发行集团有限公司发行。《中国少数民族古籍集成》由著名国学大师季羡林先生任名誉主编，江措先生任主编，全国 25 个省级民委古籍办，相关民族院校、民族图书馆和公共图书馆等共 60 余个少数民族文化研究单位参加编纂，是一部由权威机构、权威专家协同完成的鸿篇巨制。全编共收书 2000 余种，9000 余册，5 万余卷，影印分类编辑为 16 开精装一百册，其内容涉及中国少数民族的文化、历史、政治、经济、军事、地理、民俗、文学艺术等各个方面，是研究中国少数民族文化必不可少的大型资料丛书。该丛书以收录单册少数民族古籍为主，大型丛书中已收录的少数民族古籍和近期出版过的少数民族古籍基本不予收录。收书下限原则上截止 1949 年，其中，有不少是明清以来的写本、稿本、抄本和民间刻本，有些甚至是读者很难看到的孤本或库本，极为珍贵。我国少数民族众多，分布范围遍及全国各地，各民族均有悠久的历史，文献资料繁复。编委会精心策划，将全书分为总类、晋至元民族王朝、汉以后北方各民族、汉以后东北各民族、汉以后西北各民族、汉以后中东南各民族、汉以后西南各民族七大类，各大类下又分综述、分述等，既照顾到中国少数民族的历史分布状况，又充分重视了古籍文献的特点，方便读者使用。《中国少数民族古籍集成》，介绍我国 55 个少数民族，在长期的历史发展过程中，创造和积累了丰富多彩的历史文化，留下了涵载这些历史文化的卷帙浩繁和古籍文献。这是承前启后的一项巨大文化建设工程，是"盛世修典"的壮举。

第三节　少数民族古籍文献的保护办法及措施

与汉文古籍文献相比，少数民族古籍具有诸多特点。比如：主要散藏在民间和边疆民族地区；不但有文献资料，还有大量口传资料；涉及民族多，分布不均衡；在整理方法和研究理论上，尚未形成系统的古典文献学学科建设，等等。这些特点体现了少数民族古籍的珍贵价值，但也反映了该项工作的难度。

1981 年，中共中央发出《关于整理我国古籍的指示》，少数民族古籍工作迈开步伐。全国各地的古籍工作者跋山涉水、深入一线，抢救、整理散藏在民间的少数民族古籍约百万种，一大批濒临消亡的少数民族古籍得到有效保护。从口传资料到碑铭、石刻；从贝叶经文、竹木简牍到活叶函本、线装典籍；从经、史、文、哲到天文、地理、医药、宗教、工艺、美术；从纳西东巴文、西夏文、察合台文到我国现行的各民族文字古籍，所涉古籍包罗万象，其中有大量孤本、珍本和善本。2007 年，"中华古籍保护计划"启动，少数民族古籍工作也由此加速发展，并取得了丰硕成果。国务院目前公布的《国家珍贵古籍名录》中，少数民族文字古籍有 1133 部，约占总数的 9%。在工作过程中，广西首探"以高品质复制件换原件"的工作模式，形成可资借鉴的"广西经验"；云南抢救征集了彝、傣、瑶、纳西、傈僳等民族文献古籍共 3500 余册（卷），建成我国西南地区收藏古籍种类最多、原件最多的民族古籍资料库；新疆派专人赴南疆地区搜集 578 部古籍，并完成 1169 部 20 万叶察合台文、蒙古文、锡伯文等古籍数字化扫描……

据广西壮族自治区少数民族古籍保护研究中心主任韦如柱介绍，"截至 2020 年底，广西共抢救保护少数民族古籍 1.2 万多册（件），其中有些已成为广西民族文化精品。"

一、建立健全工作机制

为加强少数民族古籍保护工作的协调，各省（区、市）民族、文化工作部门紧密配合，在全国古籍保护工作部际联席会议的领导下，积极协调相关部门按照现有分工，积极配合，认真履行职责，各级政府应将少数民族古籍工作纳入本地区民族工作、文化工作总体规划中。文化部门要搞好总体规划，明确目标要求，加强宏观指导；民族工作部门要加强组织、联络、指导、协调，共同做好少数民族古籍保护工作；要建立健全少数民族古籍工作机构，配足编制，配强人员。相关部门要建立和完善少数民族古籍保护责任制和责任追究制度。

二、加大对少数民族古籍工作的投入，切实解决少数民族古籍工作必需的经费

少数民族古籍是一种不可再生的传统文化资源，一旦损失，便无法完整再现。因此，对一些珍贵的少数民族古籍，必须投入必要的财力和人力进行原生性保护和修复，以保持古籍原貌。要借助数字化技术，运用电子扫描、复印、照相、缩微等技术，对现有少数民族古籍进行抢救，以加强和改进再生性保护。各级政府应按照国家文件和相关意见精神，采取积极措施将少数民族古籍整理出版工作所需经费列入地方财政预算并加大古籍保护资金投入，以确保少数民族古籍工作所需之资金。民族、文化工作部门要积极协调财政部门对本地区少数民族古籍的普查、修复、编目、出版及数字化等工作所需经费给予必要的支持。同时要广开渠道，采取多种途径积极吸纳社会资金，为做好少数民族古籍工作提供保障。继续做好少数民族古籍的抢救、普查、登记、整理、翻译工作。各级少数民族古籍和文化工作部门在原有工作的基础上要进一步加大工作力度，继续组织人力、物力，广泛深入地开展调查、摸底、清点、编目、整理、翻译工作，全面了解和掌握各地少数民族古籍的存量、分布和流传情况，特别要做好对散藏在民间的少数民族古籍和口头传承的古籍的保护和征集工作。在此基础上实现古籍分级保护，由各省区民族古籍工作部门负责汇总上报全国少数民族古籍整理研究室，为建立中华古籍联合目录和古籍数字资源库提供基础资料。

三、加强少数民族古籍整理工作人才队伍的培养

培养造就一支贯彻党的民族政策，热爱民族文化事业，具有各项扎实功底和良好素质的少数民族古籍工作人才队伍，是做好少数民族古籍工作的重要保证。要通过建立少数民族古籍保护与资料信息中心、少数民族古籍文献人才培养与科学研究基地，来推动少数民族古籍工作人才队伍的培养。制定少数民族古籍保护人才培训规划，采取学历教育和短期培训相结合的办法，加强教育培训，不断壮大队伍，优化队伍结构，着力培养学科专业骨干。尤其是要重点加强少数民族古籍的保护、修复、翻译、整理、出版、研究人才的培养。要从政治上爱护、职称待遇上关心、生活上照顾，为少数民族古籍专业人员和工作人员创造良好的工作条件和生活环境，加快优秀少数民族民间口传古籍传承人的抢救工作。民间口传古籍传承人是我国各民族民间文化的活宝库、活化石，是活着的历史，对于民族学、历史学、语言学等学科研究具有很大的历史和现实价值，是一笔珍贵的非物质文化遗产。一旦传承人故去，所掌握的口传古籍也将随之消失。要按照"救人、救书、救学科"的原则和抢救非物质文化遗产的有关要求，及时搞好"救人"工作。一方面，要组织一定的人力尽快搜集、整理民间艺人的口传资料，建立和完善具有一定规模的少数民族口传古籍音像资料库，整理出版一批少数民族口传古籍声像出版物。另一方面，对那些因条件限制而不能及时全部记录整理，长期在民间传诵的民族古籍，要有意识培育口传古籍的继承人，扶持口传古籍之家，让具有悠久历史的口传古籍能世代流传下去，切实推进民间口传古籍的保护和利用工作。

四、建立"少数民族古籍保护与资料信息中心"

根据国家相关文件确定的任务，在国家古籍保护中心的指导下，建立统一的少数民族古籍保护与资料信息中心，以全面了解和掌握少数民族古籍的基本状况和保存状态，为少数民族古籍保护整理工作提供全面准确的信息资源。建立"少数民族古籍保护与资料信息中心"的目的主要是汇集有史以来，特别是近三十年来少数民族古籍保护、抢救、搜集、整理、翻译、出版、研究的成果，收集一些有代表性的少数民族古籍文本，让更多的人了解我国少数民族古籍的

情况。同时，展示党的民族政策和少数民族古籍工作的成就，普及少数民族古籍知识，并在展示中予以保护，使其成为少数民族古籍教学与科研基地。"少数民族古籍保护与资料信息中心"通过现代科学技术手段，促进少数民族古籍数字化、网络化建设，利用网络技术，开发少数民族古籍资源，传播中华民族传统文化，促进国内外文化交流，推进少数民族古籍管理信息化进程，建设具有国际影响力的中国少数民族古籍网站，搭建少数民族古籍信息交流平台。各地可根据实际建立相应的保护机制，充分利用"少数民族古籍保护与资料信息中心"平台，实现中国少数民族古籍文献的数字化。

五、加大对少数民族古籍市场的监管力度

依法规范少数民族古籍市场流通秩序和经营行为；加强少数民族古籍销售、拍卖行为的审核备案工作；在公安、海关等有关部门配合下，严厉打击盗窃、走私古籍等违法犯罪活动，加强少数民族古籍出入境审核、监管；加强国际合作，坚决依据有关国际公约和法律法规追索非法流失境外的少数民族古籍。

六、进一步加大对少数民族古籍抢救、保护、整理工作的宣传力度

少数民族古籍工作的有效开展和取得的影响力、社会效益，离不开社会各界的大力支持。要加大对少数民族古籍工作的宣传力度，使其得到全社会的广泛重视和大力支持。要大力宣传开展少数民族古籍工作的重要意义，培养公众的少数民族古籍保护意识，普及少数民族古籍保护知识，展示少数民族古籍保护成果，使全社会共同致力于这项功在当代、利在千秋、惠泽于民的事业，共同开创少数民族古籍工作的新局面。

七、加强少数民族古籍的保护工作，建立完善的保护制度

随着经济资源开发项目在民族地区的布局和对外开放力度的加大，少数民族古籍保护、抢救、搜集工作的紧迫性日益凸显，各地要认真贯彻《意见》，统筹规划，制定保护制度和严密的保护利用机制及办法。要把运用现代化的保护

手段和科学的管理方法纳入制度建设中来，使少数民族古籍工作制度化、科学化。在实施保护制度的过程中，重点做好所征集、抢救的少数民族古籍的修复和保管工作，尤其对具有较高价值的孤本、善本及精品，要进行严格的科学保护。对遭虫蛀、水蚀的少数民族古籍要采取有效措施加以修复、保管、编目和收藏，要形成制度，完善措施，使少数民族古籍保护工作逐渐步入规范化、标准化轨道。

第七章　古籍文献纸张的起源演变

　　造纸术是中国"四大发明"之一，在造纸术发明以前，人们把字刻写在龟甲、兽骨、竹片、木片和绢帛上。甲骨、竹片、木片很笨重，用起来不方便；绢帛太贵，一般人用不起。纸张是什么时候产生的，现在已经没办法考证。但纸的发明是有渐次关系的，据考古发现，我国现存最早的纸张，是在甘肃省出土的西汉时期的一张纸。1933 年，在新疆维吾尔自治区罗布泊汉代烽燧亭故址中出土了一片麻纸，同时出土的木简有汉宣帝黄龙元年（公元前 49 年）的年号。1977 年，考古工作者在甘肃居延肩水金关西汉烽塞遗址的发掘中，也发现了麻纸两片。其中之一，出土时团成一团，经修复展开，长 12 厘米，宽 9 厘米，色泽白净，薄而匀，一面平整，一面稍起毛，质地细密坚韧，含微量细麻线头，显微观察和化学鉴定表明，它只含大麻纤维，同一处出土的竹简最晚年代是汉宣帝甘露二年（公元前 52 年）。通过这一情况表明，至迟于公元前 1 世纪中叶，在遥远的边塞就已经有了质量较好的纸，这种纸在内地的出现应更早一些。1957 年 5 月 8 日，在陕西省西安市东郊灞桥当地砖瓦厂取土时，发现了一座不晚于西汉武帝时期（公元前 156 年—公元前 87 年）的土室墓葬，墓中一枚青铜镜上，垫衬着麻类纤维纸的残片。考古工作者细心地把黏附在铜镜上的纸剔下来，大大小小共 80 多片，其中，最大的一片长宽各约 10 厘米，经鉴定，它是以大麻和少量苎麻的纤维为原料，制作技术比较原始，质地粗糙，还不便于书写。专家们给它定名"灞桥纸"，现陈列在陕西历史博物馆。据考古专家介绍，"这是迄今为止发现的世界上最早的纸片，它说明，我国古代四大发明之一的造纸术，至少可以上溯到公元前一二世纪。"这一发现，在世界文化史上具有重大意义。从这些事实说明，造纸术自发明以后，其技术的进步是很快的。1978年，在陕西省扶风县又发掘出西汉宣帝时期（公元前74年—公元前48年）的纸。通过考古证实，大约在西汉初期，人们便用大麻和苎麻造出了纸张。

东汉元兴元年（105年）蔡伦（约62年—121年）改进了造纸术。他用树皮、麻头及敝布、渔网等原料，经过挫、捣、炒、烘等工艺制造的纸是现代纸的起源。这种纸，原料容易找到，又很便宜，质量也提高了，逐渐被普遍使用。为纪念蔡伦的功绩，后人把这种纸称为"蔡侯纸"。1974年，在甘肃省武威县一座东汉墓中，发掘了一批东汉纸，这些纸比起西汉纸有着明显的进步，十数张纸的上面都有书写的字迹，有的是书信、诗抄，有的是日常文书，可见这时的纸已经比较普遍地被人们用作书写材料了。东汉时期，不仅中原地区使用纸，而且传播到了新疆、甘肃、内蒙古等地区。另外，不仅限于上层统治者使用，而是连民间也比较广泛地使用起来了。可以说，东汉时期是造纸技术已经比较成熟的时期了。至东汉末年，便出现了名为"左伯纸"的名纸。至此，纸就成了缣帛、简牍的有力竞争者。随着造纸技术的不断进步，魏晋南北朝时期，纸的生产量随之增加。到东晋末年，桓玄（369年—404年）掌握朝政大权以后，废掉晋安帝，自称为帝，改国号为楚，随即下令停用简牍而代之以黄纸。这就彻底改变了直到西晋时纸、简并用的局面，而一律代之以纸了。故自东晋以降，再不见有简牍文书出土。至此，极大地方便了信息的储存和交流。

魏晋南北朝时期的纸90%以上都是麻料纸，造纸的原料多为麻绳头、旧布、破渔网、敝屣等废旧麻类。此时，还有用桑皮、楮皮、藤角等为原料的藤皮纸出现。隋唐五代时，造纸原料有麻类、楮皮、桑皮、藤皮、瑞香皮、木芙蓉皮等，竹纸也在此时开始兴起。宋元时期，原料扩大为麦茎、稻秆等，竹纸生产范围、影响等扩大，江南、长江流域（浙江省、福建省等地为主）等地以竹子为原料的竹纸大受欢迎。这一时期，南方大量盛行皮纸、竹纸，北方还在生产麻纸，但是这三种纸中以皮纸最受欢迎。宋元时期还有将竹纸纸浆与麻、皮纸纸浆混合抄造的纸，这是此时期造纸技术上的新发明，集合了各方面的优点，又能取长补短。为了扩大材料来源，降低成本，此时期还采用将旧纸回槽，掺到新纸浆中再生产，名叫"还魂纸"。

元明时期，竹纸的兴盛创造了历史新篇章，尤以福建省发展最突出。使用了"熟料"生产及天然漂白，使竹纸产量大有改进。明代著名科学家宋应星（1587 年—约 1666 年），字长庚，江西奉新人，他的著作和研究领域涉及自然科学及人文科学，其中，最杰出的作品《天工开物》被誉为"中国 17 世纪的工艺百科全书"。该书讲到造竹纸的方法：先把竹子截断，剖成竹片，拌了石灰浸在水塘里，再取出来煮烂，制成纸浆，然后用绷在木架上的竹帘子从纸浆面上荡过去。这样，竹帘上就留下一层纤维。把这层纤维揭下来烘干，纸就制成了。用石灰等蒸煮纸浆，实际上就是化学处理法，这已经是一套相当完整的造纸方法了。清代由于造纸业的大发展，麻及树皮等传统造纸原料已不能满足需要，于是竹纸便占据了主导地位。其他各地草浆纸也有发展，河南省、山东省、山西省等地有人用麦草、蒲草造纸，陕西省、甘肃省、宁夏回族自治区有人用马莲草造纸，西北用芨芨草造纸，东北用乌拉草等野生草类植物造纸，在清代末期，各地区居民也用当地的原材料以制造粗草纸。我国用蔗渣造纸始于清末，张东铭在汉中徐家坡设一造纸厂，以蔗渣为原料，对此，《清朝续文献通考》卷三八四有记载。清代草浆生产技术有了很大进步，用仿竹浆、皮浆的精制方法制取漂白草浆。著名的泾县宣纸就是用一定配比的精制稻草浆和檀皮浆抄制而成，其生产工序一直延续至今。芦苇在清末也有使用，据光绪三十二年（1906年）《东方杂志》三卷 3 期载："陈兴泰在汉口桥口地方，设一造纸厂，先后以芦浆（芦苇）、蔗渣、稻草秆等物，试造日用纸张，有成效。"

造纸术在我国由发明至发展，遍及全国。据学者考证造纸术首先传入与我国毗邻的朝鲜和越南，随后传到了日本。在蔡伦改进造纸术后不久，朝鲜和越南就有了纸张，朝鲜半岛各国先后都学会了造纸的技术，纸浆主要从大麻、藤条、竹子、麦秆中的纤维提取。大约公元 4 世纪末，百济在中国人的帮助下学会了造纸。不久，高丽、新罗也掌握了造纸技术。此后，高丽造纸的技术不断提高，到了唐宋时期，高丽的皮纸反向中国出口。

西晋时期，越南人也掌握了造纸技术。610 年，朝鲜和尚昙征（579 年—631 年）渡海到日本，把造纸术献给日本摄政王圣德太子（574 年—622 年），圣德太子下令推广全国，日本人民称昙征为纸神。中国的造纸技术也传播到了中亚的一些国家，通过贸易传播到印度。造纸术曾被误传为经过唐怛罗斯之战（751 年，唐玄宗天宝十载，唐朝跟大食爆发怛罗斯之战）西传。实际上，根据杜环《经行记》的记载，被俘的工匠里没有造纸工匠。杜环《经行记》原本书籍已经遗失，幸有他的族叔杜佑（735 年—812 年）在《通典》中曾经引述部分内容。近几年，有乌兹别克斯坦的学者在研究中指出，在怛罗斯之战之前，造纸术就以和平的方式通过拔汗那首府浩罕传往撒马尔罕。10 世纪，造纸技术传到了叙利亚的大马士革、埃及的开罗和摩洛哥。在造纸术的流传中，阿拉伯人的传播功劳不可忽视。

欧洲人是通过阿拉伯人了解造纸技术的，最早接触纸和造纸技术的欧洲国家是摩尔人统治的西班牙。1150 年，阿拉伯人在西班牙的萨狄瓦建立了欧洲第一个造纸场。1276 年，意大利的第一家造纸场在蒙地法罗建成，生产麻纸。法国于 1348 年在巴黎东南的特鲁瓦附近建立造纸场，此后又建立几家造纸场。这样一来，法国不仅国内纸张供应充分，还向德国出口。德国是 14 世纪才有自己的造纸场。英国因为与欧洲大陆有一海之隔，造纸技术传入比较晚，15 世纪才有了自己的造纸厂。瑞典于 1573 年建立了最早的造纸厂。丹麦于 1635 年开始造纸。1690 年，建于奥斯陆的造纸厂是挪威最早的纸厂。到了 17 世纪，欧洲各主要国家都有了自己的造纸业。西班牙人移居墨西哥后，最先在美洲大陆建立了造纸厂，墨西哥造纸业始于 1575 年。美国在独立之前，于 1690 年在费城附近建立了第一家造纸厂。到 19 世纪，中国的造纸术已传遍五洲各国。造纸术西传后，所用的原料及工艺仍沿袭我国之故，以麻和破布为主。不过，欧洲的破布普遍是棉纤维，成品纸不如中国产品柔顺薄韧，而且破布日感供不应求。为了解决欧洲纸张质量低劣的问题，法国财政大臣杜尔阁曾希望利用驻北京的耶稣会教士刺探中国的造纸技术。乾隆年间（1736 年—1796 年），供职于清廷的法国画师、耶稣会教士蒋友仁将中国的造纸技术画成图寄回了巴黎。至此，中国先进的造纸技术才在欧洲广泛传播开来。1797 年，法国人尼古拉斯·路易斯·罗伯特成功地发明了用机器造纸的方法，从蔡伦时代起，中国人持续领先近两千年的造纸术终于被欧洲人超越。我国在满清末年和民国初年也逐渐出现了机械化的造纸厂，木材和非木材原料均有使用。

造纸原料范围的扩大，对于造纸业的发展和进步有重要意义，各地就可以利用当地出产的材料来造纸了。由于原料范围的扩大，纸的种类也越来越多，质量也越来越好，生产的数量也大大增加。

另外，史书上还提到有关蚕茧纸、苔纸、发笺纸等名词，那么当时是否曾用青苔、毛发等材料造纸呢？根据这类纤维的特性来看，毛发的纤维结合力极少，成纸强度很低，不宜单独用来造纸，至于蚕茧纸和发笺纸之说，很可能是一种象形名词，白净、细密的麻纤维纸表面形似蚕茧，可能就称其为蚕茧纸。假如在纸浆中加入少许着色的长纤维或毛发，给人以披发的感觉，可能就称其为发笺纸。形似青苔并且显绿色花纹者可能谓之苔纸。这只是一种推论，尚需进一步考证。

我国纸的文化源远流长，历代名纸很多，早期的纸如丝絮纸、灞桥纸、居延纸、中颜纸、旱滩坡纸、蔡侯纸等，有的见于著录，有的是经过现代考古的实物发现。由于历史久远和当时生产的数量有限，这些纸已罕有传世。中后期的纸张大多以古籍文献和字画的形式得以留存。

第一节　古籍文献纸张的发展历程

一、魏晋南北朝

晋代以后，直至南北朝，我国古代造纸业取得了较大的进步。史书上有记载，而且有传世和出土的实物佐证。如果我们把晋代纸与汉代纸加以对比，即可看出：两种纸的质量有着明显的不同。例如，现存故宫博物院内的《平复帖》，是用晋代麻纸所写，它比写有汉隶字的额济纳纸要好得多。从而使我们知道在造纸业的发展中，这个时期纸张的质量已有了较大的改进。

晋代的文化事业较为发达，读书、抄书、藏书之风日盛，纸的品种、产量有所增加，质量有所提高，造纸原料来源更广。史书上曾论及这时期一些与原料有关的纸种名称，如写经用的白麻纸和黄麻纸、枸皮做的皮纸、藤类纤维做的剡藤纸、桑皮做的桑根纸。南北朝时期，齐高帝萧道成（427年—482年），经常造凝光纸赐王僧虔。凝光，即银光也。两晋时期的纸，表面更平滑、结构较紧密，纸质细薄且有明显的帘纹。晋代造纸术的进步及纸的质量的提高，可以从当时的文人咏纸的诗赋中看出。例如，晋人傅咸（239年—294年）在所著的《纸赋》中写道："夫其为物，厥美可珍。廉方有则，体洁性真。含章蕴藻，实好斯文。取彼之弊，以为己新。揽之则舒，舍之则卷。可屈可伸，能幽能显。"意思是说，麻纸由破布做成，但洁白受墨，物美价廉，写成书后可以舒卷。如果说书写材料在汉代还是帛、简并用，纸张只是作为新型材料，尚不足以完全取代帛、简，而这种情况在晋代发生根本变化。东晋的统治者已明令用纸作为正式书写的材料，凡朝廷奏议不得用简牍，一律以纸为之。此外，所谓雄黄治书法也出现了，这种方法就是把雄黄或雌黄磨成极细的粉末，和以胶料做成"墨锭"的样子。用的时候，把它放在石板上研磨成黄汁，用来涂去黄麻纸上写错的字，另行重写。黄麻纸能防虫，又有改写错字的辅助方法，从而提高了纸的实用性。至此，统治阶层的士大夫们作书和官府的公文都改用此纸了。

例如桓玄（369年—404年），他原是晋安帝的太尉（相当于丞相的官职），废晋帝而自称为帝，改国号为楚，随即下令曰："古无纸，故用简；非主于敬也。今诸用简者，皆以黄纸代之。"考古发掘表明，西晋墓葬或遗址中所出土的文书虽多用纸，却也有简出土，而东晋以后，便不再出现简牍文书，全部是用纸了。晋人还发展了纸张的染色技术，这不但增添了纸张的外观美，还有改善纸的性能的实际效果。当时最常用的色纸是染黄纸，黄纸在公私场合广泛使用，尤其是宗教信徒抄写佛经、道教经典多以黄纸为主。这种黄纸有以下几种优点：首先，此纸能驱虫防蛀，延长书的寿命，又有书香之气。其次，黄色不刺眼，可以长时间阅读而不伤目。如有笔误，又可用雌黄涂后再写，便于校勘。所谓"信笔雌黄"即由此而来。最后，黄色表示庄重、典雅，是五色中的正色。在敦煌石室写经中有不少这类实物。晋代纸张的尺幅，北宋人苏易简（958年—996年）以《文房四谱》里记载："晋令作纸，大纸（广）一尺三分，长一尺八分。小纸（广）九寸五分，长一尺四分。"从上述数据可以知道，晋代纸的尺幅多为长方形，很少见后世的大幅纸。由于纸幅尺寸较小，则多用于书写。晋代书法手扎之风盛行，大概与当时纸张的尺寸有一定的联系吧。只有在价廉、适用的纸张能获得充分供应的情况下，才能普及、提高人们的文化知识。当然，这跟造纸工匠的辛勤劳动是分不开的。纸张的大量生产与应用，使竹简、木牍、缣帛逐渐缩小"世袭之地"。由于纸的运笔效果比竹木好得多，书法开始流行起来，王羲之（303年—361年）和王献之（344年—386年）都是东晋时代著名的书法家。相传，王羲之做永嘉的太守时，常临池学书，池水尽墨。后来，北宋的画家米芾（1052年—1108年）曾写了"墨池"两个大字，立于池侧，作为纪念。他们写字所用的纸，虽然叫作"布纸"，但实际是废麻布所造，也就是麻纸。

纸张普遍应用之后，抄书之风流行。那么纸张保护的问题也提出来了。纸张除了要受水、火、老鼠等灾害之外，还会遭受"书虫"（又名蠹鱼，即衣鱼）的蛀蚀。人们为了与虫害做斗争，发明了保护纸张和书卷的各种办法。葛洪（约283年—约363年）用黄檗汁浸染麻纸，在此基础上，又发展成将纸进行"入潢"处理的方法。西晋陆云（262年—303年）给他哥哥陆机（261年—303年）写信，要陆机把写文章用的纸进行"入潢"处理，以便保存。所谓入潢，就是将麻纸放到黄檗汁中浸一下，立刻取出晾干，这样就得到"黄麻纸"（即黄色的麻纸）。黄檗中含有生物碱，主要是小檗碱（黄连素）可防虫蛀。

二、唐朝时期

我国唐朝的政治、经济、文化都空前繁荣，造纸业也进入一个昌盛时期，纸的品种不断增加，造纸原料以树皮为主使用最广。主要是楮皮、桑皮，也有用沉香皮及栈香树皮的记载。唐李肇《翰林志》："凡赐与、徵召、宣索、处分曰诏，用白藤纸……凡太清宫道观荐告词文，用青藤纸。"藤纤维被广为使用，但到晚唐时期，由于野藤大量被砍伐，又无人管理栽培，原料供不应求，藤纸使用逐渐减少。唐朝最著名者是硬黄纸。明代陈仁锡（1581年—1636年）编著《潜确居类书》谓，硬黄纸系以黄檗染成，取其避蠹，其质如浆，光泽莹滑，用以写经极为合宜，而尤以笺纸为最成功。据《博物志》载，元和中，蜀妓薛涛造十色花笺，深为社会所宝重。当时的文人如元稹、白居易、牛僧孺、杜牧、刘禹锡等二十余人与涛唱和，率用之薛涛花笺，因之名传千古。但元费著《笺纸谱》载，十色笺系谢公所造，十色者，深红、粉红、杏红、明黄、深青、浅青、深绿、浅绿、铜绿、浅云是也。薛涛所造纸深红一色，故今俗尚以红八行称薛涛笺也。虽制者未确，但十色笺之极为通行，固无可疑。

其他常用之纸，则有短白帘、粉蜡纸、布丝藤角纸、黄麻纸、白麻纸、零皮纸、桑根纸、鸡林纸、苔纸、建中女儿青纸、鱼卵纸、宣纸、松花纸、流沙纸、彩霞金粉龙凤纸、绫纹纸、松皮纸、蜜香纸、蛮纸、芨皮纸、楮皮纸、凝霜纸、由拳纸、剡溪小等月面松纹纸等，种类甚多，不胜枚举。南唐时，李后主酷嗜文事，对于造纸亦极精心，著名之纸有会府纸，长二丈，宽一丈，厚如数层绘帛，为前此所未有者。又有鄱阳白纸，长如匹练，亦为当时之新产。最著名者，则为士林所共知之澄心堂纸，肤如卵膜，坚洁如玉，细箔光润，为一时之甲。值得一提的是，现代大家所熟知的宣纸就源于唐代的宣州贡纸。

三、宋朝时期

世界上最早的纸币就出现于北宋前期四川地区，由此可见，宋朝时期的中国古代造纸术已登峰造极。南北朝时期的张永（410 年—475 年），字景云，南朝宋吴郡吴县（今江苏省苏州市）人，能自制纸墨，他造纸取其纸面平滑流利便于行笔。据《宋书·卷五十三》载："永涉猎书史，能为文章，善隶书，晓音律，骑射杂艺，触类兼善，又有巧思，益为太祖所知，纸及墨皆自营造。上每得永表启，辄执玩咨嗟，自叹供御者了不及也。"这说明，造纸术已受到普遍重视，民间所造的纸张，有的甚至比皇宫所用的纸还要好，张永能经常给皇帝上书，则说明他的社会地位是大大高于普通人的，说他"触类兼善、有巧思"，足以说明以他为代表的统治阶层对钻研造纸技术的重视，以及为他造纸的能工巧匠们有创造积极性。故有云："有张永自造纸，为天下最尚，方所不及，经笺可揭开分作数张用之。"又有碧云春树、龙凤团花、金花等笺纸，匹纸在宋朝已被广泛使用。又有彩色粉笺、罗纹纸、藤白纸、研光小本张、蜡黄藏经笺、鹄白纸、白玉版匹纸、蚕茧兰纸、歙纸、观音帘纸、大笺纸、各种彩色粉笺纸等，藏经纸之种类亦多，不可屈数。

竹纸就始于宋代，南方的毛竹、苦竹、淡竹、麻竹、篁竹是其主要原料。竹纸成本低，一经出现即取代皮纸而居首位。竹纸薄厚适中，其色有黄白两种，以淡黄色居多。面平滑，背稍涩，夹有沙粒和草棍，韧性差而脆，帘纹宽窄都有，随年代变化为二指至一指左右。

四、元朝时期

元朝时期，纸之特异者有白鹿纸、黄麻纸、铅山纸、常山纸、黄山纸、观音纸、清江纸、上虞纸，笺纸则有彩色粉笺、蜡笺、黄笺、花笺、罗纹笺等。在这一时期，竹纸的兴盛创造了历史新篇章，尤以福建省发展最突出。使用了"熟料"生产及天然漂白，使竹纸产量大有改进。元代宣纸主要有以下品种：彩色粉笺、蜡笺、黄笺、花笺、罗纹笺、明仁殿纸、假苏笺、白鹿纸等。值得一提的是，此时皖南生产的"白鹿纸"，因其质坚洁白、性柔润墨等特点而一举成为元代名品宣纸。据《中国书法大辞典·器具·纸》中记载："白鹿纸，原名白箓。本为龙虎山张天师书写符箓用纸，质近'帘四'而较厚，纸有韧性……取其不脱，元时以此种纸最佳。"又据元孔齐撰《静斋至正直记》中记载："世传白鹿乃龙虎山写箓之纸也，有碧、黄、白三品。白者莹洁可爱，且坚韧胜江西之纸。赵魏公用以写字作画。幅阔而长者称大白箓，后以白箓不雅，更名白鹿。"

五、明朝时期

明朝政府对造纸事业亦极为重视，造纸术得到空前发展，凡以前名纸均能仿造。明代纸张的丰富为小说、戏剧、医学等书籍问世提供了极大的便利。《永乐大典》是明成祖永乐年间（1403 年—1424 年）编成的，为我国最大、最著名的抄本书，全书辑入古今各类图书七八千种，成书 22877 卷，其中，凡例、目录占 60 卷，装成 11095 册，总字数约 3.7 亿字。《永乐大典》既是我国古代，也是世界上最大的百科全书，同时也是世界上最厚的书。中国古代四大名著中的《水浒传》《三国演义》，最早的刊本都是在明嘉靖时期（1522 年—1566 年）印制的。还有李时珍《本草纲目》、徐光启《农政全书》、徐弘祖《徐霞客游记》都成书于明代，是我国古代文化中的瑰宝。而这些由文字连缀成的辉煌巨制，都仰赖于当时有足量优质的纸张。

明朝时期，原料有竹、麻、皮料和稻草等。产量以竹纸为首，皮纸次之，麻纸最后。此时，皮纸以安徽宣纸为一时之甲，其原料主要为青檀皮（外加少许稻草）。竹纸以江西省、福建省的"连史纸""毛边纸"最为普遍。麻纸产于北方各省，皮纸南北均有，稻草麦秆只能造粗糙的纸。明清时期，泾县生产了一种丈二匹纸，除供书画之用以外，还作为发榜用纸，故又称榜纸。瓷青纸的派生纸——羊脑笺是明代的一种名贵纸，这种纸以存放较久的羊脑和顶烟墨涂于纸上，再经研光工序制成。黑如漆，明如镜，在上头用泥金写经，可防虫蛀，历久不坏。

明清时期是我国古代造纸技术集大成时期，总结了历代造纸技术，创造了染色、加蜡、研光、描金、洒金银和加矾胶等各种技术，生产出大量品种繁多、质量上乘的纸张，包括仿造历代名纸，以及研制出一些新品种的加工纸。明代纸类尤全，凡以前名纸均能仿造，政府对造纸业也很重视。永乐时期，江西省西山设置官局，专门制造官纸，其中，尤以"连七""观音"纸最为著名。连七纸是连史纸的一种。明代学者刘若愚在他所著的《酌中志·内臣职掌纪略》中记载："凡禁地有异言异服及喧嚷犯禁者，得诘而责之，事大则开具连七纸手本，名曰事件，禀司礼监奏处。亦省作'连七'。"

明代学者屠隆（1543年—1605年）在他所著的《考槃馀事·纸笺·国朝纸》中记载："永乐中，江西西山置官局造纸，最厚大而好者曰连七、曰观音纸。"此外，还有奏本纸、榜纸、小笺纸、大笺纸，以及大内所用的细密洒金五色粉笺、五色大帘纸、印金花五色笺、白笺、高丽茧纸、皮纸、松江潭笺、新安笺等，都是当时的名纸。当时，长江以南一带的竹纸产量居第一位。有些素纸经过再次处理，造出适合不同需要的加工纸。著名的"宣德贡笺"，上注"宣德五年造素馨印"，与宣德炉、宣德瓷齐名。

六、清朝时期

清朝时期的造纸技术在明朝基础上有了一定的突破和创新。清代造纸技术的发展，主要体现在民间纸业生产分工的专门化与产品的多样化方面。首先是制纸业内部专业分工加强，纸业雇工专门化。清朝前期，有大批流民进入纸业，从事专门的纸业生产。纸工多为身份自由的雇工，虽然对封建统治管理带来不便，但为行业独立发展、技术的专门化提供了有利条件。福建省曾有"片纸非容易，措手七十二"的说法，反映造纸手工的复杂分工情况。清代重视对成纸的加工，如染色、印花等，以满足不同层次的消费需要。在苏州有专门的染纸作坊，为客商加工各种纸张，如刷胭脂、刷梅本巨红、刷砂绿、洒金粉等。此时的竹纸开始逐渐占据主导地位，从纸张生产的品种看，清代有了明显的扩大。以江西省铅山县为例，铅山生产的纸品有五大类，近二十种："细洁而白者，有连四、毛边、贡川、京川、上关；白之次者，有毛六、毛八、大则、中则、黑尖；细洁而黄者，有厂黄、南宫；黄之次者有黄尖、黄表，多出东西南三乡。至于粗而适用，则有大筐、放西、放簾、九连帽壳，统谓之毛纸，邑之各方皆出。"铅山的包装纸在江浙地区很有市场。江西省安远县的油纸，"以楮树皮造成，纸涂以桐油"，用来包货、包装行李、搭棚，十分方便。其他草浆纸也有发展，河南、山东、山西等省份有人用麦草、蒲草，陕西省、甘肃省、宁夏回族自治区有人用马莲草，西北用芨芨草，东北用乌拉草，这些野生草类植物，在清代末期，当地居民用以制造粗草纸。我国用蔗渣造纸始于清末，张东铭在徐家坡设一造纸厂以蔗渣为原料，对此，《清朝续文献通考》卷三八四有记载。清代的草浆生产技术有了很大进步，用仿竹浆、皮浆的精制方法制取漂白草浆。芦苇在清末也有使用。据光绪三十二年（1906 年）《东方杂志》三卷 3 期载："陈兴泰在汉口桥口地方，设一造纸厂，先后以芦浆（芦苇）、蔗渣、稻草秆等物，试造日用纸张，有成效"。

清代对纸笺的仿制加工极为盛行，凡前代佳纸无不仿制，涌现出了许多纸中名品。御用的纸有金云龄朱红福字绢笺、云龙珠红大小对笺、各色蜡笺、各色花绢笺、金花笺、梅花玉版笺、白色暗花粉笺。一般常用的有开化纸、开化榜纸、太史连纸、罗纹纸、棉纸、竹纸、宣纸等。旧纸则有侧理纸、藏经纸、金粟笺、明仁殿宣德敕笺。仿古纸则有澄心堂纸、瓷青纸、藏经纸、宣德描金笺。其中，乾隆年间仿制的澄心堂纸、明仁殿纸、金粟藏经纸，在制造和加工上都达到了很高的水平。而梅花玉版笺、五色粉蜡笺则是清代加工纸的新创之作。

梅花玉版笺，是清代名纸。梅花玉版笺始制于清康熙年间，纸为斗方式，原料为皮纸，经施粉、打蜡、砑光，再以泥金绘制碎冰纹、梅花纹于上的一种高级笺纸。纸的左下角印有"梅花玉版笺"的朱色小长方标记。待至乾隆年间，此纸的制作加工更加精良，有的成为宫廷专用纸，代表着当时制纸的最高工艺。此纸优美细腻的纹质、清淡雅致的地纹以及恰到好处的润墨性，使它成为当时风雅、富丽、珍贵、精致的代表，具有很高的艺术收藏价值。

粉蜡笺源于唐代，是一种曾被用于书写圣旨的手工纸笺。谓添加白色矿物粉之蜡笺纸。此纸将魏、晋、南北朝时之填粉纸与唐代之加蜡纸合而为一，兼有粉、蜡纸之优点。清康熙至乾隆年间大量制作粉蜡笺，以五色纸为原料，施以粉彩，再加蜡砑光，又称"五色粉蜡"，再加以泥金等绘制图案。

乾隆时期，又大量绘制冰梅纹以为装饰，名"梅花玉版笺"，其他有"描金云龙五色蜡笺""描金云龙彩蜡笺"，以及绘有花鸟、折枝花卉、吉祥图案等五色粉蜡笺。此外，尚有洒金银五色蜡笺，在彩色粉蜡纸上现出金钿箔的光彩，多为宫廷殿堂写宜春帖子诗词、供补壁用。这类彩色洒金或冷金蜡笺是造价很高的奢侈品，其价格在当时比绸缎还贵。除此之外，清代还有许多外来纸，如高丽的丽金笺、金龄笺、镜花笺、咨文笺、竹青纸，琉球的雪纸、奉书纸，西洋的金边纸、云母纸、漏花纸、各种笺纸，大理各色花纸等，这些也都是纸中的珍品。

七、民国时期

民国时期，普通书刊的形态与传统古籍有着明显的变化，其中，一个重要表现就是用纸。传统的书籍生产是手工制作的，但到了民国时期，书刊的印刷改为机械方式，纸张也就从传统的手工纸变为机制纸。因此，说到民国书刊的用纸，最明显的就是手工纸和机制纸的区别。科技史专家潘吉星（1931年—2020年）先生曾指出，在中国，这一时期是手工纸与机制纸并存的时期，但仍以手工纸为大宗。再往后，机制纸产量大增，最终取代手工纸成为主要用纸。民国时期，机制纸的品种也不少。1937年第1期《艺文印刷月刊》刊登了吴康卿所编的《纸张种类名称表》，其中列出的当时普遍用于印刷的纸张种类就多达68种。1939年第4期《编译月刊》登载了周珊的《印刷杂志的各种纸张及选用原则》一文，其中列出了九大类可用于杂志印刷的纸张，具体包括：报纸、瑞典纸、道林纸、铜版纸、模造纸、普通书面纸、花纹书面纸、布纹书纸、西制中纸。而在1936年2月21日《申报》第14版连载的《上海之造纸业（三）》中，作者专门提及了报纸（新闻纸）、道林纸、有光纸及连史纸等几种纸张。据笔者的调查了解，发现民国书刊使用最多的为新闻纸，其他常见的印刷用纸还有道林纸、有光纸、铜版纸等。

抗战时期，延安的青年化学家华寿俊与技术工人刘安治、杨双成等人经过多次实验，用马兰草制造出一种纸张，名曰"马兰纸"，虽然显得比较粗糙，但在当时的艰苦环境中是一项极具意义的发明，被根据地广泛应用于红色书籍及报刊的刊印上。罗夫在通讯《马兰草———一位青年化学家发明的故事》（刊登于《新中华报》1940年12月8日）中详细介绍了造纸过程：一选料，去掉杂草与尘土；二切断，将草切成寸许长；三煮浆，用土碱与石灰作用，产生苛性钠；四压碾，打成纸浆；五洗浆，即过滤；六捞纸，放上竹帘；七晒纸，整理压光。报道说："青年化学家的尝试成功了，边区漫山遍野的马兰草，变成丰富的造纸原料，现在已用了十万斤马兰草造出二十万张纸，印成各种书报刊物，边区的新闻事业获得极大的帮助。因为制法简便，节省了很多人力与时间，纸的产量大增，过去造蒜纸，每月只产四五百刀，现在草纸每月产两千刀，最近要扩大纸厂，实现每月产二十五万张纸的计划。"由于马兰草造纸法的成功，边区政府在延安紫坊沟兴建了造纸厂，又在南泥湾等多处兴建了几家造纸厂，规模最大的造纸厂是边区政府的振华造纸工业合作社。《新中华报》1940年8月13日刊登江湘采写的报道《振华造纸厂参观记》说："现在该厂产量已增加，每日产大廉纸六千六百廉，每月约十五万张（以前每月约产十万张）。纸呈米黄色，质地亦比以前好，厚薄适度，洞眼不大，附着的渣滓较少，纸的拉力也很好。"1942年6月23日《解放日报》第4版，刊登了一篇作者高亮的文章《我们的纸厂》，由于马兰草造纸工艺不断改进，华寿俊（原中国科学院化学研究所党委书记）又在此前的基础上加入羊毛试验造纸，并在纸浆中掺入麻等材料以提高纸的质量，研制出了各类钞票、证券等用纸，为边区政府发行纸币做出了卓越的贡献。至此，生产厂家和产量迅速增加，边区政府公营造纸厂由1940年底的3家发展到1941年底的10家，年产量由833令提高到2147令。到1942年底，公营造纸厂发展到14家，私营造纸厂48家，年产总量6849令，基本上满足边区出版、办公、学习和生活用纸需求。1944年5月，在延安边区职工代表大会上，华寿俊被授予"甲等劳动英雄"的称号。"马兰纸"的发明和使用，在当时艰苦的战争环境下和经济技术极端落后的地方，为宣传马列主义、为根据地的文化建设、为培养革命干部做出了相当大的贡献。诚如当时的朱德总司令在一首诗中写道：农场牛羊肥，马兰草纸俏。称赞马兰纸为革命立了大功。此外，在各大根据地和解放区，因为革命斗争的需要，也涌现了许多土法造的纸，极大缓解了各大根据地、解放区的工作用纸需求。

第二节　中国古代名纸介绍

我国传统手工纸品类繁多，可以按原材料分、按地域分、按生产工艺分、按用途分、按生熟分等分成很多品类。但就我国传统手工纸的原材料来说，大多不出这十个字"麻构竹藤桑，青檀稻瑞香"。因此，我们可以进一步把传统的手工纸大致分为麻纸、皮纸、竹纸、宣纸四个大类，以下将着重介绍几种我国古代传统手工的名纸。

一、麻纸

麻纸的特点是纤维长、纸浆粗（纸表有小疙瘩）、纸质坚韧，虽历经千余年亦不易变脆、变色。外观有粗细厚薄之分，又有"白麻纸""黄麻纸"之别：白麻纸正面洁白、光滑，背面稍粗糙，有草秆、纸屑黏附，质地坚韧、耐久，只要不受潮，不会变质；黄麻纸呈淡黄色，一般比白麻纸略厚，性能与白麻纸相似，只是看起来显得粗糙一些。无论是白麻纸还是黄麻纸，纸纹（也叫帘子纹）都比较宽，其抄纸帘纹间距二三厘米、三四厘米、五六厘米不等；有的横帘纹和竖帘纹相交，间距竖约一指半到两指，有的纸纹不明显；背面未捣烂的黄麻、草迹、布丝清晰可辨。这些特性，也可作为可靠的古籍鉴定依据之一。隋唐五代时的图书（碑帖装裱）多用麻纸，宋元时已不占主要地位，明清时麻纸的使用更为稀少。麻纸韧性好，有些流传至今的宋、元印本，虽历经千年，犹完整如新。

陕西省西安市周至县九峰镇起良村自古以来就以造纸闻名，只是在 20 世纪六七十年代，这种古老造纸技艺就中断了。2008 年，当地一位退休的小学校长刘晓东老师投资 8 万元，在自家办起了蔡侯纸坊，2010 年 3 月，成功地生产出了传统的手工麻纸。其制造工艺大致为：沤麻，即把麻浸泡水中，使它脱胶；接着把麻加工成麻缕；然后把麻缕捣烂，又称"打浆"，使麻纤维分散开；最后进行捞纸，也就是使麻纤维均匀地散布在浸入水中的篾席上，再捞出干燥，就成纸张。起良村手工纸的主要原料是秦岭山区产的一种叫枸树的树皮，枸树，也就是古代的楮树，而在唐代最流行的纸就是楮纸。

二、藤纸

藤纸，产于浙江省剡溪、馀杭等地。亦称"剡藤""溪藤"。三国时期，剡藤纸应运而生，距公元 105 年蔡伦发明造纸术只有一百年左右的时间；东晋时候，剡藤纸进入兴盛时期，被列为官方文书专用纸；唐朝时期，皇帝用剡藤纸作诏书，文士们更以用剡藤纸为荣。唐李肇《翰林志》："凡赐与、徵召、宣索、处分曰诏，用白藤纸……凡太清宫道观荐告词文，用青藤纸。"宋梅尧臣《送杜君懿屯田通判宣州》诗："日书藤纸争持去，长钩细画似珊瑚。"亦称"藤角纸"。孙能传《剡溪漫笔小叙》："剡故嵊地，奉化与嵊接壤亦有剡溪，为余家上游。其地多古藤，土人取以作纸，所谓剡溪藤是也。"《浙江通志·物产》引《元和郡县志》："馀杭县由拳村出好藤纸。"又引《嵊志》："剡藤纸名擅天下，式凡五，藤用木椎椎治，坚滑光白者曰砑笺，莹润如玉者曰玉版笺。"关于藤纸，据张华（232 年—300 年）编的《博物志》一书中记载："剡（shàn）溪古藤甚多。"剡溪即现今浙江省嵊州市一带。该地出产藤树，又有溪流江河，是发展造纸业的好地方。藤纸因是用藤树皮的长纤维造成的，故质量较高。由于剡藤纸是纸中珍品，用之者众，剡中日夜砍伐古藤，使其生长不及伐多而日渐减少。到宋嘉泰年间，剡藤纸逐渐衰落。苏轼《孙莘老求墨妙亭》诗："书来乞诗要自写，为把栗尾书溪藤。"明朝成化、弘治年间的《嵊县志》中说："今莫有传技术者"，到了宋嘉泰年间，剡藤纸因技术失传逐渐衰落消失。时至今日，嵊州市奇丽科技有限公司的商浩洋，花了近四年时间走遍大江南北。他广泛收集手工纸的制作技艺，收集手工纸张，收集来的纸张有三十来种，甚至连尼泊尔的"写金纸"也让他想方设法收来了。在全国各地收集手工纸张的同时，商浩洋又隔三岔五地跑到北京轻工业学院（今北京工商大学），向中国手工纸权威研究者刘仁庆讨教手工纸特别是剡藤纸的各方面知识。在做足了准备工作后，商浩洋和他的工作人员开始去西白山采伐"剡藤"。他们采回来的剡藤，品种有四五种，每种藤他们都仔细做了化验，分析它们的纤维。2016 年，在经过无数次试验以后，剡藤纸"横空出世"。复旦大学中华古籍保护研究院与其签订了"嵊州市剡藤纸保护研究院"合作共建协议，这意味着，"剡藤纸"将作为传统纸张列入古籍修复纸张研究名单。此外，"剡藤纸"也被列入浙江省博物馆修复班的采购名单。自此，"剡藤"一时纸贵，"剡藤"被"叹为观纸"，消失了三百多年的藤纸又重新出现在人们的面前。然而，对于"剡藤纸"的创新还并未止步，商浩洋表示，纯手工造纸不切实际，完全以"青藤"和"葛藤"作为原料也是不现实的，只有在传统纸张的基础上加以改良，才能真正做到传承与创新的两者融合。对于"剡藤纸"的未来，商浩洋也是信心满满，接下来，他还打算利用"纸文化"，将"剡藤纸"再焕发异彩，让中国四大发明之一的造纸术，再得以好好传承。

三、桑皮纸

桑皮纸呈淡黄色，工艺讲究的桑皮纸可见明显的纤维结构，明清及民国时期形成的地方官府典籍书册，基本是以桑皮纸作为书叶，外表美观，手感好。桑皮纸古时一直用于高档书画、高级装裱用纸，除了做普通用纸外，制伞、糊篓、做炮引、包中药、制扇子等也有广泛应用。桑皮纸纸张按质量分为四等，一、二等厚而洁白为高档书画用纸，三、四等薄而软。桑皮纸确切记载的年代是唐朝。据资料记载，1908年，英国人斯坦因在和田城北一百公里的麻扎塔格山的一座唐代寺院中发现了一个桑皮纸做的账本，上面记载着寺院在当地买纸的情况。"桑皮纸"，其以桑树皮为原料，主要产于中原。桑树的茎皮纤维韧长且有牢度，山桑、条桑、白桑都可以用作造这种纸的原料。成品纸纤维交错均匀，纹理美观，拉力强，纸纹扯断如棉丝，桑皮纸又叫"汉皮纸"。2002年故宫大修，寻找乾隆"倦勤斋"的巨幅通景画的装裱纸——桑皮纸，历经两百多年的桑皮纸，其抵御时光的侵袭能力比砖木还强，经实验，该纸纵拉5000下或横拉3000下均不破损。桑皮纸曾遍布中国大江南北，而今专家工作组遍寻全国未果，就是寻找其抗拉强度的替代纸也找不到。在漫长的寻找与等待中，专家奇迹般地在皖南潜山县偶遇一个还在制造古老桑皮纸的世家，成为当时最轰动的新闻，默默无闻于深山中的桑皮纸名噪一时，被誉为"拯救倦勤斋的传奇纸张""比布还结实的纸""深山中的千年绝技"。

目前，保留桑皮纸制作技艺的除了安徽省潜山县、岳西县外，还有新疆维吾尔自治区吐鲁番市。宋朝的顾文荐所作的《负暄杂录》中这样记载："又扶桑国出荛皮纸，今中国唯有桑皮纸。"由此也证明，当时桑皮纸的制造和使用已经有了较大的规模。14世纪中叶，桑皮纸的制作技术由中原传入新疆和田，再由和田传入吐鲁番，得益于当地独特的自然条件，桑皮纸的制造技艺，在新疆地区得到更大发展。在宋代西辽时期，新疆和田以桑树皮为原料制作纸已经很有名了，成为当地人们的一项重要家庭手工艺。到明清时期，中原与西域交流频繁，出自西域的桑皮纸也为中原地区人们所用。清代吴敬梓（1701年—1754年）所著《儒林外史》第五回里写道："两个人才扳过来，枣子底下，一封一封，桑皮纸包着打开看时，共五百两银子。"这说明，桑皮纸在明清时期已非常盛行，用途很广泛。

四、温州皮纸

温州皮纸，史称蠲纸，以植物韧皮纤维（山棉皮为主）制造，又称棉纸、伞纸。唐代起即已列为贡品，是劳动人民以桑皮为主要原料生产的一种手工纸。"瘦金笔势迥超伦，纸敌澄心白似银。"这是清代诗人戴文隽对温州蠲纸的赞叹。温州皮纸采用纯桑树皮为原料，纸质比较韧，且一面光一面糙。由于纸纹特殊，在温州皮纸上作画，能忠实反映墨色，很容易形成像壁画般古朴、残破与神秘的画面效果。另外，由于纸质韧性大，要多长有多长而不需拼接，温州皮纸非常适合书画长条幅，用来裱手卷也有出色的效果。后因为水污染问题影响纸质，至明后期蠲纸逐渐凋零。1937年，温州皮纸进入现代意义的工厂化生产。1937年，温州始办大明（振记）纸厂，制造雁皮纸供应上海大明实业公司，后因温沪两地的轮运中断，遂在温州加工蜡纸。1953年10月，温州皮纸厂开始手工制造打字蜡纸原纸（白棉纸），1960年实现了机械化生产。为恢复唐宋时温州皮纸的特色，后来又以传统方法试制成功温州书画皮纸。此纸深受傅抱石、刘海粟、吴作人等一批名画家喜爱。1962年，画家潘天寿用温州皮纸作《双清图》时，赞称"笔能走，墨能化，尚有韵味，并不减于宣纸也"。1981年4月，在嘉兴召开了温州皮纸的试画会，到会的18位画家一致认为机制皮纸"纸质细腻坚实，以泼墨法作画效果尚好，但存在墨色灰、墨韵变化少、有单面光等缺点，有待改进"，总体来说，为机制书画用纸打下了良好基础。同年7月，浙江省轻工厅向省科委提出"中国书画用纸——温州皮纸的研究"项目，重点研究温州皮纸上述质量问题。这项课题除温州打字蜡纸厂承担外，还有嘉兴民丰造纸厂和浙江美院参加协作，终于攻克了上述三关，并在纸张外观和手感方面亦有新的突破，获得了1984年国家经委的优秀产品奖和浙江省科研成果三等奖。1984年投入生产，还出口东南亚等国家。

除了温州制作皮纸外，还有来自广西大化瑶族自治县贡川村生产的纱纸、构皮棉纸、白棉纸、皮纸、云龙纸、绵纸等传统纸张。这些传统纸张也是继承和发扬祖传上千年历史的纱纸生产工艺，它保持了中国古代生产纱纸的传统。纱纸、云龙纸、绵纸都是以山区特有的构树皮、纱树皮、野生植物皮、植物胶等为原料，其质量特点是具有极高的韧性、极好的吸水吸湿性、透气性，富有弹性，所产的纱纸具有纸质坚韧洁白、细韧柔软、拉力强韧的特点，无毒、环保、耐用、细嫩、防腐防蛀，吸墨性强，不易变色，久存不陈，保存年代久远。皮纸之中构皮纸所见最多，由于构树和楮树都是桑科构属，二者不易区分，习惯上认为是同一种树，所以一般将此两种皮料所抄纸张都称为构皮纸，构皮纸在文献中也常被称为棉纸。因桑皮纤维表面裹有一层透明胶衣，桑皮纸常有丝质光泽，曾被称为蚕茧纸。

五、贵州皮纸

贵州皮纸是在明洪武年间引入都匀地区（现贵州省都匀市）生产，采用贵州野生构树皮作原材料，主要用于生活装饰、婚丧嫁娶、礼品、茶叶包装等。其色泽古雅质朴，纸性吸水而不渗墨，同时也是名家创作书画的上佳纸品。都匀皮纸是贵州省内仅可以用于书画创作的手工纸，20世纪40年代因国画大师徐悲鸿、潘天寿、傅抱石等名家使用而闻名于世，后因诸多原因停产。都匀皮纸现在已开始运作生产，国家级皮纸制作技艺传承人现场坐镇都匀皮纸坊，作坊虽然小但求精，能保证每年生产3000刀的文物修复纸、水彩画纸、版画纸等。

小屯白棉纸又名皮纸，在贵州省贞丰县小屯乡龙井村至今仍完好地保留着蔡伦式的造纸作坊，造纸的方法、工序被外界誉为东方文明古法造纸的"活化石"。贞丰县小屯乡龙井村造纸的历史可以上溯到清朝乾隆年间。传统白棉纸的加工，加工原料主要是构皮（一种树皮）及仙人掌，辅料有石灰等。工艺看似简单，但操作起来极为复杂。有剥、泡、揉、打、拌等72道工序，每一道工序都有着重要的作用，缺一不可。制作主要是依靠帘子、架子、棕刷等工具，全部进行手工操作。另外，在贵州省丹寨县石桥村也仍然保留着传统皮纸制作的古老技艺，且传统工艺保持完好。贵州皮纸薄而拉力强韧，杨老师从 20 世纪 70 年代从事古籍修复至今，逾四十年，修复时用皮纸最多，对宋元时期的字画和刻本的修复大多用此纸，特别做纸捻，该纸也是最佳的选择。

六、高丽纸

高丽纸又名高丽贡纸，属于书画用纸。产于朝鲜半岛，高丽为其古称，故名。质地坚韧、光洁，受墨微渗有韵，宜书宜画，且有镜面及发笺等多类品种。《纸墨笔砚笺》称："高丽纸以绵茧造成，色白如绫，坚韧如帛，用以书写，发墨可爱。"高丽纸自唐朝起由朝鲜输入，享誉"天下第一"，宋称"鸡林纸"。每张纸有固定规格，其长 1.33 米、横 0.83 米。制作时以棉、茧为主要原料，故其纤维甚长，类似我国长城古纸或皮纸。厚如夹贡，然其表面毛刺四起，又不及夹贡平滑。其韧如皮革部分，仅吸收水分而不易吸墨。盖此纸制作工艺不及宣纸进步之故。又因其分解、漂白未尽彻底，故一般纸色略呈红黄，且浮有较粗之料痕。高丽纸自唐、宋时期传入我国后，价值颇昂，也有专家考证，高丽纸应在明朝传入中国。粗制者，取其坚厚若油，用以为窗帘、为雨帽、为书夹；亦有精制，则大多用于书画，其色白亮如缎、其质柔韧如绵。运笔纸上，腻滑凝脂，毫不涩滞。落墨则呈半渗化状态，发墨之可爱，别有韵味。经近代人研究，宋元明清时期，我国书写所用高丽纸，大部分是桑皮纸。

清乾隆时期，我国就有仿制的高丽纸，如云南产高丽纸等。产自河北省迁安市，类似朝鲜印书用的纸，亦被称为高丽纸。此纸色泽白净，纸质较厚，坚韧而有绵性，有明显的直纹。我国用此纸印书较少，古书修补中多用以染色作书皮。

七、宣纸

宣纸的闻名始于唐代，唐书画评论家张彦远（815 年—907 年）所著之《历代名画记》云："好事家宜置宣纸百幅，用法蜡之，以备摹写。"这说明，唐代已把宣纸用于书画了。另据《旧唐书》记载，天宝二年（743 年），江西省、四川省、皖南、浙东地区都产纸进贡，而宣城郡纸尤为精美。《旧唐书》载：唐天宝二年，陕西太守韦坚向朝廷进贡时，各郡贡品就有"宣城郡船载，纸、笔、黄连等物"的记载。《新唐书·地理志》和《唐六典》上记载着"宣州贡纸、笔"等文字，可见该地所产纸、笔在当时已甲于全国，因唐代的泾县、宣城、宁国、旌德和太平等均属于宣州（现安徽省宣城市）管辖，而据《宣州府志》载，宣纸主要集中在泾县一带，由此推断，宣纸之名的产生与当时所管辖的州府息息相关，也与地理位置的关系极其密切，可见宣纸在当时已冠于各地。南唐后主李煜曾亲自监制的"澄心堂"纸就是宣纸中的珍品，它"肤如卵膜，坚洁如玉，细薄光润，冠于一时"。

关于宣纸生产的记载则可以追溯到宋末元初。清乾隆年间重修《小岭曹氏宗谱》序言云："宋末争攘之际，烽燧四起，避乱忙忙。曹氏钟公八世孙曹大三，由虬川迁泾，来到小岭，分从十三宅，此系山陬，田地稀少，无法耕种，因贻蔡伦术为业，以维生计。"宋末曹大三因避战乱，迁至泾县小岭，以制宣纸为业，世代相传。曹氏一族历来是宣纸生产技艺的主要传承者，直到近代才有外姓人介入，传至今天已有三十余代。因纸的集散地多在州治宣城，故名宣纸。宣纸具有"韧而能润、光而不滑、洁白稠密、纹理纯净、搓折无损、润墨性强"等特点，并有独特的渗透、润滑性能，再加上耐老化、不变色、少虫蛀、寿命长，故有"纸中之王、千年寿纸"的誉称。我国三大宣纸产地：安徽省、四川省和浙江省。为了保证宣纸的质量和特色，国家于 2002 年 8 月 6 日公告对宣纸原产地域产品进行保护。2006 年，宣纸制作技艺被列入首批国家级非物质文化遗产，邢春荣被指定为国家级非物质文化遗产项目代表性传承人。2009 年 9 月 30 日，宣纸传统制作技艺获联合国教科文组织肯定，列入人类非物质文化遗产名录。目前，已有中国宣纸集团公司的"红星"牌宣纸、安徽省泾县汪六吉宣纸有限公司的"汪六吉"牌宣纸、安徽省泾县汪同和宣纸有限公司的"汪同和"牌宣纸、安徽泾县金星宣纸有限公司的"金星"牌、安徽省泾县李元宣纸厂的"三星"牌宣纸，首批获准使用宣纸原产地域产品专用标志。2010 年 3 月，中国台北"故宫博物院"为重印珍藏明内府彩绘本《明解增和千家诗注》，特选中国宣纸之乡老字号"汪同和"牌宣纸进行原书复制影印。这是国宝宣纸首次被选为中国台北"故宫博物院"珍藏古籍善本影印的专用纸张。

宣纸历史悠久，宣州贡纸在唐朝起就闻名天下了。明代以前，宣纸采用100%的青檀皮，经石灰处理、日光漂白及打浆、抄造而成，自清代起改用檀皮和稻草的混合浆料。宣纸盛产于安徽古宣州一带，即今安徽省皖南泾县小岭地区。宣纸的主要原料为青檀树皮，制作过程复杂烦琐、耗时漫长，有"片纸两年得"之说，正是原始的浸沤减少了对纤维的损伤，长达一年的自然漂白使天然色素发生了变化，传统舂捣只是将纤维打散却不打断，使得宣纸内部形成彼此扣搭连接的纤维网，柔韧耐折，这便是宣纸"纸寿千年"的长寿之谜。安徽省博物馆珍藏的南宋张即之写经册，距今已有800年，细观纸面仍是光滑洁白、完好如初。

宣纸按原料分类，可分为棉料、净皮、特净三大类：一般来说，棉料是指原材料檀皮含量在40%左右的纸，较薄、较轻；净皮是指檀皮含量达到60%以上的；而特净皮原材料檀皮的含量达到80%以上。皮料成分越重，纸张更能经受拉力，质量也越好，对应使用效果上就是：檀皮比例越高的纸，更能体现丰富的墨迹层次和更好的润墨效果，越能经受笔力反复搓揉而纸面不会破。宣纸按纸张洇墨程度分为生宣、半熟宣和熟宣，熟宣是用矾水加工制过的，水墨不易渗透，可作工整细致的描绘，可反复渲染上色，适宜画青绿重彩的工笔山水，表现金碧辉映的艺术效果。特别是经过煮捶或上蜡后的"熟宣"，几层合一加工制成，坚润似玉称"玉版笺"。生宣是没有经过加工的，吸水性和沁水性都强，易产生丰富的墨韵变化，以之行泼墨法、积墨法，能收水晕墨章、浑厚华滋的艺术效果。半熟宣也是从生宣加工而成，吸水能力介乎前两者之间，"玉版宣"即属此一类。

按规格分类：可分为三尺、四尺、五尺、六尺、八尺、丈二、丈六等多种。

按厚薄分类：宣纸可分为扎花、绵连、单宣、重单、夹宣、二层、多层等。

按纸纹分类：宣纸可分为单丝路、双丝路、罗纹、龟纹、特制等。

罗纹纸，颜色有素白、浅黄两种，质地细薄柔软，有明显的横纹，韧性强，看上去与丝织的罗绸相似，故名。宋、元、明、清都有生产，并用以印书。但宋、元的罗纹纸印本，今已罕见。明、清的罗纹纸印本，有时还能见到。如雍正年间（1723年—1735年），武英殿本《律吕正义》、席启寓刻的《唐诗百家全集》等都是用素白罗纹纸印的。此纸适宜修补善本书或镶裱，也可染成深浅各种颜色，或作书皮，或作护叶。

绵连纸，纸质白润如玉，细腻、柔软、匀密，富有绵韧性，无明显纹路。有一种质地极薄的叫"六吉绵连"，也称"汪六吉"，是绵连中的精品，较为少见。绵连纸可用作补书、护叶、镶书和衬纸，尤宜作为金镶玉的材料纸。染色后还可以做书皮等用，也用于拓碑帖。明末清初比较考究的印本也采用绵连纸。

玉版宣，色白，质细而厚，吸水性强，韧性比绵连纸稍差。清末民初印制的印谱、书册、画册等，经常采用。

单宣，亦称料半。它比玉版宣薄，颜色洁白，质地均细，性质绵软，韧性较好，有纵横帘纹，印书美观大方。晚清至民初印的书籍多有采用。它亦可用于裱潢，作覆背纸；还可以染成磁青或古铜色，作封皮。

十刀头，即重单宣，比单宣厚，吸水量大。韧性很好，可以用作衬托册叶和绫。

夹连纸，比绵连纸稍厚，但不如绵连柔软。遇到厚纸书可用以镶书，也可用以修补明代厚绵纸图书，或作护叶用。

八、开化纸

开化纸，产自浙江省开化县，因此得名。因为它质地细腻，极其洁白，帘纹不明显，纸虽薄而韧性强，柔软可爱，摸起来柔润而有韧性。开化纸也叫"桃花纸"，主要是因为在白色的纸上常有一星半点的微黄晕点，如桃红。开化纸产生于明中晚期，到清代大为盛行，殿版书几乎均用此纸来印刷，到嘉庆之后逐渐失传了。由于开化纸洁白细腻，薄而有韧性，再加上雕版精良，所以印出的书真正称得上纸白墨黑。因开化纸产量不大，除殿版书使用外，民间使用极少。清代顺治、康熙、雍正、乾隆时宫里刊书及扬州诗局所刻的书多用这种纸。

开化还生产开化榜纸。开化榜纸从表面看，类似开化纸，但比开化纸略厚，颜色显得深一些，质量次于开化纸。开化榜纸产生的年代比开化纸晚，主要是嘉庆、道光年间宫廷用来印书，但评价不如开化纸。清代的内府武英殿刻书始于康熙十九年（1680年），以乾隆年间所刻为最多。武英殿所刻书以开本大方、写刻工整、纸墨考究、装帧精美而别具一格。开化纸为武英殿刻书用纸最多的一种。由于用这种纸张印出的书高雅大方，所以，历来受到藏家的追捧。到民国初年，近代著名藏书家武进人陶湘（1871年—1940年）的其中一项专藏就是开化纸本，因此而赢得了"陶开化"的雅称。

根据现有搜集的资料，用开化纸和开化榜纸刻印的留存至今的善本有扬州诗局《全唐诗》、清初的《芥子园画传》、康熙刻本《御制避暑山庄诗》、康熙殿版《御纂周易折中》《周易本义》、康熙二十四年（1685年）的《御选古文渊鉴》、康熙项氏玉渊堂刊本《韦苏州集》、康熙秀野草堂刊《昌黎先生诗集注》、雍正六年（1728年）的《古今图书集成》、雍正年间广陵般若庵刊刻的《冬心先生集》《西湖志》、雍正刊《观妙斋金石文考略》、雍正刊《陆宣公集》、乾隆四十七年（1782年）抄成的正本《四库全书》、乾隆刊《冰玉山庄诗集》等。这些书籍不但有收藏价值，经济价值也不菲。

近代大藏书家周叔弢先生（1891年—1984年），新中国成立后曾任天津市副市长、全国工商联副主席、全国政协副主席等职。他在收藏整理清代"开化纸"印本时，认为乾隆朝的"开化纸"达到了古代造纸之巅峰。

九、竹纸

顾名思义，竹纸就是以竹子为原材料造的纸。主要原料为毛竹，此外还有苦竹、绿竹、慈竹、黄竹等。我国福建省莆田市、江西省铅山县、四川省夹江县和浙江省富阳区为竹纸的重要产地。竹纸种类繁多，常见的有毛边纸、毛太纸、元书纸、玉扣纸、连史纸，传统的富阳宣纸和夹江宣纸也属竹纸。据《天工开物》记载：凡造竹纸，事出南方，而闽省独专其盛。当笋生之后，看视山窝深浅，其竹以将生枝叶者为上料。节届芒种，则登山砍伐。截断五七尺长，就于本山开塘一口，注水其中漂浸。恐塘水有涸时，则用竹枧通引，不断瀑流注入。浸至百日之外，加功槌洗，洗去粗壳与青皮（是名杀青）。其中竹穰（ráng）形同苎麻样，用上好石灰化汁涂浆，入槑（huáng）桶下煮，火以八日八夜为率。停火一日，取出竹麻，放到清水塘中漂洗。池塘四周与底面皆以木板砌好，以防止泥污渗入。洗净后，用柴灰浆过，再入釜中，按平，上加稻草灰寸许。烧火，桶内水滚沸后，即取出放入另一桶中，仍以灰汁淋下。如果水冷，烧滚再淋。如此十余天，"自然臭烂"。取出用水碓舂，直到舂成泥面，再倒入纸槽。竹麻在抄纸槽内，上浮清水三寸左右。放入一定药用的植物汁，这样造出的纸张就会洁白。抄纸帘是用极细的竹丝编成，工匠两手持帘入水，将竹麻荡入帘内。纸张厚薄由工匠手法控制，"轻荡则薄，重荡则厚"。然后覆帘，落纸在板上，一张一张叠起，直到一定高度后，上面再用板压，"俏绳入棍"，如榨酒一般，使水气流干。压净水气后，再用细铜镊子，逐张揭起焙干。焙纸先用土砖砌成夹巷，下以砖盖巷地面，地面砖隔几块就空一块，使地下的火气从砖缝透出，"砖尽热，湿纸逐张贴上焙干，揭起成帙。"

夹江（现四川省夹江县）的环境适合竹类生长，竹纸制作技艺兴于明，盛于清。所产手工纸素以质量佳、品种多、技术精、规模大、历史悠久而载誉巴蜀，名扬海外。早在清代康熙年间，夹江手工纸便成为上贡朝廷的贡纸。乾隆年间，夹江纸更成为上贡朝廷的考场专用文闱卷纸。以嫩竹为主料生产的夹江手工书画纸具有洁白柔软、浸润保墨、纤维细腻、绵韧平整等特点，被人们赞之曰"淡画不灰、淡泼浓、浓泼淡、诗有烟霞气，书兼龙虎姿"。与安徽宣纸齐名，曾被国画大师张大千（1899年—1983年）先生赞之为"国之二宝"。从古至今，夹江竹纸制作仍然保持着完整的传统工艺，它以手工舀纸术制作，从选料到成纸共有15个环节、72道工序，生产流程完全与明代《天工开物》所载的工序相合，用料讲究，生产工艺复杂。此外，福建莆田竹纸也是纯手工的传统工艺生产，虽均匀、厚薄不等，但用起来也很好。

十、云南白棉纸

民间曾有谚语云，"安徽宣纸甲天下，鹤庆棉纸誉云南"，云南棉纸产于云南，故名。云南省鹤庆县的手工纸生产始于唐朝，至元朝已发展到兴盛阶段。而到了民国初年，鹤庆县内成规模的造纸作坊已有数十个，年产白棉纸两万斤，土纸三万斤。其中，白棉纸以灵地村为主要产地。全村三百多家人，高峰时期，有两百多家有手工造纸作坊。《永乐大典》书叶用的就是"白棉纸"。它薄如蝉翼，韧似锦绫，质软防蛀，吸水性强，是抄写经卷、书写契约的好材料。宋代建造的云南洱源火焰山塔出土的中草药包装纸，也是鹤庆白棉纸。到元朝至正年间，当时滇西大寺玄化寺已经成批地使用白棉纸印制经书和裱衬经卷。除书写用的白棉纸外，灵地村手工作坊还造出了"双抄"白棉纸。这种纸的厚度约为书写纸的两到三倍，韧性更强，不易破裂，经久耐用，是当时最佳的包装用纸。比如，普洱茶用白棉纸包装就很好。

白棉纸跟棉花并无关系。古人在描述纸张时多用"绵"而非"棉"，史料中常写作"绵纸"抑或"緜纸"。"棉纸"是现代写法，写成木字旁的"棉"字很可能是近人的讹误或曲解。唐代李商隐《河阳诗》云："楚丝微觉竹枝高，半曲新辞写緜纸。"明代胡应麟的《少室山房笔丛》也写作："凡印书，永丰绵纸上，常山柬纸次之。"这个"永丰绵纸"就是江西构皮纸。清代档案中也常见有"绵白连四纸"的写法，甚至现在西南地区一些构皮纸产区也有写作"彝良绵纸"。所以追根溯源，"绵纸"或"緜纸"才是正确的称谓。古人所谓"绵纸"，绵字从丝，实指丝帛的质感，而非棉花。与之相呼应的是，桑构皮纸因纤维表面有一层透明的胶质膜，纸张常呈现出丝质光泽，这也是为什么古人曾将桑构皮纸称之为"蚕茧纸"的原因。由于皮纸有类似于绢帛的质感和光泽，将皮纸美称为"绵纸"也很容易理解。

如今对"河北棉纸""河南棉纸""安徽棉纸""贵州棉纸""云南白棉纸"等相关历史纸种的研究结果也都显示其都属皮纸的一类，且多与构皮有关。尤其像"贵州棉纸"和"云南白棉纸"今天依然有生产，都是以构皮为料造纸。因此，"白棉纸"实指皮纸，一般是指构皮纸。当然，也有一种说法，白棉纸是因为雪白如棉而得名。白棉纸外形上跟宣纸很像，但相较于宣纸，白棉纸最突出的特点就是柔韧、防潮性强。云南省鹤庆县灵地村的白棉纸，所用原料主要为构树的树皮。构树皮韧性非常好，是造纸的高级原料。手工白棉纸的传统工艺，总共需要72道工序，其中的主要工序有：浸泡、加石灰、蒸煮、去灰、压榨、抹灶灰、二次蒸煮、洗涤、舂碓、加药、捞纸、榨水、揭坑、裁齐等。

鹤庆白棉纸，雪白如棉、纤维细长、富有韧性。适用于裱衬经卷。古书修补中可用作书叶溜口，托裱糟配焦脆的书籍，也可作订书用的纸捻钉，或作套扉叶用的护套，还可以染成旧色，代替旧纸使用。这种纸张有大小两种之分，大张质地稍厚，小张质地稍薄，但功效相同。

十一、毛太纸

毛太纸亦称南毛太纸，仿宋纸，在福建省、浙江省、江西省都有出产。由竹纤维和草浆配抄而成。颜色浅黄，性能与毛边纸相仿，但纸幅较小，略薄。

性质柔和，厚薄粗细稍有不匀，有明显的帘纹，纸色发暗，纸面粗厚而软和，色浅黄，质柔韧，吸水性强。据《小石山房丛书》中载："江西特造之，厚者曰毛边，薄者曰毛泰"，两者性能接近，也可作书画纸或书画衬纸，因纸面清洁、光滑，清代中期以后，用以印书的较多。《申报》自 1872 年创刊之始，使用毛太纸单面印刷，两年以后才改为赛连纸，由此可见，该纸在当时极为普及。毛太纸是现代古籍修复中修补旧书的必备纸张，补、镶、裱托竹纸书均很相宜。染色后还可以作为旧纸的代用品。

十二、吉安毛边纸

吉安毛边纸，是江西纸张中的名品。它以嫩竹为原料，易着墨、印刷清晰、经久耐用，是上等好纸。它色呈米黄，故亦称黄纸。正面光，背面稍涩，质地略脆，韧性稍差，牢固度次于太史连纸。《常昭合志稿》云："隐湖毛氏所用纸，岁从江西特造之，厚者曰毛边，薄者曰毛太，至今犹存其名不绝。"据《中国雕版源流考》称，明司礼监造纸名色中，既有"毛边"名称，则非始于明末以毛晋得名可知。清乾隆以后印书用纸，除太史连纸、棉纸外，有一大部分是用毛边纸印的。明末著名大藏书家、出版家、刻书家、文学家、经学家南直隶常熟人毛晋（1599 年—1659 年），三十岁左右开始经营校勘刻书事业，一生刊刻书籍极多，为历来私家刻书最多者，在中国出版史上有重要地位。他苦心校勘，雇刻工、印工等多人，先后刻书约 600 多种。刊刻图书范围广泛，唐宋别集、百家九流、道藏词曲、传记小说、广为镂版达 200 余种，有"毛氏之书走天下"之说，在校刻《十三经》《十七史》等典籍前，特派人来江西选纸，在吉安、泰和等县出产的竹纸中选。较重的毛边纸又称"玉扣纸"。江西省横江镇出产的仿毛边纸又称为"重纸"。从 20 世纪 80 年代至今，遇到竹纸类书籍，杨乃京老师首选吉安毛边作为修复用纸。

十三、迁安纸

迁安纸，以草为主辅以树皮的一种混料纸。产于河北省迁安市，又名毛头纸（茅头纸）。其色多为灰白，质地厚薄不均，夹有草棍，发涩，背粗糙呈疙瘩状，有棉性，隐帘纹。迁安纸始于元末明初，1723 年开始兴盛起来，到明末清初最为鼎盛。迁安手工造纸主要以当地盛产的桑树皮为原材料，经过去皮、扁皮、切皮、打油、抄纸、晾晒等工序（均为手工操作），制成毛头纸、红辛纸、书画纸等，是迁安独有的特色产品。毛头纸因石灰打浆的桑皮纸四周有不齐的毛边，故由此得名。民国初年所印民间读物，如《三字经》《百家姓》之类的通俗用书，有些是用毛头纸刷印的。毛头纸有着拉力强、不易损等特点，起初用于糊窗和屋棚用，后经过改进用于书画，迁安国画纸（迁安宣）不跑墨、吸水快，深受国内外书画家的喜爱。迁安毛头纸系列曾远销日本、韩国及东南亚地区，我国著名书画大师刘炳森（1937年—2005年）曾用迁安纸留下"南宣北迁"之墨宝。

十四、日本皮纸

日本皮纸，又叫东洋棉纸。这种纸产自日本，黄色、白色都有，棉性较强，坚韧有力，日本印书多用这种纸，我国清末民初时期也有用此纸印书的。还有美浓纸，也是产自日本，其纸纸面光滑，细薄匀称，绵软有韧性。黎庶昌（1837年—1898年）所印《古逸丛书》有一部分是用美浓印的，广泛运用于日本刷印古书。日本的造纸术也有千年以上的历史。据《日本书纪》记载，中国纸和造纸术是通过朝鲜传入日本的，"（推古天皇十八年，即610年）春三月，高丽王贡上僧昙征、法定，昙征知《五经》，且能作彩色及纸墨，兼造碾硙，盖造碾硙始于是时软"。实际上，日本造纸早于此时，传授造纸技术的是450年从百济来日本的汉人五经博士王仁及其随行的汉人工匠。根据对日本法隆寺、东大寺所藏飞鸟与奈良时代的用纸化验结果，当时造纸原料多是破麻布、楮皮和雁皮。其纸制浆技术同中国一样，用植物灰水对原料蒸煮，更在浆液中加淀粉糊。日本典籍《延喜式》（905年成书）、《令义解》（833年成书）和《源氏物语》（1007年）等中均有关于日本官方造纸机构、材料与类型的论述。镰仓时代以后，日本麻纸渐少，皮纸占主要地位。江户时代，手漉和纸得到较大发展，和纸文化在今天的日本仍受到高度重视。

十五、狼毒纸

贞观十五年（641年），应松赞干布请求，唐太宗将文成公主许其为妻，并派出一支庞大的送亲队伍护送入藏。在离开长安（现陕西省西安市）时，文成公主的嫁妆除了金银珠宝，更多的是各类手工匠人。作为中原对边地的一次重要文化输出，在内地传承了几个世纪之久的造纸术就这样传入了青藏高原。这批造纸的工匠们经过长达九年的探索实践，他们不仅找到了新的造纸原料，而且逐步形成了独特的藏纸工艺。对此，《中华造纸两千年》一书明确记载："吐蕃在公元650年开始生产纸张。"这种纸张，就是狼毒纸。它的得名，源于这些造纸工匠在雪山草地之间寻找到的新的造纸原料——狼毒草。能够用来制作狼毒纸的是狼毒草的根，狼毒草的根系越发达，制作出来的纸张质量也越高，而越发达的根系，其毒性也越大。用狼毒根制成的纸，虽然经过漂洗加工，但仍然有相当的毒性。而正是它的这种毒性，使得狼毒纸成为身怀绝技的经书保镖：在西藏自治区，保存上百年甚至几百年的经书不胜枚举，它们之所以历经岁月沧桑而不被虫蛀不被鼠咬，就在于狼毒纸的毒性使得那些令藏书家们最痛恨的破坏者根本不敢接近经书。此外，再加上高原天气干燥缺氧，狼毒纸制作的经书在具备防蛀特点的同时，还具备了防潮和防腐的特点。

位于中国西藏自治区拉萨市的尼木县塔荣镇雪拉村，是一千多年前狼毒纸的发源地。据当地人说，只有生长二十年以上的狼毒草才可以用来做狼毒纸，狼毒纸传统的制作过程有11道工序：采料、泡洗、锤捣、去皮、撕料、煮料、捶打、打浆、浇造、日光晾干、揭纸。一道出错，整张纸就会废掉。除了拉萨尼木县塔荣镇雪拉村外，还能在另一个神秘的地方见到狼毒纸，那就是大名鼎鼎的德格印经院。位于四川省西部的德格印经院以收藏藏文化典籍门类最齐全、印刷质量最好而被认为是藏区三大印经院之首。从创建至今已有近300年的历史，德格印经院积累了各类典籍830余部，木刻印版总量达29万块。德格印经院之所以能成为三大印经院之首，一个最重要的原因就在于这里有着发达的狼毒纸制作工艺。在德格印经院里，不但能看到历代珍藏的大量用狼毒纸书写和印刷的经书，包括《甘珠尔》和《丹珠尔》这样的鸿篇巨制，而且能见证狼毒纸的整套制作流程。多年以来，这个经院只有一个传统：印刷一般的普及性经书，使用内地生产的普通纸张；而印刷重要的高品质经书，就一定要用自己手工制作的狼毒纸。德格印经院的印经业务在20世纪50年代渐渐中止，狼毒纸的制作也于1958年左右停止。2000年，一位80岁的旧时狼毒纸制作工匠被请回了印经院，在这位老工匠的传授之下，砸打狼毒根的声音再次在古老的印经院回响。每当印经院砸打狼毒根的声音响起，那是藏民重新找回的对佛的信仰。这里的人深信，只有狼毒纸这样抱着虔诚之心做出来的圣洁之纸，才配印上神灵佛祖的思想。所以在狼毒纸的制作上，他们几乎全部遵循几百年来的传统做法，没有机器，每道程序坚持用手工，每一张纸都在匠人的手中虔诚而缓慢地诞生，也带着藏族人民对神佛的恭敬和对现实的美好祝愿。

2010 年，云南省迪庆藏族自治州图书馆（迪庆州古籍保护中心）在香格里拉市格咱乡纳格拉村村民的协助下，发现了一批长期封存的藏文典籍。据专家初步考证，纳格拉洞所藏藏文文献中，除一小部分为藏传佛教宁玛派僧人常用的法事用书和账目记录外，其余均是藏传佛教《甘珠尔》的内容，包括《大般若经》《妙法莲花经》等，而这批纳格拉藏经所用的纸就是狼毒纸。在有关藏纸的史料记载中，尼木藏纸、德格藏纸和迪庆藏纸均为狼毒属的根皮所制。为了成功修复这批纳格拉洞所藏藏文文献，云南省图书馆、云南省迪庆藏族自治州图书馆（迪庆州古籍保护中心）古籍修复人员就地取材，在高原地区寻找到狼毒草，将其根部捣碎，提取原液加入补书所用的纸浆中，研究出一套可行的创新性修复方案，历经十二载，终于让这曾经尘封于深山崖洞的古人智慧，再次走近大众，服务社会。这些书写在古籍里的文字得以重新复活，成为新时代、新迪庆文旅融合、打造民族团结进步示范区标杆的重要内容，让世界的"香格里拉"又增添一张靓丽的文化新"名片"。

十六、东巴纸

东巴纸，顾名思义，是纳西族东巴祭司用来记录东巴经和绘制东巴画的专用纸，是一种十分珍稀的少数民族手工纸。这种纸张厚实、耐磨、防虫蛀、较光滑、呈象牙色，经抄写后由于长时间在烧有火的房屋里翻用而被烟熏的缘故，会变成古铜色，有古色古香的样子。东巴纸的原材料是一种非常神奇的东西，采用纳西族地区特有一种瑞香科荛花属灌木的茎皮，其生产工艺流程包括：采集原料、晒料、浸泡、蒸煮、漂洗、打浆、抄纸、晒纸、砑纸等工序制作而成，是中国所有的手工纸中最厚的，耐磨损。在中国传统的手工纸中，唯有厚实的东巴纸可以双面书写，因为荛花略有毒性，所以东巴纸具有抗虫，抗蛀，保存时间特别长的特性，可达八百年至千年，纳西族民间有"东巴纸纸寿千年"的说法。

东巴纸作为一种古老的造纸工艺制作的纸，用的材料是云南当地特有的一种灌木植物，纤维相当丰富，所以东巴纸的韧性很强，据传佛教经书所用的纸就是东巴纸，有千年不腐之说。据传，东巴纸创制于唐朝，距今已有一千二百多年历史，工艺完全沿袭唐代的特点。其纸厚实，纤维粗、抗蛀性强，经久耐用，在自然条件下保存近千年而不朽，是当今世界上最古老、最原始的手工造纸，有人类手工造纸"活化石"之称。云南省社会科学院东巴文化研究所为了弘扬民族文化，抢救已消失了近半个世纪的东巴纸生产工艺（暂且把这种土纸叫东巴纸，以区别于民间其他不同质量的土纸），于几年前就在丽江市大具乡白麦行政村肯配古自然村的一位农户家中恢复了生产，并在那里设立了该所的东巴纸生产定点作坊。作坊主人按研究所要求的传统规格每年提供给该所一定量的经书用纸，并获得报酬。

中国各代之名纸大略如斯，照名求之，自不可能，但作为一名古籍修复人员，工作中遇古代著名书画时，就其所用纸与时代必须相符，即伪制者亦然。如能随时留意，亦可认识古纸之真面目矣。纸的种类实在多样，因此，想要尽数掌握，无论财力、物力和人力，都属不易。而普通修复使用，也就那几种。但还是要加强平时的学习积累，有目的、有针对性地选择几种纸来尝试，对其性能有个大致了解，这样就不至于拿到一部书来修，连古籍的纸性都不知道，被它的吸墨能力渗水能力而搞得一团糟。如果这时能想到与古籍书叶相符，并且自己能较好驾驭质量稍好的纸来修，那修完的书一定能让大家满意。作为一名从事古籍修复人员必须要学会看纸、懂纸、配纸。否则对纸的性能掌握不够彻底，修复时也不可能得心应手。

要修好一部古籍，不但需要有内功，也要有外功。只有不断加强对古旧纸张知识的学习，深化对古旧纸张的了解，才能在修复选纸时得心应手，孰不闻"工欲善其事，必先利其器"乎？所以在动手修书之前，仔细观察和了解自己所要修的书现状，确定书籍风格，再确定用纸。纸不一定要选太贵或是太好，合适才是最好的，选用和古籍书叶类似的纸，要有个基本精确的判断，而不是随随便便地拿起一张纸就开始修。

中国古代印刷术，是中国古代劳动人民的四大发明之一。雕版印刷术发明于唐朝，并在唐朝中后期普遍使用。我国的古籍图书总体上是以雕版印刷形式为主，多种形式（活字、石印、影印）并存的局面。宋仁宗时期，毕昇发明了活字印刷术，他是世界上第一个发明人，比德国人约翰·古腾堡的铅活字印刷术早约四百年，标志着活字印刷术的诞生。印刷术是人类近代文明的先导，为知识的广泛传播、交流创造了条件。印刷术先后传到朝鲜、日本、中亚、西亚和欧洲地区。

第一节　中国古代印刷术的起源

中国古代印刷术作为中华文化的重要组成，它随中华文化的诞生萌芽，随中华文化的发展演进。如果从其源头算起，迄今已经历了源头、古代、近代、当代四个历史时期，长达五千余年的发展历程。

1.在先秦时就有印章的使用，印章一般只有几个字，表示姓名，官职或机构。印文均刻成繁体，有阴文、阳文之分。在纸张出现之前，公文或书信都写在简牍上，写好之后，用绳扎好，在结扎处放黏性泥封结，将印章盖在泥上，称为泥封。泥封就是在泥上印刷，这是当时保密的一种手段。纸张出现之后，泥封演变为纸封，在几张公文纸的接缝处或公文纸袋的封口处盖印。据记载，在北齐（550年—577年）时就有人把用于公文纸盖印的印章做得很大，很像一块小小的雕刻版了。

2. 佛教徒为了使佛经更加生动，常把佛像印在佛经的卷首，这种手工木印比手绘省事得多。

3. 碑石拓印技术对雕版印刷技术的发明很有启发作用。刻石的发明，历史悠久。初唐在今陕西省凤翔区发现了十个石鼓，它是公元前8世纪春秋时期秦国的石刻。秦始皇出巡，在重要的地方刻石七次。东汉以后，石碑盛行。汉灵帝四年（175年）蔡邕建议朝廷，在太学门前树立《诗经》《尚书》《周易》《礼记》《春秋》《公羊传》《论语》等七部儒家经典的石碑，共20.9万字，分刻于46块石碑上每碑高175厘米、宽90厘米、厚20厘米，容字5000，碑的正反面皆刻字。历时八年，全部刻成，成为当时读书人的经典，很多人争相抄写。特别是魏晋六朝时，有人趁看管不严或无人看管时，用纸将经文拓印下来，自用或出售，使其广为流传。

4. 拓片是印刷技术产生的重要条件之一。古人发现于石碑上盖一张微微湿润的纸，用软槌轻打，使纸陷入碑面文字凹陷处，待纸干后再用布包上棉花，蘸上墨汁，在纸上轻轻拍打，纸面上就会留下跟石碑一模一样的黑底白字的字迹。这种方法比手抄更简便、可靠，于是拓印就出现了。

5. 印染技术对雕版印刷也有很大的启示作用。印染是在木板上刻出花纹图案，用染料印在布上。中国的印花板有凸纹板和镂空板两种。1972年，湖南长沙马王堆一号汉墓（公元前165年左右）出土的两件印花纱就是用凸纹板印的。这种技术可能早于秦汉，而上溯至战国。纸发明后，这种技术就可能用于印刷方面，只要把布改成纸，把染料改成墨，印出来的东西就成为雕版印刷品了。在敦煌石室中，就有唐代凸版和镂空板纸印的佛像。印章、拓印、印染技术三者相互启发，相互融合，再加上中国人民的经验和智慧，雕版印刷技术就应运而生了。

6. 唐朝（7世纪左右）发明雕版印刷术，并在唐朝中后期普遍使用。早期的印刷活动主要在民间进行，多用于印刷佛像、经咒、发愿文以及历书等。唐初，玄奘曾用回锋纸印普贤像，施给僧尼信众。

7.北宋时期（11世纪左右），毕昇发明活字印刷术，但没有普遍使用，而是仍然普遍使用雕版印刷术。

第二节　中国古代印刷术的发展历程

毛笔和墨的发明，使得读书人不仅能读书还能书写，更方便记录自己的思想。春秋以前，中国历史上虽然不乏大政治家、大思想家，但没有一人亲自著书，原因就在于此。

秦朝蒙恬（？—公元前210年）发明用石灰水浸毛而去除毛表面的斥水物质的方法，促使毛笔的制作技术最终定型，毛笔才真正成为书写工具。至此，古人找到了书写流利、省时省力的书写方法，使书写不再是一件苦差事。人们在闲暇之余写上几笔，并且力图写得漂亮，甚至互相比试以博一笑，就开创了书法艺术的先河。秦朝的李斯（？—公元前208年）是有史以来第一位大书法家，正说明了笔墨技术的成熟。

汉字结构复杂，每个人写的字都会不同，有的秀丽美观，有的粗鄙丑陋，促使人们追求书法艺术。提高书法技能的重要途径是临摹好的书法作品，但是写字好的人，一般都是书史之类，其大部分作品是政府公文，一般人很难见到。古代盛行石碑刻文，找写字好的人写成底文再由石匠刻出，是人们练习写字的最好模本。但石碑笨重，不能带回家中继续模仿。

西汉晚期已出现纸张，但那时的纸张纤维粗糙，着墨性能差，主要是代替布用作包裹、衬垫之物，也有偶尔在包装纸上写字记事的现象，如悬泉（或者是居延）遗址发现写有药名的纸张。造纸技术先是借鉴中国早已成熟的缫丝技术，把纤维物质浸于水捣碎以分散纤维，将碎纤维捞出摊凉而成，纤维粗、纸质厚、书写性能差，未能广泛用作书写材料。东汉时期的蔡伦改革造纸法，制出薄而均匀、纤维细密的新型纸，大大提高了纸的书写性能，纸的主要用途才被转向书写。

纸张薄而软，使得书法练习者们想出仿照印章盖印拓印碑文方法，带回家模仿，即拓片方式。纸的发明，使拓印成为可能，使每个书吏都能练就一手好字，也造就了三国及晋代大批书法家的出现。西方字母文字结构简单、字母数量少且用硬笔书写，可以写得很花哨，但无艺术可言。人们写好几十个字母后，就可以大量写字，没有拓片临摹他人字迹的需求；纸能写字就行了，没有对造纸术的需求，所以西方人没有发明造纸术的社会基础。

科举制度萌发于南北朝，始于隋朝，继承和完善于唐朝。随着科举制度的兴起，传播好文章的要求又在社会上出现，专业抄书匠们为了大量复制好文章，仿照拓片技术大量复印，后又结合印章阳文反书法创制雕版印刷术。其出现的年代大约在盛唐至中唐之间，盛行于北宋。北宋仁宗庆历元年至八年间，即1041年—1048年间，中国古代科学家毕昇（？年—1051年）在印刷实践中，创造发明的胶泥活字、木活字排版，是中国印刷术发展中一个根本性的改革，是对中国劳动人民长期实践经验的科学总结，对中国和世界各国的文化交流作出伟大贡献。沈括（1031年—1095年）比毕昇小一些，是同时代的人，毕昇制造的泥活字后来归沈括的侄子所有，因此，沈括《梦溪笔谈》中关于毕昇发明活字印刷术的记载是翔实可信的。然而，一些欧洲人曾经把活字印刷术的发明归功于古腾堡。约翰·古腾堡是德国人，他发明铅活字印刷术，大约是1440年—1448年，比毕昇发明泥活字印刷术整整晚了四百年。

活字印刷术是人类历史上最伟大的发明之一，是中国对世界文化的重大贡献。

像任何发明创造一样，毕昇发明活字印刷术是有它的社会需要、物质基础和技术条件的。中国社会进步到北宋时期，由于经济的发展、商业的繁荣和文化的兴盛，都需要迅速大量地传播信息，活字印刷术正是为解决这个社会需要而产生的。印刷术必须用纸和墨，中国早在汉代就发明了纸和油烟、松烟两种墨。纸和墨的发明为活字印刷术的诞生奠定了物质基础。战国秦汉以来出现的印章和拓碑等复制文字、图画的方法又为活字印刷术的发明提供了技术条件。

顾名思义，印刷术的"印"字，本身就含有印章和印刷两种意思；"刷"字，是拓碑施墨这道工序的名称。印刷术的命名就已经透露出它跟印章、拓碑的血缘关系，印章和拓碑是活字印刷术的两个渊源。

拓碑是印刷术的另一个渊源。汉武帝"罢黜百家，独尊儒术"，但当时儒家典籍全凭经师口授，学生笔录，因此，不同的经师传授同一典籍也难免会有差异。汉灵帝熹平四年（175年），政府立石将重要的儒家经典全部刻在上面，作为校正经书的标准本。为了免除从石刻上抄录经书的劳动，大约在公元4世纪，人们发明了拓碑的方法。拓碑的方法很简便，把一张坚韧的薄纸浸湿后敷在石碑上，再蒙上一张吸水的厚纸，用毛刷轻敲，到纸陷入碑上刻字的凹穴时为止，然后揭去外面的厚纸，用棉絮或丝絮拍子蘸着墨汁，轻轻地、均匀地往薄纸上刷拍，等薄纸干后揭下来，便是白字黑地的拓本。这种拓碑的方法跟雕版印刷的性质相同，所不同的是，碑帖的文字是内凹的阴文，而雕版印刷的文字是外凸的阳文。石碑上的文字是阴文正写，拓碑提供了从阴文正字取得正写文字的复制技术。后来，人们又把石碑上的文字刻在木板上，再从而传拓。唐代大诗人杜甫在诗中曾说："峄山之碑野火焚，枣木传刻肥失真。"这和雕版印刷已经相差无几了。

在唐代，印章与拓碑两种方法逐渐发展合流，从而出现了雕版印刷术。唐穆宗长庆四年十二月十日，即825年1月2日，诗人元稹为白居易《长庆集》作序，说到当时扬州和越州一带处处有人将他们两个人的诗"缮写模勒"，在街上售卖或用来换茶酒。"模勒"就是刊刻，这是现存文献中有关雕版印刷术的最早记载。公元836年，唐文宗根据东川节度使冯宿的报告，下令禁止各道私置日历版。冯宿在他的报告中说："每年中央司天台还没奏请颁布新历书的时候，民间私印的历书已飞满天下。"可见当时民间从事雕版印刷业的人是很多的。1900年，在甘肃省敦煌县（今敦煌市）千佛洞发现的藏书中有一卷雕版印刷的《金刚经》，其末尾题着"咸通九年四月十五日王玠为二亲敬造"一行字。咸通九年，即868年。这是迄今世界上发现的有确切日期的最早的印刷品。这书的形式是卷子，长约5.33米，由7个印张黏接而成。最前面是一幅扉画，画的是释迦牟尼在祇树下给孤独园的老人说法的情景，其余印的是《金刚经》全文。这个卷子图文都非常精美，雕刻的刀法细腻，浑朴凝重，说明当时刊刻印刷的技术都达到了相当纯熟的程度。

随着印刷品种和数量的急剧增长，每印一种书就要雕刻一回板，耗费的人力物力相当可观，于是，人们寻求一种更简便、更经济的印刷技术。至迟到唐代后期，已经有了用单个佛像印连续重复印制的千佛像手卷。过去英、法、德、日等国家的考古队在中国新疆各地曾发现过大量的这种千佛像手卷。英国博物馆藏有一幅这样的手卷，全长 17 英尺，约合 5.18 米，上面印着 468 个佛像。另外，在雕版过程中，刻错字是难以避免的，如果刻错一个字就废掉一块板太可惜、太浪费了，聪明的工匠们想出一个补救的办法，就是用凿子将错字挖掉，再用一块同样大的木块刻好字补上。这些都为活字印刷术的发明提供了经验、借鉴。由此可见，虽然活字印刷术是毕昇个人的发明创造，但这里面确实凝聚着前朝历代很多劳动者的智慧。

印刷术的发明自从有了纸以后，随着经济文化的发展，读书的人多起来了，对书籍的需要量也大大增加了。

晋朝初年，官府有书二万九千九百四十五卷，南北朝时期，梁元帝在江陵有书籍七万多卷、隋朝嘉则殿中藏书有三十七万卷，这是中国古代国家图书馆最高的藏书记录。除了官府藏书，私人藏书也越来越多。比如晋朝郭太，有书五千卷；张华搬家的时候，单是搬运书籍，就用了三十辆车子。印刷术发明以前，只有官府和郭太、张华那样的富人才能有这么多的藏书，一般人要得到一两本书也很不容易，因为那时的书都是手抄本。要抄这么多的手抄本，得花费多少人力啊！这种情况如果不改变，怎么能够满足社会上的需要呢？历史上常常有这样的情况：一项科学发明，只要社会上迫切需要它，同时又有产生它的物质条件，那么，它就会很快出现。雕版印刷术的出现就是这样。在雕版印刷术出现以前，社会上已经广泛应用印章和拓碑。印章有阳文和阴文两种，阳文刻的字是凸出来的，阴文刻的字是凹进去的。如果使用阳文印章，印到纸上就是白底黑字，非常醒目。但是印章一般比较小，印出来的字数毕竟有限。刻碑一般用阴文，拓出来的是黑底白字，不够醒目。而且拓碑的过程比较复杂，用来印制书籍也不方便。但是，拓碑有一个很大的好处，那就是石碑面积比较大，一次可以拓印许多字。如果取长补短，把拓碑和印章各自的特点结合起来呢？情况当然就不一样了。中国劳动人民在拓碑和印章这两种方法的启发下，发明了雕版印刷术。雕版印刷的方法是这样的：把木材锯成一块块木板，把要印的字写在薄纸上，反贴在木板上，再根据每个字的笔画，用刀一笔一笔雕刻成阳文，使每个字的笔画突出在板上。木板雕好以后，就可以印书了。印书的时候，先用一把刷子蘸了墨，在雕好的板上刷一下，接着，用白纸复在板上，另外拿一把干净的刷子在纸背上轻轻刷一下，把纸拿下来，一叶书就印好了。一叶一叶印好以后，装订成册，一本书也就成功了。这种印刷方法，是在木板上雕好字再印的，所以大家称它为"雕版印刷"。

中国的雕版印刷发明于唐朝，并且在唐朝中后期普遍使用。根据明朝时候邵经邦《弘简录》一书的记载：唐太宗的皇后长孙氏收集封建社会中妇女典型人物的故事，并编写了一本叫《女则》的书。贞观十年，长孙皇后去世了，宫中有人把这本书送到唐太宗那里。唐太宗看到之后，下令用雕版印刷把它印出来。贞观十年是公元636年，《女则》的印行年代可能就是这一年，也可能稍晚一些。这是中国文献资料中提到的最早的刻本。根据这个资料来分析，可能当时民间已经开始用雕版印刷来印行书籍了，所以唐太宗才想到把《女则》印出来。雕版印刷发明的年代，一定要比《女则》出版的年代更早。到了9世纪的时候，中国用雕版印刷来印书已经相当普遍了。

唐朝诗人白居易（772年—846年）把自己作的诗编成了一部诗集——《白氏长庆集》长庆四年十二月十日（825年1月2日），白居易的朋友元稹（779年—831年）给《白氏长庆集》写了一篇序文，序文中说：当时人们把白居易的诗"缮写模勒"，在街上贩卖，到处都是这样。从前人们把刻石称为"模勒"，到了唐代，也就把雕版称为"模勒"了。这里的"模勒"两字就是雕版印刷的意思。《旧唐书》还有这样一条记载，大和九年（835年）十二月，唐文宗下令各地，不得私自雕版印刷历书。这是怎么一回事呢？根据另外一些古书的记载情况是这样：当时剑南、两川和淮南道的人民都用雕版印刷历书，在街上售卖。每年，管历法的司天台还没有奏请颁发新历，老百姓印的新历却已到处都是了。颁布历法是封建帝王的特权，东川节度使冯宿（767年—836年）为了维护朝廷的威信，就奏请禁止私人出版历书。历书关系到农业生产，农民非常需要，一道命令怎么禁得了呢？虽然唐文宗下了这道命令，民间刻印的历书仍旧到处风行。就是在同一个地区，民间印刷历书的也不止一家。黄巢起义的时候，唐僖宗慌慌张张逃到了四川，皇帝都逃跑了，当然没有人来管理禁印历书的事了，因此，江东地方的人民就自己编印了历书出卖。唐僖宗中和元年（881年），有两个人印的历书，在月大月小上差了一天，发生了争执。一个地方官知道了，就说："大家都是同行做生意，相差一天半天又有什么关系呢？"历书怎么可以差一天呢？那个地方官的说法真叫人笑掉大牙。这件事情却告诉我们，单是江东地方，就起码有两家以上印刷历书。当时跟着唐僖宗逃到四川的柳玭在他的《家训》的序里也说，他在成都的书店里看到好多关于阴阳、杂记、占梦等方面的书籍。这些书大多是雕版印刷。可见当时成都的印刷业比较发达，不但印历书，还印其他各种书籍。唐朝刻印的书籍，保存下来只有一部咸通九年刻印的《金刚经》。咸通九年是公元686年，距今已经一千多年了。这本书是世界上现存的最早的雕版印刷书籍。图画也是雕刻在一块整版上的，也许是世界上最早的版画。

到了五代时期，著名宰相冯道（882年—954年）发现，江苏省、四川省等地书商贩卖的印本书籍种类繁多，但唯独没有儒家经典，就在后唐长兴三年（932年）向皇帝唐明宗奏请，以唐代开成石经为底本，雕印儒家《九经》，得到明宗批准。同年，冯道主持国子监对《九经》开始刻板印刷，这是中国历史上首度大规模以官方财力印刷套书。当时共印九种经书，经历了四个朝代，直到后周广顺三年（953年），先后花了二十二年的时间才全部刻成。因为这次刻书影响比较大，后来竟有人认为印刷术是五代时期冯道发明的，这当然是错误的。

到了宋朝，印刷业更加发达，全国各地到处都刻书。北宋初年，成都印《大藏经》，刻板十三万块；北宋政府的中央教育机构——国子监印经史方面的书籍，刻板十多万块。从这两个数字可以看出，当时印刷业规模之大。宋朝雕版印刷的书籍，知道的就有七百多种，而且字体整齐朴素，美观大方，后来一直为中国人民所珍视。宋朝的雕版印刷，一般多用木板刻字，但也有人用铜板雕刻。上海博物馆收藏有北宋"济南刘家功夫针铺"印刷广告所用的铜版，可见当时也掌握了雕刻铜版的技术。说起印制书籍，雕版印刷的确是一个伟大的创造。一种书，只雕一回木板，就可以印很多部，比用手写不知要快多少倍了。可是用这种方法，印一种书就得雕一回木板，费的人工仍旧很多，无法迅速地、大量地印刷书籍，有些书字数很多，常常要雕好多年才能雕好，万一这部书印了一次不再重印，那雕得好好的木板就完全没用了。有什么办法改进呢？

到了11世纪中叶（宋仁宗庆历年间），中国发明家叫毕昇终于发明了一种更进步的印刷方法——活字印刷术，把中国的印刷技术大大提高了一步。毕昇用胶泥做成一个个四方长柱体，一面刻上单字，再用火烧硬，这就是一个个的活字。印书的时候，先备好一块铁板，铁板上面放上松香和蜡之类的东西，铁板四周围着一个铁框，在铁框内密密地排满活字，满一铁框为一版，再用火在铁板底下烤，使松香和蜡等熔化。另外用一块平板在排好的活字上面压一压，把字压平，一块活字版就排好了。它同雕版一样，只要在字上涂墨，就可以印刷了。为了提高效率，他准备了两块铁板，组织两个人同时工作，一块板印刷，另一块板排字，等第一块板印完，第二块板已经准备好了。两块铁板互相交替着用，速度很快。毕昇把每个单字都刻好几个，常用字刻二十多个，碰到没有预备的冷僻生字，就临时雕刻，用火一烧就成了，非常方便。印过以后，把铁板再放在火上烧热，使松香和蜡等熔化，把活字拆下来，还能重复使用。这就是最早发明的活字印刷术。这种胶泥活字，称为泥活字，毕昇发明的印书方法和今天的印刷比起来，虽然很原始，但是活字印刷术的三个主要步骤——制造活字、排版和印刷都已经具备。所以，毕昇在印刷方面的贡献是非常了不起的。北宋时期的著名科学家沈括在他所著的《梦溪笔谈》里，专门记载了毕昇发明的活字印刷术。毕昇发明活字印刷以后，又开始有泥活字等方法印书，后来又采用木活字印书，到了 13 世纪，用铜活字印书。

然而，真正利用油印技术印刷文件的人是旅居英国的匈牙利人盖斯特泰纳。1881 年左右，他用涂蜡的纤维纸作为模板，用铁笔把要印刷的资料刻于其上，铁笔刻写之处，纤维便出现微孔，然后将油墨刷于版上，用滚筒压紧推动，使油墨透过蜡版，黏附在下面的纸上。

发明家爱迪生在 20 世纪初也对孔版印刷进行过研究，他把铁笔与马达配合起来，通过控制马达来使铁笔在纸上刻画，制成油印版。虽然这种方法当时未得以广泛重视，未能投入使用，但其原理启发了后人。

1888 年，盖斯特泰纳用打字机代替铁笔，他将打字机上的色带卸下，使字直接打在蜡纸上，字迹在蜡纸上留下痕迹。卸下蜡纸，铺于纸上，涂墨压印，获得了成功。十余年后，奥地利人克拉博发明了旋转式油印机，使得油印的速度大大地提高。

凹版印刷术——凹版印刷术大约产生于 15 世纪中叶，其原理是使印版的图文低于空白部分，版面结构类似于中国古代的拓石，只是着墨部位正好与拓石相反。由于用这种印刷方法印刷出来的成品表面墨迹微微凸起，易于辨别，难以模仿，所以多用于印制钞票、邮票等有价证券。

凹版印刷的印版可分为雕刻凹版、蚀刻凹版和照相凹版。雕刻铜凹版印刷是意大利人腓尼格拉发明的，1477 年，曾有人用此方法印制过地图。到 19 世纪初叶，欧洲开始用此方法复制名画，印有价证券，使凹版印刷术逐渐地发展一种独具特色的印刷方法。

现代胶版印刷与照相凹版印刷：胶版的画线具有亲油性，可吸附油墨；湿滚筒供应水分的非画线部分则不附沾油墨。版上所黏附的油墨是用来印在胶质布卷筒上，再转印在纸面上的。此为胶版印刷。在照相凹版印刷的铜上有经腐蚀而产生的凹洞可制作画线，由凹洞的容积来决定画线的浓淡。先将滚筒涂上油墨，再用刮刀刮过，只留下凹洞的油墨，当压过时凹洞中的油墨就印到纸上了。

凸版印刷术——凸版印刷就是印刷的图文部分高出空白部分，印刷时，图文部分涂墨，然后覆纸、加压，油墨就从印版上转印到纸面上。

第三节　中国古代印刷术的种类

一、凸版、凹版印刷

凸版印刷是使用凸版（图文部分凸起的印版）进行的印刷，简称凸印，是主要印刷工艺之一。凸版印刷历史最久，在长期发展过程中不断得到改进。中国唐代初年发明了雕版印刷技术，是把文字或图像雕刻在木板上，剔除非图文部分使图文凸出，然后涂墨，覆纸刷印，这是最原始的凸印方法。现存有年代可查的最早印刷物《金刚般若波罗蜜经》，已是雕版印刷相当成熟的印品。凸版印刷的历史最悠久、最普及，版面图像和文字凸出部分接受油墨，凹进去的部分不接受油墨，当版与纸压紧时，油墨就会印在纸上。印刷版材主要有活字版、铅版、锌版、铜板等。有些书刊、票据，信封、名片等还在使用凸版印刷，需特殊加工的如烫金、银，压凹凸等，一般也使用凸版印刷。

凹版印刷与凸版印刷的原理相反，文字与图像凹于版面之下，凹下去的部分携带油墨。印刷的浓淡与凹进去的深浅有关，深则浓，浅则淡。因凹版印刷的油墨不同，因而印刷的线条有凸出感。古代钱币、邮票、有价证券等均采用凹版印刷。凹版印刷也适于布帛、丝绸的印刷。由于凹版印刷的制版时间长、工艺复杂等原因，所以成本很高。

二、平版印刷

平版印刷是一种间接的印刷方式，是早期由石版印刷而发展命名的，早期平版印刷其版材使用石块磨平后应用，之后改良为金属锌版或铝版为版材，但其原理是不变的。平版印刷是现今最常见、最广泛应用的印刷方式。图像与非图像在同一平面上，利用水与油墨相互排斥原理，图文部分接受油墨不接受水分，非图文部分相反。印刷过程采用间接法，先将图像印在橡皮滚筒上，图文由正变反，再将橡皮滚筒上的图文转印到纸上。清末民初的许多画册、画刊、广告样本、年历等均采用此印刷方式。

三、孔版印刷

孔版印刷又称丝网印，在木片、纸板、金属或塑料片材上刻出文字或图形，制成镂空印刷版，用刷涂或喷涂的办法使色料透过印版印到承印物上。这是最古老的技法之一。从出土的古代印花织物判断，中国春秋时期就已经采用型版了。因方法简便，20世纪80年代，民间仍有应用。如果在20世纪六七十年代，见过老师刻蜡版印卷子，就比较好理解此种印刷方式了。利用绢布、金属及合成材料的丝网、蜡纸等为印版，将图文部分镂空成细孔，非图文部位以印刷材料保护，印版紧贴承印物，用刮板或者墨辊使油墨渗透到承印物上。丝网印刷不仅可以印于平面承印物，而且可印于弧面承印物，颜色鲜艳，经久不变。

四、柔版印刷

柔版印刷简称为柔性印刷，是包装常用的一种印刷方式。根据中国印刷技术标准术语GB/T9851.4—1990的定义，柔版印刷是使用柔性版，通过网纹辊传递油墨的印刷方式。柔版版印刷是在聚酯材料上制作出凸出的所需图像镜像的印版。油墨转到印版（或印版滚筒）上的用量通过网纹辊进行控制。印刷表面在旋转过程中与印刷材料接触，从而转印上图文。

五、拓印

所谓的拓印就是把一张坚韧的薄纸事先浸湿，再敷在石碑上面，用刷子轻轻敲打，使纸入字口，待纸张干燥后用刷子蘸墨，轻轻地、均匀地拍刷，使墨均匀地涂布纸上，然后把纸揭下来，一张黑底白字的拓片就复制完成了，这种复制文字的方法，称之为"拓印"。它是将石刻或木刻文字，用纸、墨拍印出来，以便保存和传播的工艺方法。拓印是对雕刻的或石刻的表面的手工复制品。我国的传拓技术种类繁多，历史悠久，如宋代的蜡拓、葛麻拓，明代的套拓、彩拓、烟煤拓，清代的洗碑拓、镶拓、堆墨拓等。

拓印有很多方法，不同的方法有不同的过程，下面简要介绍拓印的方法及过程。拓印的方法有五种。

1. 扑墨拓法。先把要拓的花纹或文字尽可能剔刷清楚，用大小合适的宣纸盖上，把纸轻轻润湿，然后在湿纸上蒙一层软性吸水的纸保护纸面，用毛刷轻轻敲捶，使湿纸贴附在该物表面，随着它的花纹文字而起伏凹凸。之后除去蒙上的那层纸，等湿纸稍干后，用扑子蘸适量的墨或朱砂，敷匀在扑子面上，向纸上轻轻扑打，形成拓片。

2. 擦墨拓法。主要用于拓印碑石。先把湿纸铺在碑石上，用棕刷抚平并用力刷，使纸紧覆凹处，再用鬃制打刷有顺序地砸一遍。待纸干后，用笔在拓板上蘸墨，用细毛毡卷成的擦子把墨汁揉匀，并往纸上擦墨，勿浸透纸背，使碑文黑白分明，擦墨三遍即成。

3. 蜡墨拓法。用松烟子和蜡调和，做成饼状大墨团，将干纸贴在刻石上，用大蜡饼干擦，又名为干擦墨。在气候严寒或洞窟潮湿地区，均可使用干擦墨拓法。

4. 镶拓法。用小扑子先拓大字边缘，然后镶补完整的方法。先把字边拓好揭下，再全补上墨。摩崖大字题刻，多用此种拓法。

5. 响拓法。拓善本碑帖，将透明薄纸平铺在碑帖上，用笔双钩轮廓，然后用小扑子影拓。或在原碑帖上覆一层薄纸双钩填墨，也叫响拓。传拓碑帖用墨，以晚清、民国初年碎墨最佳，将碎墨放入小罐内，加适当凉水，用木棍搅成墨汁，写字不洇即可用。松烟桐油和香料制成的墨，或现在精制书画墨汁，也是传拓碑帖佳品。用烟子和胶做墨汁，或用烟子和蛋清做墨汁，必须在墨汁中加薄荷精、樟脑精等香料少许，可免去拓片的腥臭味。直接用黑烟子和水传拓的最劣，用得最多的是扑墨拓和擦墨拓。

拓印在中国有着悠久的历史，远在公元前 2000 年，重要大事记载便已被镌刻于骨板或青铜，亦有刻于砖瓦陶瓷木料玉石，以保存文字及图像者，唯用于长篇碑文最多之材质当推石料。在若干为保存权威性著述而实行之大型计划中，以自公元 605 年起至 1096 年完成，将四百余万言佛经镌刻于 7137 件石牌或石碑一事最具规模。在此之前，自公元 175 年至 183 年，儒家七经二十余万言已被刻于 46 面石碑之正反两面，以此为东汉学子学人和学官建立并保存了斯等著述之标准模板。嗣后六朝亦各有镌刻儒家经典之举，而以 18 世纪末之清朝总其大成。殿堂庙宇所在处之峭壁岩面，亦悉被用来镌刻巨型宗教语句。

关于拓印术的起源，历史上没有记载，迄今为止说法不一，难以定论。大多数人认为，拓印术始于东汉熹平年间（172 年—178 年）。但有一点是可以确定的，拓印术肯定是在纸张发明之后才出现的，并且拓印方法起源甚古，且比雕版印刷更早出现。在隋代，文字的拓印技术已经很发达了，这也说明了在这之前，拓印术就出现了。到了唐代，拓印术就更加发达了，不仅有民间进行拓印的作坊，朝廷也专门成立了拓印的官方机构。

有关拓印方法的变化，主要有两个方面：一是文字正体与繁体方面的变化；最早的石刻上的文字是正写的凹下的文字，后来发展的石刻是反写的凹下去的文字；另一个变化是石刻上下的拓印转向木刻上的拓印。

在古代制作拓本是先将湿纸覆于铭文表面，以兔毫毛笔将其压入每一凹陷之刻痕。（另一作法为以干纸覆盖，于压入前涂以米制或面制糨糊。）俟纸将干时，以蘸有墨汁之垫子覆压其上，然后将纸由石碑揭下。由于黑色墨汁未曾接触到压入凹痕部分，因此制成的拓本遂成黑底白字。（若碑文刻成凸版而非凹版则黑白位置互换。）此种拓本制作技术即使不早于中国印刷术的发明，亦与之同时。许多学者主张，木版印刷应系演变自刻印取模技术印刷，乃先于木板上刻出反方向之凸起形象，继于凸起部涂墨，再以纸覆盖，实即拓本制法之逆向操作。拓印这种方法与雕版印刷相比，有很多相似之处，即它们都需要原版、纸、墨等条件，其目的也是大批量复制文字和图像。

就印刷复制术而论，拓印的出现为印刷术的发明提供了在纸上刷印的复制方法，已经具备了印刷术定义中的基本要素，是有一套完整的、有刷有印的工艺技术，把它视作雕版印刷的雏形，是比较适宜的。然而，碑刻文字是凹下的阴文，而雕版印刷的印版是凸起的阳文，复制下来的拓印品和雕版印刷品，前者为黑底白字，而后者则为白底黑字。而且拓印品的幅面往往比雕版印刷品的幅面大，在速度上也远不如雕版印刷，因此，它还不能看成一种印刷方法，只能看成是雕版印刷的雏形。现存最早的拓印品是在敦煌石室中保存下来的公元 6 世纪的遗物"温泉铭"，但这绝不是最早的拓印品。拓印术的出现当远在"温泉铭"拓本之前。据《隋书·经籍志》记载，隋朝皇家图书馆藏有拓石文字，以卷为单位，内有秦始皇东巡会稽时的石刻文一卷，熹平石经残文 34 卷，曹魏三体石经 17 卷，并述及梁室所藏石刻文字到隋时已散佚。梁时已有石刻文字拓本，为南北朝时期已有拓印术提供了文献证据。通常人们所说的拓印，指的是在石碑上拓印碑文，实际上，拓印并非专指碑拓。人们在传拓碑文的启示下，又把需要拓印复制的文字刻在木板上，制成印版，然后再在印版上进行拓印，是情理之中的事情。杜甫诗中有"峄山之碑野火焚，枣木传刻肥失真"的诗句，记述了在木板上雕刻文字，制成木刻印版，然后在木版上进行传拓或印刷的史实。拓印术的出现，为印刷术的发明提供了在纸上刷印的复制方法。仔细分析，拓印术已经具备了印刷术定义中的基本要素，是有一套完整的、有刷有印的工艺技术，拓印术本身就是朦胧之中的印刷术，是雕版印刷的前身。

传拓艺术可称是国粹中的国粹，在诸多传统中国文化技艺的传承中有着无可比拟的特殊地位，而全形拓技术远比平面拓片复杂许多。自明清以来，拓片高手云集，传拓作品比比皆是。全形拓是一种以墨拓作为主要手段，将古器物的立体形状复制表现在纸面上的特殊传拓技法，又名"立体拓""器形拓""图形拓"。"全形拓"最早出现于清代嘉庆到道光年间。据容庚《商周彝器通考》第十章"拓墨"介绍：彝器拓全形始于嘉兴马起凤，《金石屑》（一：卅三）录一汉洗，马氏题云："汉洗，旧拓本，戊午六月十八日，傅岩马起凤（1800 年—1862 年）并记。"据传，江苏省镇江市焦山寺里有尊焦山鼎，起初为镇江魏姓所有，明末奸相严嵩当政时企图霸占此鼎。魏氏恐子孙不能保住铜鼎，遂将此鼎送至焦山寺保存。入清以后，不少文人学者对此鼎铭文加以考释题跋，尤以翁方纲（1733 年—1818 年）的《焦山鼎铭考》一书，使得此鼎名声大振。于是，焦山寺住持六舟和尚以灯取形，把该鼎的尺寸量好画出轮廓，再以厚纸做漏子，用极薄的六吉棉连纸扑墨拓制成"全形拓"，颇受藏家青睐。金石家阮元得知后，便邀六舟和尚将自己所藏三代青铜器制成"全形拓"，以绘友人，得者如获至宝，分外珍惜，从而开创了"全形拓"之先河。清代的金石大家陈介祺（1813 年—1884 年），采用分纸拓法，加之绘图准确，用墨浓淡适宜，使得"全形拓"技法得到进一步发展。20 世纪初，周希丁（1891 年—1961 年）、马子云（1903 年—1986 年）等拓印名家将西方传入的素描、透视等技法应用到"全形拓"中，并用墨色的浓淡来表现光线明暗的变化，使得所拓器物图像的立体感大为增强，全形拓技术达到了一种前所未有的高度。然而，随着以摄影为基础的石印、珂罗版等复制技术的广泛应用，全形拓这种费时费工的纯手工艺术急剧走向衰落，处于寂然状态，但没有完全断绝，只是因为时代的各种原因，养在深闺人未识。目前，国内全面掌握古籍修复、碑刻传拓、碑帖书画装裱等技艺的大师级人物，入选上海市非物质文化遗产代表性项目的代表性传承人赵嘉福老师就非常精通碑刻传拓，尤其是全形拓。作为当代非物质文化遗产项目全形拓的代表人物张友海，他的全形拓技艺顺承传统全形拓的发展轨迹，受教于北京的李洪啸老师，而李洪啸老师正是由周希丁一枝延续而来。西泠印社的汪黎特等学子经过十余年潜心实践研究，终于在传统全形拓的基础上，开发并完成了立体全形拓技术的整理和完善，将这门中国古文化的奇葩更精致、更完善地展现在世人面前。知者叹其能，观者叹其技，赏者叹其神。

六、雕版印刷

雕版印刷的过程大致是这样的：将书稿的写样写好后，使有字的一面贴在板上，即可刻字，刻工用不同形式的刻刀将木版上的繁体字墨迹刻成凸起的阳文，同时将木版上其余空白部分剔除，使之凹陷。版面所刻出的字约凸出版面 1～2 毫米。用热水冲洗雕好的板，洗去木屑等，刻板过程就完成了。印刷时，用圆柱形平底刷蘸墨汁，均匀刷于板面上，再小心地把纸覆盖在板面上，用刷子轻轻刷纸，纸上便印出文字或图画的正像。将纸从印版上揭起，阴干，印制过程就完成了。一个印工一天可印 1500～2000 张，一块印版可连印万次。刻板的过程有点像刻印章的过程，只不过刻的字多，印的过程与印章相反，印章是印在上，纸在下。雕版印刷的过程，有点像拓印，但是雕版上的字是阳文反字，而一般碑石的字是阴文正字。此外，拓印的墨施在纸上，雕版印刷的墨施在版上。由此可见，雕版印刷既继承了印章、拓印、印染等的技术，又有创新技术。

雕版印刷术发明于唐朝，在唐朝中后期已经广泛使用。1900 年，在敦煌千佛洞里发现一本印刷精美的《金刚经》末尾题有"咸同九年四月十五日"等字样，这是今世界上最早的有明确日期记载的印刷品。雕版印刷的印品，可能开始只在民间流行，并有一个与手抄本并存的时期。

824 年，元稹为白居易诗集作序："二十年间，禁省、观寺、邮候墙壁之上无不书，王公、妾妇、牛童、马走之口无不道。至于缮写模勒，街卖于市井，或持之以交酒茗者，处处皆是。"模勒即模刻，持交酒茗则是拿着白诗印本去换茶换酒。可见到 9 世纪初，印刷术的应用已由佛教经文而扩大到人民喜欢阅读的诗歌方面去了。835 年前后，四川省和江苏省北部地方民间都曾"以板印历日"，拿到市场上去出卖。当时有人说，民间所印历书"已满天下"，可知还不止四川和江苏两地印造。883 年，成都书肆能看到一些"阴阳杂记占梦相宅九宫五纬之流"的书，和"字书小学""率皆雕版印纸"……在印刷术发明后的最初二百年内，它已经是人民大众普及文化的一种重要媒介。

宋代，雕版印刷已发展到全盛时代，各种印本甚多。较好的雕版材料多用梨木、枣木。因此，对刻印无价值的书，有以"灾及梨枣"的成语来讽刺，意思是白白糟蹋了梨、枣树木。可见当时刻书风行一时。雕版印刷开始只有单色印刷，五代时有人在插图墨印轮廓线内用笔添上不同的颜色，以增加视觉效果。天津杨柳青版画至今仍然采用这种方法生产。将几种不同的色料，同时上在一块板上的不同部位，依次印于纸上，印出彩色印张，这种方法称为"单版复色印刷法"。用这种方法，宋代曾印过"会子"（当时发行的纸币）。单版复色印刷色料容易混杂渗透，而且色块界限分明，显得呆板。人们在实际探索中，发现了分板着色，分次印刷的方法，这就是用大小相同的几块印刷板分别载上不同的色料，再分次印于同一张纸上，这种方法称为"多版复色印刷"，又称"套版印刷"。"多版复色印刷"的发明时间不会晚于元代，当时，中兴路（今湖北省江陵县）所刻的《金刚经注》就是用朱墨两色套印的，这是现存最早的套色印本。多版复色印刷在明代获得较大的发展。明、清两代，南京和北京是雕版中心。明代设立经厂，永乐的北藏，正统的道藏都是由经厂刻板。清代英武殿本及雍正的龙藏都是在北京刻板。明初，南藏和许多官刻书都是在南京刻板。嘉靖以后，到 16 世纪中叶，南京成了彩色套印中心。

七、活字制版

1041 年—1048 年，平民出身的毕昇用胶泥制字，一个字为一个印，用火烧硬，使之成为陶质。排版时先预备一块铁板，铁板上放松香、蜡、纸灰等的混合物，铁板四周围着一个铁框，在铁框内摆满要印的字印，摆满就是一版。然后用火烘烤，将混合物熔化，与活字块结为一体，趁热用平板在活字上压一下，使字面平整，便可进行印刷。用这种方法，印两三本谈不上什么效率，如果印数多了，几十本甚至上千本，效率就很高了。为了提高效率常用两块铁板，一块印刷，一块排字。印完一块，另一块又排好了，这样交替使用，效率很高。常用的字如"之""也"等，每字制成二十多个，以备一版内有重复时使用。没有准备的生僻字，则临时刻出，用草木火马上烧成。从印版上拆下来的字，都放入同一字的小木格内，外面贴上按韵分类的标签，以备检索。毕昇起初用木料作活字，实验时发现木纹疏密不一，遇水后易膨胀变形，与黏药固结后不易取下，才改用胶泥。

活字制版避免了雕版的不足，只要事先准备好足够的单个活字，就可随时拼版，大大地加快了制版时间。活字版印完后，可以拆版，活字可重复使用，且活字比雕版占用的空间小，容易存储和保管，这样活字的优越性就表现出来了。

毕昇发明活字印刷，提高了印刷的效率。但是，毕昇的发明并未受到当时统治者和社会的重视，他死后，活字印刷术仍然没有得到推广。毕昇创造的胶泥活字没有保留下来，但是他发明的活字印刷技术流传下去了。

1965 年，在浙江省温州市白象塔内发现的刊本《佛说观无量寿佛经》经鉴定为北宋元符至崇宁（1100 年—1103 年）年活字本。这是毕昇活字印刷技术的最早历史见证。宋人周必大（1129 年—1204 年）曾被封为济国公，老年时从沈括那里学来了毕昇的方法，印了自己的著作。他也做了一点小改动，把铁板改为铜板。铜板比铁板传热性好，易使黏药熔化，但铜板比铁板价格贵。元代的姚枢（1201年—1278年）提倡活字印刷，他教子弟杨古用活字版印书，印成了朱熹的《小学》和《近思录》，以及吕祖谦的《东莱经史论说》等书。不过杨古造泥活字是用毕昇以后宋人改进的技术，并不是毕昇原有的技术。

清康熙六年（1667年），翟世琪出任饶州推官，集磁户，造青瓷《易经》一部。所谓青瓷（活字），据专家分析可能是以制青瓷的瓷土烧成的陶活字。19世纪，安徽省泾县的翟金生因读沈括《梦溪笔谈》中所述的毕昇泥活字技术，萌生了用泥活字印书的想法。他费时三十年，制泥活字十万多个。1844年，印成了《泥版试印初编》。此后，他又印了许多书。20世纪六七十年代在泾县还发现了翟金生当年所制的泥活字数千枚，这些活字有大小五种型号。他以自己的实践证明了毕昇的发明是可行的，1962年，在安徽省徽州区发现翟氏泥活字模，打破了有人对泥活字可行性的怀疑。

19世纪中叶，法国籍犹太汉学家茹莲，亦称儒莲（Stanislas Aignan Julien，1797年—1873年），将《梦溪笔谈》讲毕昇的一节译成法文后，世界开始承认，中国是活字印刷的发明国。

明代木活字本较多，多采用宋元传统技术。明万历十四年（1586年）的《唐诗类苑》《世庙识馀录》、嘉靖间（约1515—1530年）的《璧水群英待问会元》等都是木活字的印本。

在清代，木活字技术由于得到政府的支持，获得空前的发展。康熙年间木活字本已盛行，大规模用木活字印书则始于乾隆年间《英武殿聚珍版书》的发行。印制该书共刻成大小枣木木活字253500个。印成《武英殿聚珍版书》134种，2389卷。这是中国历史上规模最大的一次用木活字印书。

用金属材料制造活字，也是活字印刷的一个发展方向。在王祯（1271年—1368年）以前，已有人用锡做活字。但锡不易受墨，印刷很困难，难于推广。公元15、16世纪之际，铜活字流行于江苏无锡、苏州、南京一带。铜活字印刷在清代进入新的高潮，最大的工程要算印刷数量达万卷的《古今图书集成》了，估计用铜活字达100万~200万个。

第四节 中国古代印刷技术的传播

中国是印刷技术的发源地，很多国家的印刷技术或是由中国传入，或是由于受到中国的影响而发展起来的。日本是在中国之后最早发展印刷技术的国家，公元 8 世纪，日本就可以用雕版印佛经了。朝鲜的雕版印刷技术也是由中国传入的，高丽穆宗时（998 年—1009 年）就开始印制经书。中国的雕版印刷技术经中亚传到波斯，大约 14 世纪，由波斯传到埃及。波斯实际上成了中国印刷技术西传的中转站，14 世纪末，欧洲才出现用木版雕印的纸牌、圣像和学生用的拉丁文课本。中国的木活字技术大约 14 世纪传入朝鲜、日本。

中国的活字印刷技术由新疆经波斯、埃及传入欧洲。1450 年前后，德国美因兹的约翰·谷腾堡受中国活字印刷的影响，用合金制成了拼音文字的活字，用来印刷书籍。根据他从葡萄酒压榨机改进的机器设计，古腾堡开发了使用凸起的活字，从一开始就使用油性墨。

印刷技术传到欧洲，加速了欧洲社会发展的进程，它为文艺复兴的出现提供了条件。马克思把印刷术、火药、指南针的发明称为"是资产阶级发展的必要前提"。中国人发明的印刷技术为现代社会的建立提供了必要前提。

第九章　古籍现行定损标准及修复技术规范

为实施"中华古籍特藏保护计划"，文化部（现文化和旅游部）委托国家图书馆主持制定相关标准，包括《古籍定级标准》《图书馆古籍特藏书库基本要求》《古籍特藏破损定级标准》《图书馆古籍虫霉防治指南》《汉文古籍特藏藏品定级第1部分：古籍》《中国少数民族文字古籍定级》《古籍著录规则》《图书冷冻杀虫技术规程》《古籍函套技术要求》《缩微摄影技术在16mm卷片上拍摄古籍的规定》《缩微摄影技术在35mm卷片上拍摄古籍的规定》《古籍修复技术规范与质量要求》《中国古今地名数据描述规范》《古籍普查规范》等多项标准。各标准相互关联，为有效实施"中华古籍特藏保护计划"提供了基本保证。

《古籍特藏破损定级标准》内容摘要如下。

古籍中存在大量破损现象。针对破损古籍进行分类并合理定级，为制订古籍修复保护计划提供准确数据，对科学保护古籍，集中力量抢救、修复濒危古籍具有重要的意义。作为推荐性标准，古籍特藏破损定级标准2006年8月5日发布，2006年10月1日实施。此标准规定了划分古籍特藏破损级别的方法，并适用于有古籍特藏收藏的各类型图书馆。

此次颁布的《古籍特藏破损定级标准》，确定了古籍在出现酸化（纸张酸性增强，pH值降低）、老化（受各种自然因素的影响导致的纸张劣化，如纸张变色、焦脆、掉渣或呈粉状等）、霉蚀（因霉菌分泌物腐蚀作用所导致的纸张纤维素降解，机械强度降低）、黏连（因受潮、霉蚀等原因造成的书叶黏接）、虫蛀（昆虫蛀食对书叶造成的损坏）、鼠啮（鼠类动物啮食对书叶造成的损坏）、絮化（书芯四周因过度磨损或其他原因导致呈棉絮状）、撕裂（书叶撕破呈裂损状）、缺损（书叶局部残缺）、烬毁（书籍因火烧导致缺损）、线断（线装书的装订线损坏）等 11 种现象时为破损，并对这 11 种破损现象进行了详细的说明。在《古籍特藏破损定级标准》中明确规定了书叶纸张酸化特别严重，纸张酸碱值（pH）小于 4。书叶纸张老化严重，纸张机械强度严重降低，书叶翻动时出现掉渣、裂口、破碎的现象、书叶黏连面积达到 40％以上，且黏连书叶达到整册书叶的 40％以上。书叶虫蛀面积 50％以上，且虫蛀书叶达到整册书叶的 80％以上。霉蚀、鼠啮、烬毁达到 30％以上，且霉蚀、鼠啮、烬毁书叶达到整册书叶的 60％以上。严重絮化，絮化书叶达到整册书叶的 40％以上。叶面、书脊、书口、书脑各部位严重缺损，需整册揭裱修复的均定为一级破损。

定为二级破损的：书叶纸张酸化严重，纸张酸碱值（pH）小于 5。书叶纸张老化比较严重，纸张机械强度明显降低，书叶变色严重。书叶黏连面积达到 30％以上，且黏连书叶达到整册书叶的 30％以上。书叶虫蛀面积 30％以上，且虫蛀书叶达到整册书叶的 60％以上。霉蚀、鼠啮、烬毁达到 20％以上，且霉蚀、鼠啮、烬毁书叶达到整册书叶的 40％以上。书叶絮化比较严重，絮化书叶达到整册书叶的 30％以上。叶面、书脊、书口、书脑等部位缺损比较严重。

定为三级破损的：书叶纸张酸化，纸张酸碱值（pH）小于 5.5。书叶纸张老化，纸张机械强度降低，书叶四周变色。书叶黏连面积达到 20％以上，且黏连书叶达到整册书叶的 20％以上。书叶虫蛀面积 20％以上，且虫蛀书叶达到整册书叶的 30％以上。霉蚀、鼠啮、烬毁达到 10％以上，且霉蚀、鼠啮、烬毁书叶达到整册书叶的 20％以上。书叶轻微絮化，絮化书叶达到整册书叶的 20％以上。叶面、书脊、书口、书脑局部缺损。

定为四级破损的：书叶纸张轻微老化，有明显黄褐色斑点。书叶有轻度霉蚀、虫蛀、鼠啮、烬毁、絮化、口开现象之一者。由于糨糊失效导致补纸、托纸、镶裱纸与书叶分离。

定为五级破损的：书衣轻微破损。装订线、纸捻断损。

第一节　古籍修复技术规范与质量要求

作为推荐性标准的《古籍修复技术规范与质量要求》，是根据 2001 年 3 月 26 日由中华人民共和国文化部（现文化和旅游部）发布实施的中华人民共和国文化行业标准《古籍修复技术规范与质量标准》为基本内容编制的，于 2006 年 8 月 5 日颁布，同年 10 月 1 日实施。现将该标准的 13 项主要技术内容做简要介绍：①范围；②术语和定义；③古籍修复；④古籍装订；⑤修复档案；⑥修复工作单；⑦工作时间基本要求；⑧修复材料；⑨修复机械；⑩质量标准；⑪ 常见各式装帧书籍修复质量要求；⑫ 质量等级；⑬ 检验。虽然以下有少部分内容与本书前半部分一些的内容有所交叉，但笔者为确保其完整性，在介绍该标准时，刻意没做删减。

《古籍修复技术规范与质量要求》在第一项范围中，规定了古籍修复基本术语及其定义、技术规范及质量要求，适用于古籍修复行业并供出版、教学、科研及国内外相关技术业务交往使用。在第二项术语和定义中，确定古籍是中国古代书籍的简称，主要指书写或印刷于 1912 年以前具有中国古典装帧形式的书籍。同时把影印古籍（指用照相制版的方法印刷并具有中国古典装帧形式的书籍）、仿古籍（指内容不属于古籍范围，但采用中国传统装帧形式的书籍）都做了明确的认定。对常见装帧形式，如卷轴装（按顺序将书叶黏接后，末端黏接木制或其他材料制成的圆轴，首端黏接细木杆，然后以尾轴为轴心向前卷收，成为一束的装帧形式）、梵夹装（按顺序将写好文字内容的贝叶或长方形纸叶擦好，上下各用一块板夹住，再打洞系绳，这是我国古代对从西域、印度引进的梵文贝叶经特有的装帧形式的称谓）、经折装（按顺序将书叶黏接后，按一定的尺寸左右反复折叠，再黏贴书衣的装帧形式，这种装帧源于折叠佛教经卷，故名经折装）、蝴蝶装（将写、印好的书叶有字的叶面对折，折边朝右，形成书背，然后把折边逐叶黏连在一起，再用一张书皮包裹书背。翻阅书叶时版心居中，形同蝶翅，故名）、包背装（将写、印好的书叶以无字的一面对折，折边朝左，余幅朝右形成书脊。再打眼，用纸捻把书叶装订成册，然后用一张书皮包裹书背的装订方式）、线装（将写、印好的书叶以无字的一面对折，折边朝左，余幅朝右形成书脊，加装书皮，然后用线把书叶连书皮一起装订成册，订线露在外面）、毛装（用纸捻把书叶连同书皮一起装订，天头、地脚及书背处的毛茬任其自然）都做了简要阐述。

标准中对修复工作的宗旨、修复工作的主要目的和意图亦做了阐述。明确修复原则和修复工作所依据的规则。是以抢救为主、修饰为辅，根据文献纸张的保存现状，分轻、重、缓、急进行重点修复。对经过修复古籍，尽量保持书籍原貌和装帧特色，要求做到整旧如旧，并注意保存与原书文物价值、文献价值有关的信息。对于衬纸及全部托、裱后需裁切的书籍，修复后书籍呈现全新的面貌，要做到整旧如新。

在古籍修复前，要针对图书破损情况而制订的修复计划和措施形成修复方案。同时，对装帧都做了较为精准的解释。

一、装帧方面的要求

书叶：按文稿顺序排列的书写、印制的单张纸叶。

版框：书叶正面图文四边的围栏，一般指印刷的书。

版心：书叶左右对折的正中、在折叶时取作中缝标准的条状行格。雕版印刷的书籍版心通常印有书名、卷次、叶码，有的还印有一版文字总数、刊刻机构以及刻工姓氏等。

字迹的跑墨：墨迹遇水后或在外力作用下使墨洇染出字迹以外。

烘色：颜色遇水后洇染出原有区域。

褪色：颜色因水和光的作用及其他原因消退或变浅。

天头：图文或板框上方余幅。

地脚（下脚）：图文或板框下方余幅。

封面：位于护叶之后、所有书叶之前。常镌刻书名、作者、刊刻时间及地点等内容。

护叶：也称副叶，用以保护书芯或连接书衣。

书芯：指书皮以内或未上书皮以前已订在一起的书册。

书头：书籍上端切口处。

书脚：书籍下端切口处，亦称书根。

书口：与书背相对，可翻叶展阅的开口。

书脑：书芯订捻、缝线以右的部分。

书背：又称书脊。与书口相对，上下封皮相隔或连接的部分，相当于书籍的厚度。

书眼：贯穿全部书叶用以穿线的洞眼。

书角：天头和地脚右端。

书衣：俗称书皮，也称封皮。

书签：一般贴在书衣或书套正面左上方用以题写书名的签条。

标序签：贴在书签右侧标明某册书或某几册书在整部书中次序的签条。

补纸：补书用纸。

搭口：补纸与书叶破损处相接的部分。

镶料：书叶上下或四周接镶的纸或丝织品等。

镶口：镶料与书叶相接部分。

二、对修复工艺中的步骤做公式化的解释

揭：把黏连在一起的书叶分离。

干揭：在书叶干燥状态下分离黏连在一起的书叶。

湿揭：在书叶浸湿的情况下分离黏连在一起的书叶。

蒸揭：用蒸汽先使书叶湿润，再分离黏连在一起的书叶。

脱酸：用碱性物质与纸张中的酸性物质中和，以延长纸张的寿命。

补：用与书叶质地、厚薄及颜色相近的材料修补书叶破损处。

手工补书：以手工方式用与书叶质地、厚薄及颜色相近的纸修补破损书叶。

溜口：用裁成长条、厚度为 0.02 ~ 0.04mm 的薄皮纸修补破损、断裂的书口。

机械补书：用纸浆作为修复材料，使用纸浆补书机修补破损书叶。

托：用与书叶质地、厚薄及颜色相近的纸黏贴在整张书叶的背面。

裱：在已经托好的书叶背面再用纸黏贴加固。

喷水压平：书叶背面喷洒少许清水，按顺序排列在铺平的吸水纸上，再盖上吸水纸和纸板，用重物压平。

衬：在书叶的背面垫纸加固。

单叶衬：衬纸面积为书叶的一半，单张衬在折好的书叶中间。

双叶衬：衬纸面积与书叶相同，对折以后，衬在折好的书叶中间，折口紧贴在书叶背面中缝处。

错口衬：用于版心部分经过修补溜口、书叶对折以后书口较厚的书籍。衬纸宽度同书叶，长度为书叶横长减去 0.5cm，按书叶的尺寸对折，衬在对折后的书叶中间。衬纸折口处与书背齐，纸边错开的一端紧贴在书叶中缝背面。

接书脑：衬纸面积比书叶大些，余出部分对折后接在书脑外面。

惜古衬：俗称"穿袍套""金镶玉"。以白色衬纸衬入对折后的书叶中间，超出书叶天头、地脚及书背部分折回与书叶平，以使厚薄均匀，再用纸捻将衬纸与书叶订在一起。

镶衬：在书叶四周黏接宽度为 3 ~ 5cm 的宣纸条，将书叶加长加宽，然后再在书叶的背面衬纸。

挖衬：用于规格不一的小幅拓片或信札类文献的装订。先用宣纸制作书叶，书叶的规格要大于面积最大的拓片或信札。将拓片或信札展平贴在书叶适当的位置，书叶中间衬纸。衬纸的薄厚要和黏在书叶上的文献薄厚一致，然后挖去文献下面的衬纸，使整张书叶保持平整。

三、对古籍装订中工序做详细的描述

折叶：将书叶对折，折好的书叶通常称为"筒子叶"。

剪齐：用剪刀沿书叶边缘将书叶四周剪齐。

锤平：用锤顶边长 3 ~ 4cm、锤高 5 ~ 6cm 的铁锤在书叶上轻轻锤打，将修补过的地方锤平。

齐栏：对齐书口下方的栏线。

齐下脚：对齐书叶下脚。

压平：用压平机将书芯压实。

下纸捻：在书脑靠近书背的 1/3 处打眼、穿入纸捻。

纸钉：一端尖细的纸捻，用于装订书芯。

纸锅：两端尖细的纸捻，用于装订书芯。

包书角：用丝织品包裹书背上下的两个书角。

装书皮：扣皮，书皮的长、宽都超出书芯 3cm 左右，超出部分折回与书芯齐。上皮，书皮的一边折回对齐书口，其余三边以书芯为准剪齐或裁齐。筒子皮书皮与书叶规格相同，对折后与书叶同时装订。

包背：书皮长度为书芯宽度的 2 倍加书背的高度再加 3cm，书皮宽度为书芯长度加 3cm。书皮正中与书背黏贴，超出部分折回与书芯齐。

打书眼：装订时应尽量使用原来的书眼。原来的书眼确实不可再用，方可另打书眼。用锥子在书皮右侧适当位置打眼。

订线：将丝线用针引导依次穿过书眼使书衣和书芯连在一起。

贴签：把修补好的书签上端靠近书头，黏贴在书衣适当位置。

四、检查登记待修书叶的顺序和数量

登记：登记待修书题名、卷册及版本。登记待修书破损情况，记录书叶厚度及 pH 值等数据。

标本：制作纸张纤维标本。

影像资料：摄制修复前、修复中及修复后的影像资料，并制作修复工作单，提出修复要求：标明书籍送修单位对书籍修复的要求。

做好修复方案：记录修复的具体方案和措施。

留存修复工作单：工作单一式两份，负责人与操作人各执一份，以备查考。

五、对古籍修复的工作间提出基本要求

面积条件：每工作岗位使用面积不应小于 10 ㎡，房间的最小面积一般不应小于 30 ㎡。

照明条件：室内自然光线充足。灯光照度标准为 300 ~ 500lx，参考平面及其水平高度为 0.75m。

温湿度控制：门窗有良好的密闭性，室内通风条件良好，室内温度控制在 220℃（±20℃），相对湿度为 55%（±5%）。

设施条件：有较完备的防火、防盗设备，通风及空调设施。室内有给、排水设施和加热用的电源。

六、对在古籍修复过程中使用的材料做相应的介绍，对补书材料，特别是修补书叶时用的纸张料、糨糊、镶料等做了说明

麻纸：以麻类纤维为主要原料制成的手工纸。

皮纸：以楮皮和桑皮纤维为主要原料制成的手工纸。

竹纸：以竹类茎秆纤维为主要原料制成的手工纸。

草纸：以草类植物纤维为主要原料制成的手工纸。

混料纸：以几种植物纤维按不同比例混合在一起制成的手工纸。

丝线：以蚕丝或其他材料纤维制成，主要用于线装书的装订。

糨糊：用小麦淀粉制作，糨糊使用时的浓度一般控制在1%～5%之间。

镶料：用于制作书皮或添加在书叶四周的丝绸制品。

绫子：绫子是一种织物表面有明显斜纹纹路或由不同斜向纹路构成各种几何型花纹的花素丝织物。素绫由斜纹或变化斜纹构成；花绫在斜纹上起斜纹暗花，花纹常为传统的吉祥动物、文字、环花等。

绢类织物：绢类织物常采用桑蚕丝或黏胶丝纺制，或同与其他化纤长丝交织，表面为平纹，细密、平整，质地轻薄，布身挺括。

绸类织物：绸类织物多采用桑蚕丝制成，织物表面为平纹或织有各种花纹。按织造工艺可分为生织（白织）、熟织（色织）两大类。绸类织物轻薄、厚重不同，轻薄型的质地柔软、富有弹性，厚重型的质地平挺厚实，绸面层次丰富。

缎类织物：缎纹织物多采用桑蚕丝、黏胶丝或其他化纤长丝制成，质地紧密柔软，表面平滑，富有光泽。根据织制的方法区分为经面缎和纬面缎。

缂丝织物：我国特有的一种丝织手工艺，先架好经线，在上面绘制图案的轮廓，用小梭子引着各色纬纱按图案断断续续织成的丝织物。

锦类织物：锦类织物常采用精练、染色的桑蚕丝为主要原料制成，也常与彩色黏胶丝、金银丝交织，是中国传统的高级多彩熟织提花丝织物。经丝起花的称经锦，纬丝起花的称纬锦，双层组织起花的称双层锦。锦类织物质地较丰满厚实，外观五彩缤纷，富丽堂皇，花纹精致古朴。

七、对古籍修复使用的机械做了介绍

古籍修复常用的机械有：书芯压平机（用于压平书叶的机械）、切纸机（裁切纸张或纸板的机械）和纸浆补书机（使用纸浆修补书叶的专用机械）。

八、对修复质量做了统一的质量要求

1.书叶修复质量要求

书叶修补质量要求：叶面平整，栏线正直，无死折。修补过的地方不缩不皱，平整洁净，无糨糊痕迹和水渍，糨糊使用适量。

折口要求：位置准确，折缝平直。

补纸要求：补纸颜色、质地、厚度及帘纹与书叶相仿，边缘必须有毛茬，补纸与书叶黏连处控制在 2mm 以下。

纸浆补书质量要求：使用纸浆修补的书叶，纸浆投放适量并与书叶结合紧密。书叶正面干净，无多余的纸浆残留。

霉变、老化书叶的处理：霉变面积 ≤ 60％的书叶，一般只做局部修补，不可托裱。

2.书芯修复质量要求

字迹修复质量要求：字迹完整，不跑墨、不掉色。

书口修复质量要求：书籍平放时书口呈90° 直角，不歪不斜。书叶折口垂直码放允许误差 ±0.1mm。若有衬纸，折口（或边缘）与书口紧贴。

叶码要求：无颠倒书叶，叶码顺序正确。

栏线的要求：书口处栏线整齐划一（或下脚齐）。

纸捻的使用：纸捻粗细、松紧适度，位置恰当。

"金镶玉"天地镶料的比例：在书叶天地两端以外衬纸镶出部分的长度之和不得超过原书的 1/5，天地的比例为 3 : 2。

3.书籍外观修复质量标准

天地两端质量要求：天、地两端整齐（毛装除外）。

书口与书背质量要求：书口、书背平、直，厚度一致，允许误差 ±2mm。

包角质量要求：包角严紧，边缘垂直，不松、不皱，平齐。

书皮质量要求：书皮平整，无皱折、无糨糊痕，无指甲划痕。面积大小合适，把书芯四周盖严，不露白边，误差 ±0.1mm。

书眼位置要求：书眼位置、距离适当，订线后各线段连在一起成为一条直线，不歪斜，误差 ±1mm，两股线互不缠绕，不露线头。

九、规范了对于常见各式装帧书籍修复质量的要求

卷轴装书籍修复质量要求：书叶平整，镶缝一般小于2mm。补纸、镶料色调协调，浓淡适宜，天、地比例为 3 ：2。天、地两端加装的轴、杆粗细适当，轻圆、平直。书籍柔软，展阅时平整，不卷不翘，卷收后天、地两端平齐。

梵夹装书籍修复质量要求：补纸与书叶基本平，不凸不凹。书叶四边整齐。

经折装书籍修复质量要求：书叶折叠整齐，不歪不斜。书皮软硬适中，面积大小合适。折口部分不高、不翘。

蝴蝶装书籍修复质量要求：书芯平整，压实。折口平直，每张书叶折口处都要黏有糨糊。书皮包裹严紧，误差小于 ±0.1mm。

毛装书籍修复质量要求：书叶修复质量要求同前。书皮上面的单个纸捻长度 ≤ 1/5 书长，纸捻数量一般为两个。

包背装书籍修复质量要求：书芯修复质量要求同前，书皮修复质量要求同前。

线装书籍修复质量要求：书芯修复质量要求同前，书皮修复质量要求同前。

十、对于古籍修复质量等级也做了相应的评定

优秀：完全达到本标准质量要求的，修复质量为优秀。

良好：80%以上修复指标达到本标准质量要求的，修复质量为良好。

合格：60%以上修复指标达到本标准质量要求的，修复质量为合格。

不合格：40%以上修复指标达不到本标准质量要求的，修复质量为不合格。

十一、规定了古籍修复检验的条件和方法

检验条件：室内，室温 22℃（ ±2℃），相对湿度 55%（ ±5%），自然光或灯光条件下。

检验形式：逐册、逐叶检查。检验工具：500mm 钢直尺、2m 钢卷尺、直角尺。

检验方法：①目测法：通过直接观察，确认书籍经过修复后各方面符合修复质量标准；②专家鉴定法：若修复质量存在严重问题，其质量等级的认定须经过具有高级职称的专业人员鉴定。

第二节　古籍修复的设备、工具、材料

前期我们对《古籍修复技术规范与质量要求》里对古籍修复设备及工具材料名称都做了介绍，在这里我们根据实际，对古籍修复工具、材料做详细的使用及功能介绍。

1. 案台（亦称工作台）

案台有大小之分，小案台亦称拷贝桌：玻璃桌面，内置日光灯，用于书叶、残破旧画的揭裱。台板木质坚硬，台面光滑平整，案台高度一般在 80cm 左右，大小与办公桌相仿。字画装裱的大案子约 1.5×3m，厚度 6cm。多漆成朱红色，面平如镜，最为合适。大装裱台因需装裱书画故尺寸较大，高度一般在 90cm 以上，这要根据装裱师的身高习惯来确定的，不累腰的高度就是合适的尺寸，字画装裱的案子也有长 4～5m，宽 2m 的尺寸。

2. 挣墙（亦称大墙，挣板）

挣墙用于贴平、挣干书叶、画芯、裱件和各种装裱材料。分木板墙和纸墙两种，前者适用于南方等气候潮湿的地区，后者多用于北方干燥的地区，亦有在木板墙上刷纸的综合墙面。对墙面的要求是平整无起伏、光洁不硌手、自然通风、能保持干燥。

3. 裁刀（又名切刀）

裁刀用于裁切纸、绢、绫、锦的材料和挖配、裁画芯及修补破洞。一般常用的裁刀其刀刃锋利平直，呈马蹄形，故名马蹄刀。它是装裱手艺人的符号之一，马蹄刀靠里面平直，靠外面有斜坡刀口，刀口斜坡度约 45°，选用好钢或夹钢制成，软硬适度、既易磨又耐用。大号马蹄刀刀口宽 10cm，前部高 8cm，后部高 6cm，柄长 12cm。中号马蹄刀刀口宽 6cm，前部高 5cm，后部高 4cm，柄长 10cm。三角刀，又名角刀，刀口宽 3.5cm，通体高约 20cm。裁刀可以用美工刀、手术刀，也可以用废锯条、废铜片自制，不论选用何类裁刀，都以刀口锋利、刀头尖锐、刀面平直、软硬适度、易磨耐用为佳。马蹄刀的开锋，是先将刀的平面平放在磨刀石上，一手抓紧刀把，一手用拇指按平刀背，用力推拉，将平面磨平后，再将刀面翻过来，磨另一面的斜坡，一手握刀把，另一手的拇指和食指、中指夹住刀背的两面，将刀斜放在磨石上成 45° 偏角，撑稳并把好角度推拉，刀头、中间和刀尾用力要均匀，磨刀时用水作为润滑，要注意不要将刀刃磨卷。收刀是逐渐地轻蹭，只有这样才能磨去卷刃。马蹄刀磨好后，要立即擦干水分，在使用过程不要受潮，以防生锈。磨好的马蹄刀，标准是刀刃锋利，成一条直线斜度而齐，避免磨成中间凹两头翘或者刃面有起伏的现象。刀刃不要同其他金属等坚硬物相碰，刀子不快就要磨，要养成保养工具的习惯，只有不断地维保自己使用的工具，在使用时才能得心应手。对于磨刀石的选择也很重要，刀砖一定要软实细腻，但一定要注意保持磨刀石平整，不平会影响磨刀的质量。中三角刀和自制的刀具只有开锋才能使用，其方法与马蹄刀基本相同。美工刀和手术刀不锋利了可以换刀片，以免磨刀之苦。

4. 裁板（又称切板）

裁板是用于方裁各种画芯、镶料及裱件的垫板。裁板的制作、选购和使用，应注意以下几点，选材：以选性小、丝正、干透的没有疤痕的椴木或银杏木、柳木为好。这类木性软，割开还能再合起来，不易崩刀，这是传统选用的材料。也可用玻璃的代替。

规格：可根据需要和板材大小而定。厚度一般在 2 ~ 4cm，玻璃的可选用 0.8 ~ 1.0cm。长度一般在 100 ~ 240cm，宽度一般在 20 ~ 30cm。另外可备制几块较小的木板或三合板五合板，便于裁切零星。

板面材料：要求平整、无裂缝，不能有高低、不平、刨痕或朽糟之处，否则会将画芯或裱件裁偏、裁坏或伤及手指。

使用：用裁板切裁画芯或镶料时，应顺着裁板的纤维方向行刀，切忌在裁板上横向裁切。否则会切断裁板纤维，出现木丝和刀沟，影响裁切质量。

维修：裁板使用一段时间，因使用不当或不慎，出现刀痕木丝过多、刀沟呈现凹陷不平的现象，应及时进行修理，将其刨平，所以裁板不宜过薄。裁板应立放在干燥处。为防止其开裂，可在裁板两头各钉一横木加固之。

5. 裁尺

裁尺用于裁切画芯材料时作界尺之用，多用楠木、杉木制成。裁尺亦称"界尺""尺板"，是方裁画芯及各种镶料和裱件的主要工具。镶活时，用其压镶缝。装裱时，用其压牢裱件。

选材与制作：裁尺选用干透坚固的核桃木、楠木、椴木或柳桉木、杉木做尺芯，四边用毛竹条黏合并刨平、刨直。

维修：木料竹边的裁尺，因使用不当或保管不善，会出现竹边被割或变形，如发现裁尺不直、不平，应及时用刨子刨平，以免影响裱件质量。

规格：裁尺的宽窄、厚薄、长短可根据需要自制。不论尺子是什么材料制成的，都要以直、平为标准。黏合竹条时，一定要竹皮立着在外，不易变形。裁尺用完后，应垂直悬挂在干燥的地方，以免受潮变形。另外，亦可根据实际情况，制作一些其他材料的尺板，如有机玻璃、铝合金等。使用透明的有机玻璃裁尺，在方裁画芯时，可以透过裁尺看到画芯边际的题字、款识印章等，并可依此准确校正画芯的标准切边。铝合金做的裁尺，不易变形，裁切时不易跑刀。

裁尺一般有三种型号：一号尺长40cm、宽4cm、厚1cm。二号尺长75～80cm、宽5～6cm、厚1cm。三号尺长150cm、宽5～6cm、厚1cm。大尺长200～300cm、宽6～7cm、厚1.2cm。

6. 棕刷（亦称"糊刷""刷帚""排刷"）

棕刷是古籍修复装裱书画用的主要工具之一，因系用棕榈丝编制而成，故名"棕刷"。棕刷用树棕编扎制成，有南、北方之分，前者小且薄，后者大而厚。棕刷有排刷、蹾刷和浆刷等，每种刷子都有大、中、小三种型号。

排刷主要用来上纸、刷平、排实，还可用来洒水。北方装裱工作者多用大厚而松软的棕刷；南方装裱工作者则多喜用编扎细密而又薄小的棕刷。

这两种棕刷各有特点：大厚而松软的棕刷，不易将纸刷破，刷过的纸伸涨度小；细密薄小的棕刷，使用灵活，排刷力强，不易空壳，但经其排刷过的纸张伸涨度大。

蹾刷刷毛粗硬、平整，其作用是将覆背后的镶缝、转边、折条等处蹾实，蹾刷在用时与不用时都应保持干燥。

　　浆刷主要用来刷制稠糊（如托绫绢等）、涂刷边口、拍浆等，浆刷用后要洗净晾干，以免霉烂、糟朽。浆刷的形状同小排刷一样，用时可将棕丝削薄一些。

　　新买来的棕刷应放入水盆中浸泡半小时，你会发现棕刷掉颜色，水呈现棕黄色。此时再加火碱加热，煮上半小时放置晾凉，换水再浸泡，煮过的水颜色很深，呈现棕红色。要想把手工棕刷的颜色彻底清除，就要每天换一次清水，直至不掉色为止。从水盆中取出手工糨糊裱画用的棕刷，把多余的水分甩掉，放在背阴处晾干，悬挂起来自然晾干，它本身带有挂绳，如果没有，自己给它安装一个。千万不要放在户外去让风吹干，那样会落满灰尘而且还清洗不净。干了之后用刀把棕刷两面翘起的棕毛削一削，这样一来，棕刷不仅看起来美观，而且用起来也顺手。吹干后的棕刷毛易翘起，且户外风吹落上土就难以去掉了，看起来很不雅观。

7. 排笔

　　排笔是用来托画芯的工具，用于刷糨糊。由几支乃至20余支羊毫笔并排扎接而成，就像一根一根的毛笔排成一排，故名排笔。排笔的笔杆用竹子制作，笔毛用羊毛制作，再用竹条把这些单根的笔管穿起来。羊毛柔软吸水多，蘸上糨水刷画芯非常适合，既不伤害画芯，又能把糨水铺满画芯。排笔应保持清洁，暂时不用时，可放在糨水里，每次工作结束后都要冲洗干净，搁置干燥处以防止根部霉烂。

8. 竹启子（又名竹起子）

　　竹启子是用来揭启晾干在墙上的裱件或其他相关材料时的必备工具。竹启子用大毛竹制成，呈剑形，前部薄而光滑，尖端半圆形，薄而不锋，后部粗厚。因为是竹制品，如使用不当或保管不善，会沾上其他物质或变形甚至裂开，导致在使用时刮伤书叶或字画，故每次使用前都要仔细检查其光滑度和完整性。竹启子也有大小之分，用于装裱字画的大一些，用于古籍修复的小一些。在南方还有牛角制作的牛角启，大小作用与竹启子相仿。

9. 针锥

　　针锥有大小粗细之分，一般用于扎眼、转边和排毛等。

10、砑石

砑石用以砑磨画背，以质细光滑的鹅卵石为砑，即对覆背后的裱件用砑石砑磨，使之光洁柔软。

11、蜡版

蜡版用于裱件背面砑光时摩擦画背。另外还有浆油纸，水油纸用于镶嵌边料隔糨糊用等。

其他工具：剪刀、圆头尖头弯头数种镊子、钢锥、撢子、叉子、喷水壶、放大镜、箩筛、木锯、电钻、钳子、镇纸、铜线、木槌、大小面盆、大小不锈钢碗、毛巾、针眼较大的缝衣针、真丝线或棉线、颜料、墨汁、调色盘、方顶铁锤、塑料薄膜等。

12. 糨糊

糨糊是修补古籍的关键黏接材料。它的主要成分是淀粉，淀粉和纸张的部分成分结构在化学成分上是相近的，都是葡萄糖脱水聚合形成的多糖高分子聚合物，两者分子式相同，最容易形成氢键结合力，也就是我们所说的黏性。它的 pH 值通常呈中性或弱碱性，一定程度上可以延缓纸张的酸化，利于纸张的长期保存。它具有可逆性，如要去除补纸，在糨糊处加水润湿，补纸就能取下来，原件上的糨糊也可以用水洗去。

对于专业的古籍修复师，糨糊的调制工作是不可避免的，一是对糨糊材料的讲究，二是对糨糊黏稠度的把控。在普通人看似简单的糨糊，在专业古籍修复师这里却是一门学问。糨糊的质量直接影响所修文献的质量和寿命。制作糨糊需要选择黏性适中、浓度可调、安全可靠的原料。经过加水调制的稀糨糊，要求黏性适中，如果糨糊黏性太差，就无法起到黏接作用或随着时间推移黏性消失补纸脱落。如果黏性太强，则补过的文献纸张发硬，且容易在纸面上形成褶皱，术语叫"暴性"。"暴性糨糊是修补古书用料的大忌，特别是那种保存时间较久的古书，书叶弹性很差，有的已经糟朽或接近糟朽，修补时用了暴性糨糊，不但恢复不了古书的原貌，还会使已经损坏的古书损坏得更厉害。而且这种被暴性糨糊损坏的古书，以后再修时无法揭开，甚至造成不可弥补的损失。"糨糊黏性要求的"适中"具体指：文献经修复后，纸张要柔软并具有可逆性，即修复后纸张柔软且长时期不会起壳脱落，而当需要重新修补时，用水喷湿即可揭去补纸而不会损坏原件。"安全可逆"是目前行业通行的古籍修复原则，和"修旧如旧""最少干预"等原则都是在长期的修复实践中逐步确立和完善起来的。浓度可调古籍修复过程中，需要用到糨糊的场合非常多：修补书叶、溜口、托裱、包角、黏书衣、贴签等。不同修复工序、纸质和纸张厚度，以及纸张和其他材料的黏结质量对糨糊的浓度需求是不一样的。这就要求古籍修复的糨糊，浓度可以根据具体的使用要求，灵活调配。糨糊调配的浓度大致分为：稠糨糊、半稠糨糊和稀糨糊（又称糨水）。修补古书所用糨糊的浓度，可以用波美表精确地测量出来。但测量数值也仅是提供参考，对各种情况的考量是需要在具体工作中积累一定的经验才能真正把握的。修复珍贵古籍和破损严重的古籍时尤其需要慎重，有时光是调出浓度适宜的糨水这一环节就很考验功夫。对于修复古籍所用的糨糊原料，古人对糨糊的制作和使用非常讲究。唐人张彦远强调煮糊用淀粉，即用去掉面筋的面粉，又叫小粉。张彦远在《论装背裱轴》一文中说："凡煮糊，必去筋，稀缓得所，搅之不停，自然调熟。"明人周嘉胄在《论治糊》中说治糊用面粉。经过长期的实践证明，修补古籍最适宜用的糨糊原料是小粉，即麦淀粉。用小粉制作的糨糊，糨性柔和，黏性适度，没有暴性，用以修补古书叶，可以取得柔软，平整的效果，尤其适合修补破烂的善本古籍。要使修复后的善本古籍达到延长寿命的目的。我国古代在调制糨糊时有添加防蠹香料的记载。唐人张彦远在打糨时"入少许细研熏陆香末，出自拙意，永去蠹而牢固。"宋代米芾制作糨糊，必加乳香。明人周嘉胄在《论治糊》中强调了治糊的方法和注意事项，制作糨糊"先以花椒熬汤，滤去椒，盛净瓦盆内放冷，将白面逐旋轻轻糁上，令其慢沉，不可搅动。过一夜，明早搅匀。如浸数日，每早必搅一次。俟令过性，淋去原浸椒汤，另放一处。"并加入乳香、矾末一起调制。清人孙从添的《藏书纪要》云："裱书面用小粉糊，入椒、矾细末于内。裱里，糊用小粉、川椒、白矾、百部草细末，庶可免蛀。"后来，又有人在制作糨糊时用百部、除虫菊等中药汤作打糨糊用水，用以防蛀。这些方法由于加入了植物性和矿物性药物，都有增加糨糊防霉防蛀的作用，故直至今日，在善本古籍的修复中仍继续沿用。古人为了达到防腐防虫的目的，在数百年前就往淀粉中加入陆香末、白矾、乳香等添加剂。虽然矾具有一定的防腐功能，但其 pH 值在 4.26 以下，显然这样低的 pH 值对纸张有损害，加之白矾的防虫效果几乎没有，故目前在制作糨糊时已不使用矾作为添加剂了。

13. 毛笔

毛笔作为书画必备工具之一，其种类是根据作画内容来决定的，而作为古籍书叶的除尘及刷糨糊的工具之一，首先要从笔尖的软硬度、笔锋及其材质考虑，即：硬毫笔，其笔性刚健（如狼毫等）；软毫笔，其笔性柔软、吸墨性强（如羊毫）；兼毫笔，其笔性是将硬豪和软豪集在一起，刚柔并济。鉴于待修古籍书叶的纸张韧性较差，因此选择笔尖柔软性及吸水（墨）性好的羊毫笔，且笔锋不宜过长。

随着技术的进步，对修复程序、精度提出了更高的要求，同时也出现了很多具有时代特点的修复工具，比如多功能修复台、裁书机、pH 测试仪、脱酸机、多功能纤维测量仪、纸浆补书机、干燥架、量杯、洗涤槽、电熨斗、折纸规等。

第十章 古籍修复技艺

　　中华文明五千年的历史，给我们留下了门类浩繁、数量众多的中华古籍，这些古籍流传至今，年代久远，因为保存条件不佳或保管不善等原因，使得一部分古籍善本及古旧书画，出现了不同程度的破损、虫蛀和污蚀，修复这些古籍善本及古旧书画，需要古籍保护工作者常年不懈的努力和付出。古籍修复是一项复合型的工作，涉及方方面面的知识，作为古籍修复师，要有完善扎实的技艺传承，还需要有相当的文史底蕴，对古籍版本知识、纸张都要有全面的了解和熟悉，更需要具备一定领悟、判断和创新融合能力，再加上一丝不苟，缜密耐心的工作态度，才能将这一门古老技艺继续传承发展下去。本文将在后续章节着重介绍杨乃京老师的古籍及古旧书画修复技艺经验，杨老师自1977年起，就师从毛俊义老先生（1961年进入南京图书馆，1964年参加文化部组织的北京图书馆（现国家图书馆）古书装修训练班，跟随北京图书馆古籍修复专家李道之先生学习古籍修复技艺两年），学习古籍善本修复技艺。1979年他参加了中国文化部委托上海图书馆举办的古籍修复培训班（为期6个月），在此期间，他受到上海图书馆赵嘉福等中国古籍修复前辈的悉心指导。赵嘉福博采南北两派之长，以"博雅"闻名，堪称一代"国手"。"博"指他技术全面：古籍修复、书画装裱、镌石刻字、碑帖传拓、碑帖装裱，五项全能。"雅"指他技术风神俊逸，无论手法还是作品，都兼具艺术气与学者气。1961年，赵嘉福进入上海图书馆工作，跟他的师父黄怀觉学习碑刻传拓。1964年，赵嘉福参加文化部组织的北京图书馆（现国家图书馆）古书装修训练班，跟随北京图书馆古籍修复专家张士达先生学习古籍修复技艺两年。他和毛俊义老先生均属于中华人民共和国培养的第一批古籍修复师。1983年，受赵嘉福推荐，杨乃京被南京图书馆派往江西省图书馆，同邱晓刚、温柏秀一起，跟随退休在江西休养的张士达先生学习古籍修复6个月（张士达先生被称为"一代国手，古书郎中"）。他的个人经历与黄怀觉类似，先在北京琉璃厂肆雅堂古书店当学徒，后独立门户。张先生与北京图书馆善本部主任赵万里是老朋友，他平日走街串巷去收古物，收到好东西就给赵万里，有点破损的就自己修，然后放在店里卖。1956年，公私合营，赵万里把张士达请到北京图书馆工作，赵嘉福老师说当时北京图书馆最好的书都是张先生修的。在多名古籍修复老前辈的指导下，杨乃京集众家所长取自我之道，在南京图书馆古籍修复领域独当一面。杨乃京老师从事古籍修复工作四十余年，修复古籍善本及古旧书画一万八千余册（件），为南京图书馆的古籍修复工作作出了应有的贡献，虽然现在已经荣退，但作为南京图书馆历史文献部古籍修复方面的定海神针，到目前为止，还在古籍修复方面起到传帮带的作用。上海图书馆赵嘉福老先生与毛俊义老先生有同门之谊，关系甚佳，他们在闲聊忆旧时，谈及古籍修复这个他们干了一辈子的行当，都支持一种观念，他们认为想要做一名合格的古籍修复工作者，对待破损的古籍书画，应有医者之心，必须具备炼石补天的妙技，又有心细如发的磨工，只有这样的匠手才能担起修复书画珍品的重任，方能不负重托。明代周嘉胄在《装潢志》中说过："前代书画，传历至今，未有不残脱者。苟欲改装，如病笃延医，医善，则随手而起，医不善，则随剂而毙"，这就对古籍修复者的技艺有着严苛的要求，破损的古籍书画，特别是一些珍品孤本，如果古籍修复者技艺不到家，宁可不修，也不能随便乱修，以免造成不可弥补的损失。清代著名鉴别名家陆时化在其所著的《书画说铃》一书中说："书画不遇名手装池，虽破烂不堪，宁包好藏之匣中。不可压以它物，不可性急而付拙工，性急而付拙工，是灭其迹也。拙工谓之杀画刽子手。"我们都知道古籍修复基本功的重要性，它是有传承的，古籍善本及古旧书画传统技艺优势要坚持，但也不能因循守旧，要能集百家之长、融合发展，才可以走得更远。

第一节 古籍修复技艺的演变

关于古籍修复的历史，学术界对其萌芽说法很多，大体分为四种时期，第一种在汉唐时代，其代表作是龙鳞装也称鱼鳞装、旋风装，此装裱技艺基本失传；第二种在宋代曾出现，因为在这之前书籍和古画修复不分家，但到了宋代随着印刷术的发展，古籍修复技术也得到蓬勃发展，逐渐开始和书画修复技术有所区分，但区分程度不高，笔者倾向于这一种说法，因为两者的关联度实在是太高了；第三种被认为是春秋战国时期，考古发现了很多绢帛上有修改、挖补的痕迹，有学者认为这是古籍修复的萌芽；第四种被认为是夏商周时期。

古籍修复技艺亦称古籍装订修补技术，它和历史与书籍发展史息息相关。修补破损古旧图书是一项特殊技艺，在漫长的历史过程中，脆弱的书籍经过聚散转手、天灾兵焚，许多遭受损毁，有的甚至千疮百孔、破烂不堪。修旧如旧，化腐朽为神奇，是保护历代古籍完整流传的至关重要的一环。因而，各界人士将这项技艺誉为古旧图书的"续命汤"。

古籍修复师在古代称为装潢手，在古代主要用于书画、碑帖等的装饰和修复还原，古籍装潢修复行业自古有传承，距今已有一千七百多年的历史甚至更早。1990年出土的敦煌遗书中《金刚般若波罗蜜经》就有标注"装潢手解集"的字样。敦煌遗书中的《金刚般若波罗蜜经》于唐代仪凤元年十一月由刘弘珪抄写。这是武则天为母亲追福而发愿敬造的经书之一，楷书字体飘逸，规整隽秀。卷后题记有抄写时间、用纸数量，书手、初校者、再校者、三校者、详阅者、装潢手、使、判官等人的信息。此卷出土于敦煌（卷首残，卷尾齐全），由此可以判断古籍修复技艺至少在唐代便已出现和运用。

许多文人墨客都曾参与和推动了这一技艺的发展。唐代的褚遂良、宋代的苏东坡就曾亲手从事装裱。在其后的发展中又形成了流派纷呈的盛况，比如，蜀派有绝技"借尸还魂"、京派有绝技"珠联璧合"、津派有绝技"千波刀"等，使之承载了深厚的文化内涵。

古籍修复流派在历史的长河中有很多，据文献记载，到民国时期还存在的有：沪派、苏派、扬派、京派、蜀派、徽派、岭南派、鲁派、津派。所存在的派别和书画装裱的派别大体一致。

蜀派有绝技"借尸还魂"，可以把整个旧书纸更换，让原来的墨迹附着在新的纸张上，可以大大延长书的寿命。但是因为不符合现代修复要求修旧如旧，所以这项绝技已经随蜀派的消失而消失。

京派绝技"珠联璧合"，把纸放在锅里和天然碱性溶剂混合，加入颜色后熬成粥状，修补虫蛀的书籍没有任何痕迹，被行业里面称为珠联璧合。此项技艺随着国家图书馆"纸浆补书机"的发明和使用，已经替代了部分普通古籍手工修复，成为当下最流行的修复方法。国图古籍修复大师杜伟生老师介绍"纸浆补书机"时就特别提示，这个机器只适用于那些纸张拉力较好，遇水不掉色的古籍，且无法修补古籍上的红线、蓝线，还无法完全替代手工修补。

津派的绝技是"千波刀"，名如其艺，可以将纸随意劈成需要数量，而且保证原来的墨色、纸质。劈开后还能保证原来纸张厚度，即便是被劈开一千次依然可以如原来，不损伤纸张元气，犹如复制古书。在历史长河中，因为此项技艺曾经多次险些外流，竹影法师弃艺后（竹影法师，出生中国天津。早年在天津上学，后在北京的拜青铜大师吉金许宏门下学习古代青铜鉴定，后各地游走学习古陶瓷、玉石、金银等修复，曾师从天津陆玉枢学习古籍善本修复，）因担心书画作假被人利用，将劈画工具、药物配方等都焚烧。因此，津派随"千波刀"的消失而彻底消亡。现在有些书画修复师傅也会使用劈画，但是最多只能劈开2~5次，劈开后纸会薄，可以利用第2次托表弥补厚度。因为劈开后损伤书画严重，现在用的人也很少，与当年津派劈一千次仍可以保证原来厚度和品质不可同日而语。根据现在书画界的研究，津派可能因为灵活掌握了"借尸还魂"和"珠联璧合"其中的奥妙所以创立了"千波刀"达到津派辉煌的顶峰。

杨派、苏派，两者相似度很高，但是修复过程有明显的不同被分成不同的派别。其技艺的代表手法就是"浴火重生"，其手法与修复古画反铅，用白酒烧画方法相似，不同的是古籍修复是为了让纸张修旧如新，彻底消除霉菌而危害书籍的各种生物因素。

古籍修复艺人的岁数逐渐增长，后继无人或者技艺人相继另寻他路。其中，沪派、蜀派、徽派、岭南派、鲁派、津派大部分在1970年左右消失，津派是消失最晚的，津派古籍修复的老艺人陆玉枢所传最后一名弟子（竹影法师）于2004年左右停止修复，成为津派最后一个名古籍修复艺人。如今，这些修复流派大多难觅踪影，古籍修复技艺竟成为非遗的一种，这让中华儿女不得不为之惋惜。

2003年8月，教育部办公厅、文化和旅游部办公厅联合下发了《关于开展培养古籍修复人才试点工作的通知》。在政府部门的介入和引导下，陆续有一些学校开设了古籍修复与鉴定专业、相关课程，这一局面逐渐有所改观。

古籍修复工作要的就是"心灵手巧"。修复过程需要高超的修复技术，娴熟的技艺，修补一本古书往往要经过十几，甚至几十道工序，一招一式极为考究，还集版本知识、古籍纸张知识、历史知识、装订知识、化学知识、艺术审美能力等为一体，这就对从事古籍修复人员的要求近乎苛刻，需要技艺、爱心和耐心的完美融合。

第二节　古籍修复基本流程

目前，根据《古籍修复技术规范与质量要求》，修复古籍文献的标准分为二十四个步骤。

一、拿到破损古籍后先要拍摄修复前书影

在古籍文献修复前，先要用数码相机对拟修补的每一张书叶进行拍照。相机的选择：古籍书影拍摄是有着特定拍摄对象和拍摄环境的专业性工作，对所需器材有着不同于日常生活摄影的特殊要求，应该选择单镜头反光数码相机和适当的镜头组合。主要原因在于：古籍书影拍摄是摄影距离较近的静物拍摄，需能够打印输出原书大小的高清晰图片，这要求具有1000万以上的有效成像像素值和较大感光元件（CCD或COMS）物理面积。虽说目前主流的数码相机有效像素大多超过了1000万，但袖珍的小型相机由于感光元件物理面积小（在1/1.7英寸以下），在这样的面积上排列1000万以上像素，单个元件受光面积小而且排列紧密，在目前的技术水平尚不能很好解决噪声干扰，特别是在高感光度条

件下不能实现高质、纯净、通透的图片画面；而且袖珍的小型相机采用一体化的变焦镜头，大多通光量（镜头的有效光圈）小，受制造成本约束各种像差校正不很完善，成像像场平整度差，画面中心和边缘成像质量差距大，不能满足古籍书影制作要求。单镜头反光数码相机能够根据需要配置专用的微距镜头，这种镜头专门应对近距离的静物摄影，近距离成像像质非常优异，像场非常平整，画面中心和边缘的成像差异细微，并具有较大的通光量。另外，单镜头反光数码相机与袖珍小型机相比具有更多更丰富的手动功能，特别是白平衡调制、对焦点选择等，方便在拍摄时应对各种拍摄环境。

摄影光源的选择，古籍书影制作一般使用室内人造光进行，人造光源选择电子闪光灯即可。电子闪光灯是冷光源，而且在准备充分的情况下每幅书叶闪光一次即可完成拍摄，不会对古籍造成损害。实际选择时考虑布光要求，选择两具 150W ～ 200W 功率的带小型柔光伞的电子闪光灯即可。镜头，根据拍摄的实际需求，可选择尼康的 60mm 微距镜头作为拍摄的主要镜头。这支镜头目前有两款，分别是 AF—S60mmF2.8GED 微距和 AF60mmF2.8D 微距。这两款镜头都能取得非常优秀的影像，画面分辨力极高，反差适中，色彩还原准确，像场地平整，画面中心和边缘成像质量基本一致，完全满足书影制作的需要。区别在于两款镜头的镀膜和光学镜组构成不同。这两款镜头应用在 APS—C 格式的D300 机身上时所得的实际视角要 ×1.5 焦距系数，相当于 135 胶片格式的 90mm镜头的视角；用到 D3 机身上时则无须变换。有用的附件，机身、镜头和灯光构成了拍摄系统最主要的部分，再选择一些合适的附件，会减轻拍摄者的工作强度、提高工作效率和质量。直角取景器（腰平取景器），一般我们拍摄书影都是向下取景拍摄，拍摄者要低头弓腰向下透过取景器取景，长时间工作非常辛苦。有了这个附件，就可用正常的姿态向前平视了。相机遥控线（电子快门线），可以离开相机一定距离来操作相机快门的释放，既可保证快门释放时相机稳定，取得高质量的成像，又方便了拍摄者的操作。专业翻拍台，可以很好地固定被摄体，有的产品还附有标尺，可以方便地标示出古籍开本尺寸，如果古籍开本大小一致，可不用重新构图。翻拍台附带的柔光箱，在古籍版本鉴定中需要反映古籍用纸的纹理时可做透光拍摄，效果很好。

色温表，许多数码单反相机都支持色温设置。有了色温表可以大大方便数码相机白平衡设置，取得与原件一致的色彩还原。

书影拍摄的内容，根据书影的用途不同对拍摄内容的要求有所不同。作为古籍数字资源库中的版本书影是指能反映该古籍题名、责任者、出版年、递藏历史等相关版本信息的书叶影像，主要用于补充书目信息的不足，形象地揭示古籍的真实面貌，以便远距离比对版本，得出古籍版本的正确结论。版本书影的内容一定是能反映和说明版本刻工版刻情况的书叶或部位。一般而言，要有反映题名、责任者、出版者、出版时间等主要因素的书叶。对于彩色套印、具有特殊制版方式或材料、显示递藏情况等的相关信息的古籍，还要有相应书叶的书影加以反映。但对于古籍版本不明晰，需有关专家根据书影做出古籍版本鉴定意见的书叶影像，除拍摄以上内容外，还需提供更多的影像材料，有时需用一些特别的拍摄手段来进行反映。

拍摄技术，书影的拍摄一般在室内人造光源下进行。拍摄要注意透视问题，保证叶面不变形，要求相机要与书叶完全平行，利用取景器中网格线可以很方便地确定古籍的四条边框是否变形。书影拍摄的布光要求整体光线均衡，一般是从左右两侧各打一支灯，呈45°角照射，中间部位是两支灯的交汇点，如果是面积较大的书画或碑帖拓片，要用测光表分别测量各部位的受光量，保证输出一致再拍摄。放好色卡，作为图像后期处理时的参照。相机设置一般根据现场光线用手动设置光圈和快门速度进行拍摄或使用光圈优先进行拍摄。使用光圈在 F8—F11 比较适当。因为此时光圈在近距摄影中像场中心和边缘有相近的成像，影像质量非常优秀，又能有合适的景深，保证被摄体的清晰度。在相机参数设置中的"影像注释"中输入我们要在图像的 Exif 体现的拍摄者信息和原始图像认证信息等，为图像今后的利用提供便利和版权依据。当古籍书影作为版本鉴定的依据时，对书影有特殊的拍摄要求，要用特殊的拍摄方法。

古籍书影图像的后期处理，用 Photoshop 图像处理软件打开书影图片，打开文件菜单下的"文件简介"对话框，在其中加入图片的相关信息。根据古籍的不同情况和本馆要求，选择加入信息：图片的标题、作者、与此图片相关古籍情况的简要介绍、与古籍收藏单位的联系方式和相关的版权信息等。这些信息随图片文件一起保存，在浏览图片时并不可见，但在需要利用这些图片时却非常有用，特别是我们通过互联网络，请专家对古籍的版本进行鉴定时，这些信息是与原始图片绑定在一起的，不会因为图片数量、图片附加说明与原始图片分离而造成差错。甚至可以在鉴定完成后将鉴定意见简要地附加进去，方便在建设古籍数字资源库时使用。根据拍摄时使用的柯达标准色卡，对图片进行校色，修正数码相机拍摄时产生的细微色彩偏差，使图片色彩忠实于原件。这样在任何经过色彩校正的显示器上观看图片都能产生与原件色彩一致的效果。对图片进行剪裁处理，按照本馆分类进行存盘同时备份文件。对古籍的深入了解是古籍管理人员所具备的知识，但制作出高质量的古籍书影，除要求拍摄者对古籍非常了解外，还要掌握相当的摄影专业知识和影像的后期处理技术。

二、制定修复方案

根据书的破损情况确定修复方法，在修复程序中极其重要，它对于修复方式的选择和材料配制有着指导性的意义。工欲善其事，必先利其器，要先对拟修复的古籍及古旧书画进行认真地研究，了解其作品年代，所用材料的产地及主要成分，破损严重程度，前人修复用浆用料情况等。古籍破损情况差异很大，有单纯虫蛀、重轻程度不同的重压而成黏连板结的，也有水迹、油渍、霉变的，当然也有这几种情况综合的，古籍修复方案须视具体情况而定。

古籍修复方案的制定，将拟修复古籍书画的名称、年代、级别、类别、尺寸、质地、来源等信息做详细记录，针对古籍材质特性、破损原因量身制订出完善的修复计划和措施，是用洗、补、揭、托、脱酸等办法，还是采用其他方式，要有个全面地了解判断，而后才决定选配什么样材料进行修复。应遵循"最小干预"的原则，采用的保护措施以延续现状、缓解损伤为主要目标，修复结果应具备可逆性，修复后的部分和原件既要相协调又要可辨别，如若使用新的材料，必须经过科学检测和实验，确保对原件无损害后方可使用。

三、打糨糊

一般情况下采用熬制的方式稀糨糊。

杨乃京在20世纪70年代刚刚入行时，他的老师毛俊义老先生对其要求极为严格，给他立下规矩：第一，欲学修复先打糨糊，洗浆、过滤、文火加料熬炼，每道工序必不可少，打好的糨糊先放入清水中养，当天按需从中取出使用，当天用过的糨糊，第二天绝不使用，因为调和过的糨糊经过一天的水分蒸发、灰尘污染，会导致黏合力下降；第二，不是特别腐朽纸张的书籍，补缝口处不允许超出一根头发丝的间隙，对于古旧字画的修补那就更加严谨了，要求补上去的新纸，必须与原纸叶的厚薄、帘纹浑然一体，修补后的地方搭接之处，不用强光灯照射，是看不出修补痕迹的，只有这样贴补上去的纸才能和原作黏合得天衣无缝，使读者无法看出这部作品是被黏合过的，才符合古籍修复整旧如旧、整旧如新的标准。

四、拆书

拆书，顾名思义就是用针锥、竹启等趁手工具，把待修补的书籍上的线拆下来，并将前人装订或修补过的纸捻撤掉。纸捻其实叫纸钉，固定用的，纸捻一则可以加固书籍；二则可以防止丝线磨损书籍，其实纸捻是主要固定方式，线装书从包背装中沿袭下来的，线装更多是为了固定和美观；三则防止修复好的书籍断线，没有用纸捻的书籍在线断后书叶就散了，用纸捻的书籍在断线后依然不散。有不少残破古籍的叶序残缺，或因先人装订时前后顺序的错放，在拆书前或后，必须用铅笔记下原书顺序，如错放顺序的应及时纠正，以利于修补完毕，顺利地装订成册。

五、揭书叶、书皮

把书叶、书皮逐一分开，也就是分解古籍。揭书叶是修复古籍的技艺中最为关键的一个步骤。揭书叶分干揭、湿揭、蒸揭、黏揭的技术手段，最主要的目的就是把整册书籍分解成单张书叶，才能进行后续修补。

六、书叶去污

一般采用水泅法或水冲法把书叶清洗干净。

七、配纸

配补书用的纸，要求颜色、薄厚、质地都相近。配纸是修复书画的一个基础环节，千百年来华夏造纸产地众多，各个造纸坊大小不一，各地造纸原材料也有其地方特色，再加上造纸工匠各自独特性的技艺手法，所造出来的成纸也是各有千秋大不一样。作为一个古籍修复人员，不仅仅要手艺精湛，还需要对古旧纸张的成分、原材料、出产地、制造年代有一定的了解。古旧纸张的鉴定，在刚入门前期要依靠老师的言传身教，后期则依靠自己对基本业务知识于平常工作中的日积月累。在修书前先断定纸张类型，然后把书籍拆开，迎光照看，仔细观察其纸张纹帘、色泽及柔韧程度，反复用手轻轻触摸，感受其厚薄及光滑程度，将这些在接触中发现的关键点，拍摄下来，记录下来，逐一比对类似纸张纹帘的宽窄、色纹的走向，直至选配满意为止，选配好的纸张要与原有作品纸张纹帘的宽窄、颜色相吻合，合适才是硬道理。这样的选纸方式比较费时，但对今后却大有益处。平时工作之余收集各个时期具有代表性的旧纸也很重要，古旧书店、古玩市场是一个很好的学习地点。简要地讲，对修补材料的选择，就如同我们以前补衣服一样，绸对绸、丝对丝，关键点是新纸要与旧叶纸内在的平纹、斜纹相同，旧气相仿，颜色一致，不但厚薄粗细相吻合，而且经纬丝缕、帘纹走向亦要对应。

染纸是配纸环节中一个重要的步骤，往往纸张的颜色是最难相匹配的，这就需要对选配好的纸张进行染色，使之与拟修复的古籍书画纸张相配。做旧纸张染料，最好选用茶叶、植物果实或矿物原料等天然产物，如非迫不得已，尽量不使用现代化工颜料，因为尚不清楚现代化工颜料对古籍书画纸张有多大影响或存在哪些隐患。如选用茶叶汁，加一丝墨汁调出的颜色十分温润自然，染出的效果好、经济实惠，用时根据需求将纸放到容器里煮，达到需要的颜色为止。染纸的方法有多种，浸染是常用方法之一，把备纸放在盛有色水的容器里浸泡一段时间后，起出晾干便可使用。值得注意的是，在浸泡期间不要因为担心色度不够或色度过重，随意添加色汁或水，从而影响浸染效果。刷染也是经常会用到的方法，用毛笔或排刷，蘸色水在备纸上涂刷均匀，为防止着色程度不一致，建议多刷几张，晾干后选颜色最匹配的使用，余下的也不浪费留着以后备用。其他还有拉染、点染等，到底用哪个方法，要根据古籍原本书叶的实际情况及具体需求而定。有时生活中一些小小的、不起眼的印染知识，也能在染纸的过程中大放异彩，即便有女娲补天的神功，也必须先炼取补天所用的五色彩石。

八、溜书口

用裁成长条的薄棉纸补破损、断裂的书口。

九、补书叶

用与书叶质地、厚薄、颜色相近的纸修补破损的书叶。补书叶是古籍修复的基本功，古籍破损情况复杂多样，一般以虫蛀为多见。如属纸质拉力较好，虽虫蛀孔洞大小不一，蛀洞多多，必须采用修补法。补洞：将书叶反铺在工作台上，一手持修补纸，一手拿干净蘸浆的毛笔，将绵纸一角铺于洞上，以湿笔一点，立即用一指按住湿纸，一手则迅速拉提绵纸，修补纸在穿洞处形成断补。如此补完每个洞，补洞工序就算做完了。补洞后留撕纸宽约 0.25 ～ 0.35 厘米为佳。补洞后，同时用湿毛巾轻敷去掉周围糨糊余迹。如遇洞眼过多，无法一一洞补的，则采用整纸托裱的方法，使之洞补叶牢。补缝：基本原理与补洞相仿，将修补纸撕或裁成比书叶缝隙略大的形状，覆在缝隙上或空缺处，别小看补书叶这个简单的操作，它是古籍修复的基础，只有沉下心思，踏实坐稳冷板凳，凭着眼力、手法和糨糊的完美结合，贴补上去的纸才能和原作黏合得天衣无缝，体现出一个古籍修复人员应有的功底。

十、托书叶

此法用于"霉"书和"焦"书最合适。古籍由于受潮日久，形成糟朽，无法阅读。对于霉烂书的修复，必须使用托裱法。即先用同色纸将破损处补齐，然后用排笔在书叶背后刷上糨糊，再裱上一层薄棉纸（纸幅要比原书叶略大，还要与书叶质地、厚薄、颜色相近），拂拭平整，逐叶依次进行，全部裱好后再截齐装订成册。有的古籍，受风吹、日晒、烟熏变得焦脆，似烟叶状，一触即碎，难以翻阅。古籍文献书叶的拓裱，是在遇到腐、脆化严重到无法修补的前提下，才不得不采用拓裱的方式。在拓裱前一定要慎视，遇到容易褪色或洇色的书籍，古人的做法是在糨糊里加些胶矾，但根据最新的研究证明，传统修复工艺中使用的明矾，会给古籍留下纸质酸化隐患，会加速其酸化速度，目前主流修复单位都已经不再使用了。明矾对于古籍修复来说，有正反两方面的作用，一方面，明矾可用来辅助留着和絮凝以及控制树脂沉积物，进而能改变色调和影响湿纸幅与原书叶的吸附力。另一方面，糨糊中太多的明矾将对纸叶强度、网部滤水和纤维结合产生负面影响，甚至可能降低松香施胶效率。

在古代修复装裱师会在容易脱色的地方在背面刷上一层淡淡的胶矾水，干透后，然后再进行拓裱，这样就可以控制掉色。如遇到化学墨汁、朱砂等情况，可采用蒸熏的方法，先把要拓的书籍用宣纸包好，然后再用塑料袋包裹严实，随即放在蒸锅里热蒸，一般水沸后约三十分钟即可启锅，特殊情况时间可增减，蒸时人不可离开。

常用的拓裱方法有三种：①直托法：亦称"湿托"，对色墨不会脱落的作品可采用直托法，即将糨水直接刷在作品的反面，然后将纸覆盖刷上，这种托法有益于色彩华滋、墨气润泽，有助于色墨相融、气韵生动；②飞托法：是将糨水刷在托纸上，然后再将作品刷贴上去；③复托法：对作品色墨脱化严重的就需要采用复托法，把糨水刷在托纸上，取两张干纸，一张衬在托纸上吸水，一张衬在作品正面，然后再覆上托纸，隔着衬纸排刷黏合。在这里强调一下拓裱碑帖，拓裱时要注意字迹的原有皱纹，要把每个字体刷凸突出来，以免字纹走样，切不可刷平，应是纸平而字凸出。

十一、修书皮

书皮破损后应寻取质地、颜色相同或接近的纸，然后把纸截至比破损面积略富少许，再将破损的边缘和修补纸的接口用刀片稍稍刮成毛口，最后拼合黏连。整修书脊可先剪一片相应大小的纱布，随即将白胶涂于书脊，贴上纱布，等书籍彻底晾干后，再采取补书皮的同样办法处理。

十二、压平

把修好的书叶逐一喷水压平。当修补完一册残破古籍后，宜用小水壶喷细雾状水在每张书叶上，然后一叶叶平整舒展地放在干净纸中，叠放完毕，上面用书板压之，在书版上用石等重物压实。24小时后，按顺序倒叶在另外干净纸中（注：千万不要再喷水湿润），一般经过四次倒叶后，书叶干挺平整。

十三、折叶

把压好的书叶逐一折好。

十四、剪齐

把补纸依书叶边缘四周剪齐。如发现补纸长出书叶的，一律或剪或裁平整。按顺序把散叶，以版心原折缝线为准，折叶复位。

十五、撳齐

把整本书的书口、天头、地脚撳齐。

十六、锤平

把有补纸高出的地方锤平。因为补纸而出现凸突不平，必须用平面小铁锤，熟练而有技巧地把凸突处锤平。切忌用力过大或落锤不平，以免造成人为损伤纸质。

十七、加护叶

一般情况下护叶前边加两叶，后边加两叶。

十八、压实

折好的书叶松而不实，会影响装订成册的质量，必须经过压书机进行压实。其法是把一册散叶，分成若干个十余叶，再齐拦整齐，分别夹放在书版上，然后放入压书机上，经过两三天的压实后，书叶已达到平整的最佳状态。

十九、钉纸捻

把压好的书芯按原样钉好纸捻。钉纸捻亦叫穿纸捻钉，纸捻钉可以保持长久不坏，古人很聪明，用纸捻钉来固定书叶，即便订书的线断了，书叶也不会散。把修好的书皮上在书芯上，压实后的散叶，在齐拦时必须松叶，防止产生轻微黏合情况存在。然后按顺序合成一册，把书口和天头地脚及书背都按原装整齐。齐拦整齐的散叶，如无副叶的就必须配齐，用锥子按古籍原孔眼打通，接着用纸捻钉穿孔眼捆结实，再用铁锤敲平捆结。

二十、装书皮

在纸捻钉的捆结处，点上一些稠糨糊，把书皮黏于其上，上用书板轻压，待干燥后，再用锥子按原线孔打通。

二十一、订线

把书按原来的书眼订上真丝线，订一册书用的丝线长度约为书长的 6 ~ 7 倍。在订线孔内引针穿线，然后订线结扣，将线剪断，用锥子将线头拨在孔内，正而不露，保持平整。这是流传上千年的古籍装订方法。订线最后一步是黏上封面，用真丝线装订。

二十二、压平

把修好的书用压平机压平，一般修好的书压一到两天就可以了，古籍换了新书皮后需贴书签，应把书签贴在书皮的左上角，宜在天头和书口两边各留出约 0.25 厘米的书边处为宜。如一部书中有几册无书签的，贴书签应根据其他有书签的几册贴，保证整部书的书签统一性。

二十三、拍摄修复后书影

一册（件）古籍文献在修复后，同拍摄修复前书影一样，也要对全书进行拍摄，然后按照本馆分类进行存盘同时备份文件，以备校对和后期检查。

二十四、填写修复档案

1. 填写修复档案的意义

填写修复档案是一项必要的工作。明确建立古籍修复档案的作用和重要意义，填写修复档案第一要义为保存修复记录，为后人提供第一手参考资料。工作人员常常会碰到一些曾经修复过的古籍，特别是改装过的古籍，但因为没有修复档案的记录，已经无法窥见原来的状态，这给现有的工作带来了一定的困难。修复档案可以记录修复所用的材料、技法，还原修复前的状态；在二次修复时，能利用修复档案开展可逆性修复，更好地保存古籍。

填写修复档案也是科学开展古籍保护工作的需要，古籍保护工作已经不是一门经验学科，而是趋向于科学学科。古籍修复档案记录了修复经验，应用了技术分析，如对纸张纤维、纸张酸碱度、糨糊浓度等的分析，也为进一步研究修复材料、修复技术提供了依据，是古籍保护科学化的重要组成部分。

填写修复档案为实现资源共享提供了必要的条件，从单个图书馆来讲，古籍修复档案可以与古籍编目、古籍典藏管理系统有效结合，促进图书馆典藏、阅览工作的开展。从整个图书馆行业着眼，行之有效的古籍修复档案管理工作可提高古籍修复工作效率，促进古籍修复工作的交流，实现古籍修复技术和理念的共享。

2. 修复档案的种类和作用

古籍修复档案的类型基本上可以分为两类：一类是数据库类型，另一类是表格式。2007 年，国务院办公厅颁布的《国务院办公厅关于进一步加强古籍保护工作的意见》（国办发〔2007〕6 号）强调科学规范地开展古籍保护工作。"各古籍收藏单位要建立修复档案，按照有关技术标准和规范对古籍进行修复，确保修复质量。" 2010 年 7 月 1 日发布，2010 年 9 月 1 日实施的，起草单位为南京博物院《馆藏纸质文物保护修复档案记录规范》WW／T0027—2010。2016年正式实施的由中国国家图书馆牵头制定的《古籍保护修复档案记录规范》WH2016—04，这些档案规范的起草与实施，都表明古籍保护观念深入人心，各个图书馆也着手建立古籍修复档案。

数据库类型以中国国家图书馆、天津图书馆等大型修复单位为代表，其中中国国家图书馆的古籍修复档案管理系统建立时间最早，该系统主要分为业务管理系统和修复档案系统两个部分。修复档案系统能对修复文献的客观情况、修复材料选择、具体修复部位的技术手段和修复前后的技术影像等进行记录。而管理系统则具有统计功能，对修复技术手段的采用、修复质量的评定、修复数量等进行统计排比。该系统无疑是完善的、先进的、科学的。

表格式古籍修复档案应用最为广泛。表格可以是 EXCEL 表，也可以是

WORD 形式。表格既有纸质版，也有电子版，或者两者俱备，方便电脑检索。不同的图书馆，其修复档案类型不尽相同，但是都应包括以下几个部分：一是古籍书目信息，如书号、书名、著者、版本、开本、叶数等；二是纸张信息，如纸张纤维、纸张酸碱度等；三是破损信息，如破损位置、破损类型、破损程度等；四是修复方案，包括修复原则、技术手段、使用材料和修复步骤等；五是修复责任者及相关管理信息。

良好的制度是开展古籍修复档案工作的保障。图书馆古籍修复工作要在原有的古籍出入库制度、古籍修复工作制度、古籍交接制度等基础上，建立古籍修复档案管理制度，明确古籍修复档案的范围、内容、管理方式等。

修复档案的记录要依据《古籍保护修复档案记录规范》WH2016—04、《馆藏纸质文物保护修复档案记录规范》WW／T0027—2010 等标准，对古籍的破损状况和修复过程以规范的、专业的语言来描述，而不是模糊不清的口语化表述方式，否则古籍修复档案将失去准确性和真实性，其价值和参考意义也会大打折扣。

要以科学和完备的修复理念开展古籍修复档案工作，随着科学技术的发展，修复工作不再是单纯依靠经验判断纸张成分，还可以利用电子显微镜等设备对纸张的纤维成分进行分析，故应积极采用新技术，在修复档案工作中对原书纸张和补纸的纤维成分和酸碱度进行记录。古籍修复档案除了文字记录，还需要照片资料，一般需要拍摄修复前后天头、地脚、书口、书背、封面、封底、首叶以及每种破损类型的照片及纸张纤维分析图；有条件的可以以影像资料来保存和再现修复手段、修复技术。

各收藏单位要根据实际，建立适合本单位的古籍修复档案，像中国国家图书馆、天津图书馆等大型古籍修复单位，其修复人员皆在 10 人以上，年修复数量可达几百上千册，一个大型的古籍修复档案数据库必不可少；而大多数只有 1～2 名修复人员的图书馆，年修复量并不大，建立古籍修复档案更大程度上是为了保存记录，可以采用表格式的古籍修复档案方法。

各收藏单位要注重实物档案的保存，实物档案主要包括原纸捻、原订线，需要替换的原封面、原护叶及修复所用的补纸、订线等。如果该书曾经有过托裱、衬纸修复，而现有的修复方案要去除托纸、衬纸，那么这些托纸、衬纸也要保存好。这些实物档案是最原始的材料，可供后人进行进一步的研究和分析。

各收藏单位要整合文献信息资源，探索建立古籍修复档案特色库，虽然年修复量较少的图书馆无需建立大型的修复数据库，但是日积月累，修复过的书籍也不在少数，为了更好地利用这些修复档案，可以探索与现有的书目检索系统融合，在书目检索系统中对修复历史进行揭示和展示，或者将具有代表性的古籍修复案例加以整合，打造古籍修复档案特色库。

古籍修复档案的缺失，会给后人的古籍修复工作带来不便，也可能在古籍修复中造成不可挽回的损失。古籍修复档案的建立和管理对提高修复技术和深入研究修复材料及科技创新有着重要的作用，也将推动我国古籍保护事业向前发展。

第三节　古籍修复技艺之书叶清洗去污

在古籍修复工作中，经常遇到古籍书叶的各种破损，这里就古籍破损的情况之一——古籍书叶纸张的污渍水渍的淡化和去除，进行粗浅介绍。书叶的清洗去污是古籍修复中必不可少的工序之一，下面根据实际工作中遇到的古籍书叶污渍水渍，谈谈有关清洗去污的几种方式方法。

一、洗

洗，最简单、最直接能想到的是洗衣服，洗过的衣服很干净，当然也有顽固的污渍是洗不掉的。洗干净的衣服原来的污渍并不是消失了，而是通过媒介把脏东西从衣服上转移到水里面，衣服干净了，水变脏了。世间任何东西没有无缘无故地消失，清洗书叶纸张与洗衣服类似，就是把书叶纸张上的水渍污渍通过用水清洗的方法转移到水里面，书叶就变得比以前干净了，这就是古籍修复中说的清洗去除书叶纸张水渍污渍的"清洗"。

实际工作中，清洗书叶是根据不同的情况采取不同的方法，一般情况经常会用到的有如下两种方法：第一种是用水浸泡的方式，基本上一次可以清洗很多书叶，甚至成册的书都可以一次进行清洗；第二种是借助毛笔进行单叶局部清洗。

二、成册清洗

成册清洗可分为冲洗和浸泡两张方法，下面对这两种方法进行简单介绍。

1.什么样的书籍适合用浸泡或者冲洗的方法进行成册清洗？

首先，适用于古籍的书叶纸张韧性强、拉力好、不碎、不糟、不朽、不絮化、不掉色、不洇染，简而言之，古籍纸张结实，经得起多次翻叶、受得起在水中浸泡和能承受一定水的冲击力的书叶纸张。其次，这种方法主要针对污渍水渍比较多，在书叶上面形成一大片，甚至整个书叶全部是污渍水渍，适合浸泡在水中成册进行洗。

2.成册洗的方法之一：冲洗

第一步，前提准备工作。拿到手的待洗书籍，要先检查外观和表面现象，大概判断清洗中需要注意事项，如污渍部位、污渍程度、污渍颜色、有无夹带、有无叶码顺序错乱、有无缺叶及其他特殊情况等，做好修复档案的文字记录和影像资料采集，操作前要做到心中有数。如果书叶上面有浮土或其他灰尘类杂物，可用镊子、马蹄刀、竹启子等工具刮除，用干净的排笔、毛笔或毛刷等轻轻扫除浮尘浮土。操作时，修复人员最好做好防护措施，戴上口罩保护自己，避免灰尘和霉菌等有害物质随着呼吸进入到身体里面。然后，把古籍进行分解，拆除订线和纸捻，再把洗书要用到的板子放在便于操作的合适高度，摆好位置，上面铺垫一层薄厚适宜的塑料布和一层皮纸（或吸水纸），铺垫的纸张最好是白色，以防万一掉色，或者铺垫两层皮纸（或吸水纸）也可以。再备好一些皮纸（或吸水纸）放在旁边待覆盖在书叶上面时使用，最后备好盛装沸水的工具，如水壶等。

第二步，拆开书籍，剪断缝线，轻轻拿掉书皮，拔掉书捻儿（也叫纸钉儿），书捻儿尽可能保持完整取出，若有夹带，取出夹带，夹带的纸条或其他东西都要和书捻儿一起留存在实物档案袋。需要注意的是，剪线时剪刀尖儿不要扎到书皮，另外，可根据打线眼儿锥子的走向（一般情况，打线眼儿和捻眼儿是从古籍的正面落锥子开始锤打，从古籍的后面出锥子），从古籍的正面剪断订线从后面揪出来，会比较顺利一些。打捻眼儿的锥子走向和打线眼儿的锥子走向是一致的，基本都是从正面到后面的方向，但是取出书捻儿时，因为书捻儿一头细一头粗，所以只能从粗的一头往外慢慢揪出来，揪出来的方向和揪出订线的方向正好相反，是从古籍的正面往外揪，小心取出。有的古籍的纸捻会有糨糊和书黏连，这时候需要用镊子或竹启子揭开，然后依然是从古籍的正面往外揪，小心取出。如果糨糊和古籍黏连牢固不易干揭时，可以闷一点水，再进行揭开。有的古籍的纸捻没有用糨糊进行黏连，这时候只需要轻轻把纸捻儿拉直，再从古籍的正面往外揪出来即可，小心取出。

第三步，把书叶一叶一叶按顺序分离，整齐且错开码放在洗书版上。错开的位置要根据污渍水渍的位置具体情况具体分析，错开的距离要根据污渍水渍的严重程度具体情况具体分析。需要注意的是，无论错开距离如何、错开的位置如何，在冲洗过程中都要考虑和照顾到书叶之间的重叠部分。

第四步，书叶码放完毕后，最好在书叶上面覆盖两层皮纸（或吸水纸），稍微摁压，挤出部分空气。

第五步，用喷壶或其他工具，少量的在上面喷些水（或淋些水），使上面覆盖的纸和书叶更"服帖"，同时书叶和洗书版也会稍微贴合得更好一些，便于后面的冲洗工作。

第六步，把摆好书叶的板子放在有下水的池子里，板子倾斜约30°角，用水壶（或其他盛水工具）以适当的水流从洗书版高的一端开始冲水（最好是用沸水或80℃左右的热水来清洗，因为热水的水分子分解能力强，渗透快），水会慢慢浸透纸张和书叶，然后顺势往低的一端流走，依次冲到最低端，重复此冲洗动作数遍，直至冲洗的水从深色变浅变干净，达到清洗书叶的目的为止。也可以先平着摆放洗书版进行冲洗，待冲洗的水达到饱和状态时，停留一小会儿，然后抬起洗书版把水倾倒出来，如此重复冲洗。也可以两种方法混合使用。需要注意的是，在冲洗几遍后，揭开盖纸，观察书叶纸张上面污渍水渍去除程度如何，书叶纸张以及书叶纸张上面文字、图案、栏框等墨迹有无变化，是否受到影响等，根据具体情况随时调整。

第七步，书叶纸张冲洗到合适的理想程度或者冲洗水颜色变浅变干净后，自然控出水分。待基本没有水流流出的时候，把洗书版放在合适的位置稍微晾干一些，待干到大概六七八成干度的时候，揭开上面的覆盖纸，再次观察书叶冲洗情况，因为书叶纸张在含水潮湿和晾干后会有些许差别，所以需要再次观察，检查是否冲洗得理想，有无冲破书叶等情况。

第八步，如果经检查冲洗达到理想效果，就可以进行下一步——自然晾干。先把最上面的覆盖纸张揭去，然后一沓一沓揭起书叶放在吸水纸上晾干，因为潮湿，书叶会吸附在一起，所以这一步不要着急把书叶一叶一叶揭开，哪里有空隙就用竹启子从哪里挑开，慢慢拿下来，放在吸水纸上面晾着，待晾干到一定程度，再一叶一叶揭开晾干。古籍书叶在自然晾干的过程中也要排好顺序，方便下一步的收起工作。如果冲洗的书叶不是很多，在自然晾干到适宜进行修补的时候即可进行修补工作，如果冲洗的书叶比较多，就得全部自然晾干，一定干透再收起书叶。

3. 成册洗的方法之二：浸泡的方法

第一步，准备工作。首先，准备好一个水盆或者水槽，下面铺垫一层塑料布，水盆或者水槽的大小以能够平整地把书放进去且有一些余量为宜；其次，待修古籍拆线揪出纸捻儿（这一步已经在前文有过详细叙述，这里不再赘述）。

第二步，待修古籍散叶，整体有序地错落开来，放进水盆或者水槽中，书叶上面覆盖塑料布，稍加摁压。

第三步，把沸水（或热水）沿着水盆或者水槽的边缘缓缓倒入，直至水量能够淹没书叶为止，然后借助工具用均匀的力度挤压书叶，会看到变色的水从书叶周边被挤压出来，重复此动作数遍，把变色的水放出来，重新换上新水再重复上述动作数遍。重复换水清洗次数，根据古籍书叶污渍水渍的去除情况来决定。

第四步，冲洗干净的古籍书叶，先在水盆或者水槽中控水，控水到一定程度的时候，把古籍书叶取出晾干即可。

4. 成册洗的优点和不足之处

成册洗的优点是基本上一次性清洗古籍书叶数量较多，节省了时间。

成册洗的不足之处是在成册洗的过程中，因为书叶之间的重叠，书叶重叠的部分不能全部看到，所以在冲洗时，重叠的这一部分就是容易疏忽和有"照顾不周"的地方。另外，成册洗需要清洗许多遍，以防污渍清洗不到位，用水量较多。

三、单叶清洗

1.什么样的古籍书叶适合单叶进行清洗?

首先,书叶纸张韧性拉力下降、纸薄、糟朽焦脆等情况适合单叶洗。其次,凭经验或技术判断,污渍虽然顽固,但可以淡化或者去除掉的。再次,污渍水渍面积不大,尤其是实际工作中经常看到的,书叶上面就只有线条形状的污渍水渍,这种情况大部分应为水渍,在修补过程中喷水时即可随手清洗。最后,一整册古籍书叶中,不是全部存在污渍水渍,只有部分或者很少部分书叶存在污渍水渍,这种情况没有必要进行全部清洗,可以考虑对局部和少数书叶进行单叶清洗。

2.单叶洗的方法

在古籍修复工作中,无论是书叶成册清洗,还是单叶清洗,方式方法不是一成不变的,而是根据具体情况具体分析什么方式方法合适。有的古籍情况比较复杂,可能会涉及多种方式方法,有的古籍情况相对简单,也有可能修复工序步骤和方式方法等相对简单一些,但最终我们想要达到的效果和目的是一样的。

单叶清洗的第一种方法:书叶纸张上面有很明显的线条形状的水印儿,此种情况,可以考虑单叶清洗的方法,先把书叶展开,再用毛笔蘸热水轻轻地顺着线条形状的水印儿涂抹,一遍或者两遍即可,然后揭起书叶转移到另一张吸水纸上,再进行整叶饱满喷水,最后晾干。如果污渍不是特别顽固,也可以考虑用凉水整叶书叶进行饱满喷水即可。

单叶清洗的第二种方法:把古籍书叶分成单叶放在水槽中清洗。先在水槽底部铺垫塑料布和皮纸(或吸水纸等),然后打开书叶展平铺在上面,再在书叶上面平铺一层白纸,再铺一张单叶的书叶,就是在每两叶书叶之间隔层白纸,最后在最上面覆盖塑料布。根据具体情况大概十叶到二十叶书叶为一个单位进行清洗,再慢慢注入热水,热水量一定要超过所铺的书叶,这时候会看到书叶漂起来,浸泡一会儿(浸泡时间视污渍情况而定,不是固定的时间,随时观察即可),再借用工具进行按压,挤出书叶之间的污水,严重的污渍挤出来的水会呈现巧克力的颜色,稍轻一点的会呈现黄色,且伴有难闻的气味,然后排出变色的污水,重新注入热水,再次浸泡、挤压、排水、换水等,如此经过多次清洗后，挤出的水不再浑浊（或者变干净了）即可。最后控干多余的水分，整体取出书叶，待晾干到一定程度后，逐叶揭起并晾在吸水纸上晾干即可。

3. 单叶清洗书叶的优点和不足之处

单叶清洗书叶的优点是每一叶纸张全部能看得到，所以能顾及得比较"周全"。另外，整个古籍的清洗过程用时会很长，俗话说得好，"慢工出细活儿"。

单叶清洗书叶的不足之处是，单叶进行清洗书叶比成册清洗要慢很多，如果遇到糟朽焦脆等情况的书叶时，还要极为小心谨慎，如履薄冰，静下心来，不能着急，需要花很多时间。

（1）洇开

洇，本义是液体在纸张、布及土壤中向四外散开或渗透，亦指水流，表示液体的连续扩散。比如说墨水着纸向周围散开，常说的"这种纸写字会洇或者不洇"，应该就是这个意思。

洇，不同于清洗，是洇开、散开，当古籍书叶上面的水渍洇开后，虽然表面上看不到了水渍的痕迹了，但实际上还是存在在书叶纸张上面的，简言之就是水渍洇开了、淡化了，但它依然还是存在于书叶纸张上面并没有去除掉。我们修补后的书叶如果不喷水，晾干后就会在补过的位置四周出现黄色的水渍。所以，修补的书叶要用喷壶均匀喷水就是洇开水渍，防止水渍出现的。

这种把水渍洇开去除的方法，主要用于补破后去除补纸周围的糨糊里面多余水分对书叶造成的水渍，尤其是修补书口时造成的水渍较为明显，需要用喷壶喷水洇开这些水渍。

（2）除尘

尘，指的是灰尘，灰尘是由若干微小的固体颗粒构成的，多带有棱角，飘落到书籍纸张上面，稍有摩擦就容易划破书叶纸张，造成物理损坏。灰尘还会吸收空气中的水分，造成古籍书叶变潮湿，导致褶皱现象。同时，灰尘飘落的过程中也会把空气中的各种细菌、各种霉菌带进书叶，污染书叶，甚至会生长繁殖出各种霉斑腐蚀书叶。我们在修复过程中会发现，有霉斑的地方中间部分纸张会糟朽焦脆，这就是霉斑的酸性物质腐蚀了古籍书叶纸张，造成古籍书叶的损毁。灰尘自带各种酶、酸性以及碱性等化学杂质，也会使古籍书叶造成化学损坏。另外，损坏书叶的还有一种常见原因，那就是虫蛀，在虫蛀的蛀洞中间往往还残留昆虫类的虫茧、虫卵、排泄物、分泌物等。

灰尘，看似对古籍没有什么"威胁力"和"杀伤力"，但它是古籍保存中常见"敌人"之一，理论和实际都告诉我们不能小视身边无孔不入、司空见惯的尘埃。为了使古籍避免更多的损害，得到长期保存，莫让古籍在灰尘里"掩面哭泣"，必须采取有效的除尘措施。第一，最简易、最方便的方法就是用排笔、用软毛笔和细毛刷等工具刷掉古籍上的灰尘，轻轻刷除其书叶和画面上的灰尘。这样操作的优点是快捷方便；缺点是灰尘搬家，虽然从古籍书叶上刷走了灰尘，但是灰尘并没有收集在一起，更不会自生自灭，而是会飘落到其他的地方，也许会被修复人员吸进身体里面，对健康造成威胁。第二，用吸尘器吸走灰尘。当然这里的吸尘器不是我们家用的大型吸尘器，而是小型的吸力较小的类似键盘吸尘器，轻巧方便，很适合书籍的吸尘操作，从书叶上面吸走的灰尘会集中到一起。第三，静电原理除尘。把书叶放在静电吸尘设备上面，灰尘自动被吸走存储在密闭的空间里面，而且灰尘集中在密闭的容器里也便于清理灰尘。

（3）刀刮

刀刮适用于各种凸出的污物、杂物和霉菌，可以用手术刀、壁纸刀、马蹄刀等，一般根据古籍书叶上面的杂物、霉菌的具体情况和修复人员平时工作的喜好、习惯，以及操作的方式方法来选用。对于一些肉眼不易发现的霉点，可以在放大镜的帮助下，用刀具把一些微生物粪便、黑点及破洞黑边慢慢刮掉，如遇到含有灰尘或泥土的水滴在古籍上时，先采用毛质软排笔慢慢刷去污斑上的浮土和易被刷下的泥迹，露出刷不净的顽渍或厚泥，再用小刀由泥斑中心顺着纸纹向外刮，小心地刮干净。如有破裂，则顺着纸张裂缝的方向刮。

手术刀的刀片比较锋利，有各种样式的刀片可以替换；壁纸刀的刀片可以伸缩、替换；马蹄刀是传统修复中用到的刀具，手拿住的部位面积较大，工作过程中可视具体情况选用不同型号的马蹄刀，马蹄刀要求刀锋的钢要有足够的硬度才可以，这些刀具都为古籍修复人员的工作提供了各种便利。在用刀刮凸出的污物、杂物和霉菌的时候，力度要恰当，宁可轻一点多刮几次，也不要用力太大，免得伤了书叶纸张，要一点一点、一层一层地去慢慢刮。

（4）面团黏（亦称面团玷污法）

在书叶和画面上轻轻搓揉，把粉子制作成柔软的面团，用带有筋道的，湿度适中的粗面团，分成一小团一小团的，大小以霉斑、污渍的面积、密度等实际情况而定，没有具体规格，方便操作即可。对不能用毛笔刷除的虫卵、污渍，手拿面团轻轻放在书叶纸张上轻轻滚动，让面团黏走将肉眼所见的霉斑、污渍以及微生物残留物。面团的柔软和随型不会伤到书叶，重复以上操作，直到达到一定的理想效果即可。

（5）橡皮粒擦拭

如果遇到附着在古籍书叶上面的尘土或类似铅笔留下的污渍时，可直接用橡皮擦拭，但稍有不慎或者稍稍用力就容易把书叶纸张擦的起毛，或者擦破书叶，从而伤及书叶纸张。所以，我们可以把橡皮切碎，切成无数小颗粒状，撒在书叶纸张污渍处，然后利用整块的橡皮面积最大的一面放在橡皮颗粒上面，轻轻地、适当地向下摁压移动橡皮，让橡皮带动下面的橡皮颗粒移动起来，这样既起到了橡皮擦拭的作用，又避免了因为橡皮直接接触书叶摩擦伤及纸张。

（6）化学药物清洗

用化学药物清洗在古籍修复理念里并不提倡，在此简单介绍，仅供了解。

使用药物清洗、淡化污渍、水渍或者去除各种霉斑等，我们经常遇到的霉斑、污渍主要有蝇矢点点、受潮的水渍霉斑、老化的黄斑、茶水的茶渍、墨或墨水污迹、油渍、返铅等。从污渍的颜色来分，经常可见的有黄色、褐色、黑色、红色、棕色、蓝色等。书叶上面的污迹影响书叶的清洁、美观，而且对纸张有损坏，有的还会造成损坏的延续性，所以需要采取相应的、适度的措施——除掉。

所有的药物清洗都会或多或少对古籍书叶纸张有所伤害。新霉斑可先用软刷刷干净，再用酒精洗除；陈霉斑先涂上淡氨水放置片刻，再涂上高锰酸钾溶液，最后用亚硫溶液擦拭；可用少许绿豆芽在霉点处反复擦拭，霉点即可去除。药物清洗传统方法是用碱，稀释到需要的浓度后，浸泡书叶或施加在有污渍的部位，再进行清洗书叶碱的物质残留，清洗后的书叶纸张会比原来颜色变浅，甚至墨迹变浅。还有过氧化氢、高锰酸钾、草酸、84消毒液、风油精、丙酮、乙醚等化学药物进行污渍的去除，需要特别小心谨慎，能不用化学药物清洗尽量不要用。笔者认为，如果用传统方法和传统材料去除不掉的污渍水渍等，适当保留这些污渍水渍也未尝不可，不应只为追求完美而使用不当方法。

第四节　中国古书画装裱修复技艺

中国书画之所以成为艺术品能一代接一代地流传下来，一个关键问题就在于装裱和修复。古旧字画在传世的过程中，由于收藏保管不善造成受潮发霉、污迹满目、虫蛀鼠咬，以及绫绢和纸的自然老化都会使书画产生破洞、糟朽断裂等等，如果不及时修复，就会影响古旧书画的寿命和艺术价值，会朽烂而毁于一旦。然而一般收藏家们买了古旧字画，不了解修复古旧字画的重要性。古旧字画是一种不可再生的艺术品，如果修复得不好，就会对旧字画造成更加严重的损毁，危及古字画的寿命，也削弱了古字画应有的艺术价值。我们今天在博物馆、美术馆、拍卖会及民间收藏家中能看到几十年、几百年前的古旧书画都是经过修复人员修复装裱好的杰作。可见，古旧书画的修复对于保存文物是何等的重要！古书画装裱修复技艺与古籍修复技艺是一脉相承，在古代不分彼此，后随着文化经济的发展，渐渐有所区分，两者除了服务对象不同、装裱方式略有不同外，其修复原理、所用工具、材料、步骤、都是一样的。

2008 年，以国家图书馆、中国书店、北京市荣宝斋、故宫博物院等为申报单位的"古字画装裱修复技艺·古籍修复技艺"，成功入选《第二批国家级非物质文化遗产名录》（919 Ⅷ—136 项），由此可见古字画装裱修复技艺、古籍修复技艺的共通性和高度关联性，古字画装裱修复技艺对应的是古字画，古籍修复技艺对应的是古籍。

一、中国古书画装裱、修复的重要意义

古字画装裱修复技艺是我国独特的传统手工技艺，主要用于书画、碑帖等的装饰和修复还原，距今已有一千七百多年的历史。装裱古代称为"裱褙"，亦称"装潢""装池"。这一技艺的出现，为保存珍贵的民族文化遗产、传承古代文明作出了巨大的贡献。

古书画装裱修复技艺是标志着时代的进步和社会需求所产生的文化产物符号。书画装裱流传近两千年的传统技艺，它是我国古代书画装裱艺术家为保护

美化书画外表，使之能够久远流传而发明、创造的装饰艺术。它对繁荣中国传统文化，保护古书画曾起过相当大的作用。这一精湛技艺在不同的历史时期得到发展和完善，并具有鲜明的民族特色，可谓中华民族的骄傲。古旧书画装裱如延医治病，这就说明了古旧书画装裱修复的重要性。对需要重新装裱修复的古旧书画，应采用传统的裱画技术，给以修补装裱，使它能长期保存，这就是对古旧书画文物保护的一项重要贡献。装裱的技艺高低，实系古旧书画艺术存亡的关键。装裱人员只有把技艺提到一定高度，才能把古旧字画装裱得更好，不至将少有的古迹毁于手下。

二、中国古书画装裱修复技艺的发展过程

据历史文献记载：书画装裱艺术从战国帛画、缯书上的滥觞到西汉大帛画轴的基本成形，至今已有两千多年的历史。从考古资料来看，1973年湖南战国楚墓出土的《人物御龙帛画》，为研究书画装裱的起源提供了极其宝贵的实物资料，其"最上横边裹着一根很细的竹条，上系有棕色丝绳。"后来，在长沙马王堆一号汉墓出土的帛画上又进一步发现丁形帛画的顶部裹有一根竹竿，并系以棕色的丝带，中部和下部的两个下角，均缀有青色细麻线织成的筒状绦带。

中国书画装裱技艺是世界上目前所知最早的书画保存手段，也是中华文化独一无二的艺术结晶。书画装裱技艺健全体系的雏形要追溯到魏晋南北朝时期，在隋唐时期再次取得了较大的发展和飞跃，历经晋、唐、宋、元的长期发展，到明清时期基本定型，形成了以北京为中心的"京裱"和以苏州为中心的"苏裱"两个流派。久负盛名的老字号装裱店"荣宝斋"的古字画装裱修复技艺具有自己独特、完备的工艺流程，是"京裱"最集中的体现，在全国装裱界独树一帜。民国时期，中国的书画修复业曾形成以琉璃厂的玉池山房、大树斋和上海的汲古阁、刘定芝装池为代表的两大流派。中华人民共和国成立后，刘定芝装池、玉池山房等处的装裱高手都被请到故宫博物院，专门负责故宫所藏书画文物的装裱修复工作，先后修复了宋代张择端的《清明上河图》、隋代展子虔的《游春图》、唐代韩滉的《五牛图》、五代顾闳中的《韩熙载夜宴图》等一批国宝级书画文物，同时为故宫博物院培养了许多掌握古字画装裱修复技术的专业人员。北京古字装裱修复技艺在多年的发展过程中形成了自己独特的面貌，拥有

自己专门的工具、材料、款式和工艺。由于装裱修复技艺内容复杂，需要掌握不同朝代的绘画、纸张、绢缎等系列知识，学艺时间长，传承有一定难度，目前已濒临失传，需要积极加以保护和抢救。

第五节　古旧字画的揭装裱

装裱修复古旧字画，需经过冲洗去污、揭旧补缀、修磨残口、矾挣全色、刺制裱绫、镶嵌绫绢、转边扶背、研光上杆等多道工序。但主要可分为：修复画芯、品订裱式等。

一、去污

霉变、虫蛀、生物污脏的古旧书画，修复时需要先行去污和灭菌杀虫，在冲洗前务必要仔细判断古旧书画的纸质成分和年代。纸张的松紧度，是手工纸还是机械纸，以及受损的部位及损坏程度有多大，是霉变还是脏渍浸污，是被鼠啮还是被昆虫侵蚀、虫粪污染，都要提前做出基本判断，选最佳应对方案逐一清除污渍悉心调理，在这里总结出以下应对处理方法供大家参考。

1. 剔刮去污法

用细刀尖、细针尖在不触伤周边叶体、画体的前提下，在放大镜的帮助下，把一些微生物粪便、黑点及破洞黑边，小心剔刮干净。

2. 面团玷污法

用带有筋道的，湿度适中的粗面团，对不能用毛笔刷除的虫卵、污渍，在书叶和画面上轻轻搓揉，将肉眼所见的污渍、微生物残留物吸附干净。

3. 干刷法

用软毛笔和细毛刷，轻轻刷除其书叶和画面上的灰尘。

4. 洗书法

将水煮至80°左右倒入长方形容器里，将画芯置于容器内，以一端先放水在容器内来回摆动，进行晃涮。一端洗完再洗另一端，将渗透至画芯里的脏污清洗出来，一波洗不干净就再洗另一波，直至洗干净，在过程中要注意随时查看画芯是否脱色或者洇色，一旦发现立刻停止操作。

5. 冲水法

在长方形容器内斜放一块木板，板上铺一张垫底白纸，将画芯贴放在木板上。以壶盛水，煮至70°左右，由上而下地慢慢冲洗书叶，用干净毛笔将明显污迹轻划，浸释污点，使污点随水洇开。

6. 漂洗法

对污迹浸色较深较重的书叶，用漂白粉水漂洗，以达去污目的。也可在清洗液里按比例添加一些碱、草酸、皂液等，具体添加哪些化学品、比例多少，必须要在专业老师现场指导下进行，小心操作，谨慎对之。画面颜色受潮返铅的，可用双氧水涂抹消除。画芯生霉，有黑有红，黑霉易涂，红霉可用高锰酸钾溶液涂在霉处，稍时再涂双氧水和淡草酸水，如霉不严重，一次即可除掉。用药物去污后，务必用清水冲淋画芯，免蚀纸绢。

二、揭旧

"书画性命，全在于揭"，指的就是前人装裱过的古籍书画，经过了若干年后，需要重新装裱修复。这类作品必须要先揭去覆盖在作品反面底纸后才能修复。揭是一门细心活，一定要耐心细致，揭叶之前，先平复好心气，调整好状态，一手轻轻按住书叶，一手拿起小镊子缓慢翘起背叶的一角，细提慢揭，这时手得稳，还要默默感受背叶受揭起之力后的反应，如果感觉纸张要碎了，就得立即停下，换个角再试。书籍揭裱相对容易，但字画的揭裱较为复杂，现代书画装裱常规是拓一层，覆两层，纸质也易判断，揭起来比较简单，先二后一就行了。

揭裱古画一定要准确判断画芯的材质，绢丝的画芯易揭，纸薄浆厚的最难揭，揭画芯上的旧纸，一般应根据字画的薄厚、残状、颜色，以及质地的具体情况制定揭旧方案，做到心中有底才开始启动。具体的做法是：将一张略大于画芯的皮纸，浮贴于洗过的画芯正面，然后画芯正面朝下，平铺在装裱台上刷平喷湿或用排笔蘸清水或温水刷湿，如在揭芯之前，不附加垫纸，揭托之后，不易起案。如遇到画芯局部颜色不稳定的，应稍施淡胶矾水，干后，再行闷水。

北方装裱的古画湿度可以适当大一些，南方装裱的古画湿度就可以小一些，从空白的边角下手。用手指按顺序轻轻揉搓，看搓出的部分能不能连成片，千万不能东揭一块西揭一块，以免产生揭漏、揭不净的现象，不要急于求成，要仔细观察其旧浆与纸黏连情况以及破损程度，如遇破损画芯，更要慎之又慎，快揭到破损画芯时，就不能再揭了，用毛笔蘸浆复原破损之处，补纸填缺，揭干净修好缺损后再托纸上墙。这个过程要求修复工作者胆大心细，对揭、揉、搓、捻的技法运用娴熟。有时一天完成不了，为便于第二天继续揭裱，必须要用湿白布盖在画芯之上，然后覆盖一层塑料薄膜，也可在已揭过的部位，均匀地放置些湿纸团，保持对湿度的控制，不让水分蒸发太快影响后续的揭裱。

三、托补

托补一般分为以下几种方法。

1. 整托法

当破损比较严重或质地糟朽的画芯，宜采用整托隐补，具体操作就是把画芯破洞的边缘刮成斜坡形，把断裂处拼齐上浆，用预备好的大幅补料托补画芯，不另行单补破洞。托补画芯并晾干后，再在托纸的后面用宣纸在破洞或残损处补纸垫干，这种整托画芯的修补方法，在装裱术语中称之为"隐补"，这种修补过的部位坚实牢固，修补面大，节省时间。

2. 细补法

适用于破洞较少，破裂范围较小的画芯，其具体操作是顺着破损的原有洞大小，用锋利的小马蹄刀在四周刮出斜坡，用毛笔蘸薄糨涂在刮好的洞口中，然后用相似的补料，对准芯子的经纬接帖，上面再涂一层薄浆加固，等干燥后，用刀刮去补足洞口以外的涂料，要注意不能刮得太净，以免破口再现，因此必须以刮到眼看手摸到平复为止。在破洞完全补好后，还要仔细检查一遍，以防遗漏，这样补后，不但能收到天衣无缝的效果，又可以使画芯舒展柔顺平挺，不易断裂，利于保存，可以达到"仿真"程度，使古字画"益寿延年"。

3. 综合法

将已揭好的完整画芯，调兑好稀糨糊，托一层比纸绢稍浅的旧色纸。如有残缺，可用手将画芯残处边际揉出薄口，选好补纸，端正纹理补上，并在补口边际搓出薄边，使接缝处厚度适宜。补缀残缺的绢本字画，一种方法是揭毕待干，用刀将残处刮成薄口，上糊补绢，糨口干后再修刮补绢边际，使补口相合。另一种方法是托上一层与原命绢质地、丝纹相近的薄绢。正面如有残缺，可用素纸补在托绢的背面，使画芯薄厚统一，干后再用刀修磨画面残缺处的边际。托旧绢画芯时，要用干纸吸去正面的溢糊，以免留有糨迹，影响作品的"褒光"。

四、全色

全色是一项很复杂的工序，应本着"先小后大""由上相下""宁浅勿深""宁干勿湿"的原则去操作。字画经揭托，待干后，务使补纸补绢的矾性适度，否则，矾轻则透色，矾重则滞笔。全色时，最好在自然光下进行，把握好新旧深浅的程度，应将颜色调兑得浅一些，复次全就，使颜色渗进纸纹纤维，取得画面色调统一的效果。画芯有缺笔的，接笔补全时，先补画的底色，再审视画芯气韵及用笔特点，然后轻勾轮廓，调兑颜色，进而全之，力求使补全的一笔一点、一墨一皴均与原画浑然一体。对于一些具有重要学术研究价值的经卷、书籍、契证等文物，经过洗污补托，如有残缺，不必强求其复原，只把残缺处的色调全补得与通幅基本一致即可。如有条件，也可请专业画师帮助添接笔。

对于撕坏程度严重的古籍文献和古旧字画如何修复，这里也略作介绍：对撕坏严重的古籍书画修补，南北有别，古人称为"北补南贴"。

南方的方法"贴"。所谓"贴"，可以简单理解为在坏画的背后，沿着他的裂痕，贴一条尽量与原画一样或相仿的纸张，打糨需要薄、匀。注意的是糨糊尽量少上，最好只打到裂痕上，面积越少越好。贴的时候要注意纸张被撕坏时候它的纤维上下是否交搭的，尽量复原。全部干后将贴的这条纸线的两侧（注意是两侧，不是两边）慢慢撕掉，让它的边缘有纸张的纤维，感觉毛毛的样子。技术比较娴熟的古籍修复师可以做得非常完美，如果不是对着亮光下照，很难看出原本有裂痕的。

北方的方法"补"。北方人的这个方法可以说比较繁琐，但是效果却比南方的好。需要准备纸浆，因为这个"补"的方法是基本是利用纸浆来处理。纸浆可以自己去做，将宣纸撕碎，尽量碎些浸泡在水中，等要用的时候将纸浆捞起，和糨糊调匀，糨糊不要过多，过多了修补的痕迹太明显。这些东西准备好之后就可以对碎画进行修补，先是将被撕坏的裂痕两侧用镊子拉毛，把他的纤维打碎，然后在裱板上铺平，可以洒些水，用裱画的刷子平复下，把裂口对准，然后用镊子对着裂痕将纸浆对上原画的纤维进行拼接，需要有一定的耐性，慢慢将它拼完，如果有需要还可以用画面的四周游浆上墙让其自然晾干后揭下。国家图书馆发明的纸浆补书机，和这种办法是一个原理。

值得注意的是，书画在冲洗之前，先观察其气色神态，如果色泽阴暗、霉气沉重，就要设法用水淋洗。但经水淋洗，也有会使书画受到损伤、影响其画质神色。有的书画作品用的是化学墨汁，遇水容易洇化，有的书画用色是矿物粉质颜料，遇水容易蜕化，书画色墨的颜色又有浓、厚、淡、薄之分，纸绢也有生、熟、松、紧、厚薄之分，因此，一定要根据书画作品的不同特点，"因地制宜，对症下药"，具体情况具体对待，不能盲目操作，如果画面还算清明干净，建议不要轻易冲洗保持原貌为好。

第六节　古籍文献和古旧字画的黏结处理

所谓黏结，是指古籍及古旧书画受到脏液浸泡或化工品浸蚀等，导致古籍书画与其他一些脏污黏糊一起。这类情况在公共图书馆极为少见，公共图书馆保管条件好，加上几代人的修复补救，几乎已见不到特别严重的黏结书籍，目前这类情况在民间较多（因为近些年来大家都开始关注纸质文献及其价值了）。遇到这种黏结书籍，要了解黏结物质是什么，有什么特性，根据其特性，做一些小实验，采用冰冻、热蒸、油浸、水泡等方式一一对应试手，直至找到正确的解决方法，再动手处理。杨乃京老师根据自己四十年的工作经验，总结和归纳了三种有效可行的办法，专门用于解决古籍文献和古旧字画的黏结处理。

1.冰冻消除法

冰冻消除法是将脏污黏结的古籍文献或古旧字画，用干净白棉纸包好，外裹清洁的塑料薄膜或食品袋，放在设温 - 10℃～18℃的冰柜里，冰冻三到五日，取出后看脏污是否能够自然脱离书体，如果发现脱离不彻底，换上新的干净白绵纸和塑料薄膜或食品袋，继续冰冻三到五日，以此类推，直到基本或完全脱离为止。这种办法适合针对低温收缩的脏污物质。

2.热蒸消除法

将脏物黏结的古籍文献或古旧字画，用干净白棉纸包好，放在蒸锅里大火熏蒸，时间为半个小时到一个小时不等，隔几分钟观察一下，看看脏物是否化开脱离，如果发现脱离不彻底，换上新的干净白绵纸和塑料薄膜或食品袋，继续熏蒸，以此类推，直到脏物基本或完全脱离为止。这种办法针对高温散化的脏物比较有效。

3.油浸消除法

用干净毛笔，蘸上高标号汽油或者其他与脏物化学原理相克的油料，抑或者是高度乙醇，在与脏物黏结的古籍文献和字画上轻轻刷拭，直至脏物脱落。这种办法对应性很强，如事前没有做仔细的研究和实验，不能直接下手。此法针对被化工品高度污染的脏物比较有效。

4.浸泡消除法

将脏物黏结的古籍书画，放在提前配好的，与脏物化学原理相克的化学药水中，浸泡一段时间至脏物消融，这种办法对应性极强，对浸泡的时间也极为严谨，而化学药水对古籍文献或古旧字画有极强的破坏性，不到万不得已不能尝试。

前两种方法是较为传统的处理手法，后两种方法一般针对极端恶劣的情况，属于破坏性的抢救措施，一定要提前做好修复方案，并预演成功后，在专业指导下小心操作，不能盲目行之，如果没有完全把握，不如妥善保存，待以后科学技术发达时再修。

第七节　中国古代字画的装裱知识

装裱是装饰书画类、碑帖等的一门特殊技艺，古代装裱的专称叫做"裱背和裱面"，亦称"装潢"，又称"装池"。据明代方以智《通雅·器用》载，"潢"犹池也，外加缘则内为池；装成卷册谓之"装潢"。

其法，先用纸覆托于书画背面，再用绫、绢或纸镶边，然后用复背纸，干透后，或装框（镜片），若是挂轴则安装地轴天杆，制成品有挂轴、手卷，册叶等形式。书画、碑帖经装裱后更增美观性，便于观赏收藏，残破的也能修补完整。宋朝曹士冕的《法帖谱系北方印成本》："每段自成一板，四围皆空白纸，不施筐缘装表而自然整齐成册，字画亦甚可爱。"宋朝周密的《齐东野语·绍兴御府书画式》："其装褾裁制，各有尺度。印识标题，具有成式。"《警世通言·崔待诏生死冤家》："只见车桥下一个人家，门前出着一面招牌，写着'璩家装裱古今书画'。"鲁迅《书信集·致台静农》："我的信竟入于被装裱之列，殊出意外，遗臭万年姑且不管，但目下之劳民伤财，为可惜耳。"

北京装裱，简称"京裱"，是我国书画装裱的主要流派之一。流行于以北京为中心的北方地区。装饰上一般趋向于高贵华丽，质地厚重，锦缎作边，常用多色绫，外饰惊艳，以浓装为特色。百年老字号荣宝斋、故宫博物院书画装裱修复组，是京裱的主要代表。

裱背行中，能人辈出，早年间的秦长年、徐名扬、张子元、戴汇昌等都是名动公卿的专家。就是近代绘画大师齐白石、傅抱石，文玩鉴赏专家韩少慈、李孟东，也都是裱画铺里学徒出身。上海闻人黄金荣曾在老城隍庙的一个裱背铺里，规规矩矩地做学徒数年，也裱得一手好活。后来觉得屈才，干这行没有多大出息，才一下子钻进了巡捕局，干起"大事业"来了。装裱还可以分为原裱和重新装裱，原裱就是把新画好的画按装裱的程序进行装裱。重新装裱就是对那些原裱不佳或是由于管理收藏保管不善，发生空壳脱落、受潮发霉、糟朽断裂、虫蛀鼠咬的传世书画及出土书画进行装裱。经过装裱的书画，牢固、美观，便于收藏和布置观赏，而重新装裱的古字画，也会延长它的生命力。

传统的装裱是多种多样的，但其成品按形制可分为挂轴、手卷、册叶、折叶四大类。原裱的绘画不论画芯的大小、形状及裱后的用途，都只有托裱画芯、镶覆、砑装三个步骤。只是画芯的托裱是整个装潢工艺中的重要工序。而旧书画的重新装裱则就相当困难了，首先要揭下旧画芯，清洗污霉，修补破洞等，再按新画的装裱过程重新装裱。

一、古旧书画修复的重要性

历代传世及出土书画作品，或者由于装裱不佳，发生空壳脱落，或者由于在流传过程中被撕断，或者收藏保管不善，或者由于长期埋于地下朽烂叠黏，或者自然灾害等原因，纸、绢画芯变黑黄，其墨色暗淡无光，或受潮发霉被虫蛀鼠咬等，以致笔墨污损残缺，糟朽断裂破碎脱开等，无法再悬挂欣赏、研究。一般年代愈远的作品，受伤程度愈重，这就需要重新装裱。重新装裱必须经过精心揭裱修复，做到修旧如旧，犹如枯木逢春，才能恢复古书画作品的"原貌"，其功效等同于再次创造古旧书画的艺术生命，并再现原作的艺术风采，有益于欣赏收藏，延长古旧书画寿命。古旧书画重新揭裱时要慎重，应当请教有经验的良工高手。明代周嘉胄在《装潢志》中说："前代书画，传历至今，未有不残脱者。苟欲改装，如病笃延医，医善，则随手而起；医不善，则随剂而毙。所谓'不药当中医'，不遇良工，宁存故物。"装裱人员只有把技艺提到一定高度，才能把古旧字画装裱得更好，不至将少有的古迹毁于手下。例如在揭裱修复过程中，有的装裱人员往往为了使古旧字画干净漂亮一些，便采用漂白粉漂洗，稍有不慎，就会把画纸腐蚀得更加糟朽。这对延存古迹大有害处，很珍贵的古书画，重裱得好，价值可以倍增，重裱得不好就成了废物，切切慎之。

二、古代字画装裱的分类

1. 宣和装（又称"宋式裱"）

是北宋徽宗（赵佶）内府收藏书画的一种装裱形制。因徽宗宣和年号（1119—1125 年）而得名。此种样式、是裱条中最复杂的一种。如故宫博物院所藏梁思闵《芦汀密雪图卷》，其天头用绫、瓣后隔水用黄绢，尾纸用白宋笺、加画本身共五段，还按一定格式盖有内府收藏印章。

2. 吴装

苏扬两地装裱历经明清数百年，承前启后，名驰全国，号称吴装。其裱件平挺柔软，镶料配色文静，装制贴切，整旧得法。《装潢志》谓："王州世具法眼、家多珍秘，深究装潢"。明代胡应麟《少室山房笔丛》有"吴装最善，他处无及"的高度评价。

3. 红帮

装裱形制的一种。解放前苏州、扬州和上海等地有一种专裱红白立轴对联，专供婚丧喜庆之用，称为"红帮"。

4.行帮

中华人民共和国成立之前，上海、苏州、扬州各地就其装裱工艺的不同，有一种专裱普通书画的，称为"行帮"。

二、装裱的术语名词：

1.立轴

亦称挂轴、挂幅、条幅、竖幅、条山、轴子，特别窄的有人称为"琴条"。悬挂在厅堂正中的大幅字画还称中堂、竖式装。

2.一色裱

一色裱是裱画镶料只用一种颜色。这要根据画芯的长短画画幅长短的比例而定，一般镶料长不超过画芯长，用一色装裱就可以了，如一张1米长的画芯，加1米长镶料，裱成2米长幅式的立轴，只用一色即可，在镶料色彩的运用上，以突出画芯的画意为目的，不能用强烈的对比色，要使其美观，大方。

3.二色裱

二色裱是在贡四周用适色镶上，其余不够的长度再采用深色较为稳重的镶料，接凑于天地头裱成需要的长度。如画芯长是66厘米，要想裱成2米左右的长度，就需加1.33米镶料，这样只用一色，则镶料长于画芯的一倍，在配色上有喧宾夺主的副作用，同时也显得单调，这样就可裱成二色，即圈的上下、另加天地。

4.三色裱

三色裱是圈与天地之间加隔界。其边的宽度可随画幅的大小而定，或10厘米，或6.67厘米，或5厘米不等。圈的颜色应浅些，天、地头应深些，隔界不深不浅起过度作用，这样裱的画，色彩协调，并有温文、柔和、肃穆的情趣。但圈、隔界、天地的颜色不要过分相近，应有节奏感。切忌，圈色深，而天地色浅，这样会使读者感到空旷。

5.宋式装

亦称宣和装、罗汉装，其用料、用色均有具体要求，画芯由米色绫隔水、古铜色绢圈、湖色绫天地头装饰。诗堂装：画芯上方镶接一块空白纸料，专用于题字赋诗。

6. 半绫装

画芯由绫圈框、纸天地头装饰。纸镶绫边装：画芯由一色纸料装饰，并在其左右各镶绫边。

7. 绫镶绢边装

画芯由绫天地头装饰，并在其左右各镶绢"通堂边"集锦装：二幅以上小型画芯，同由一块镶料装饰，或镶接或挖联。

8. 仿古装池

这是中华人民共和国成立之前，苏州、上海、扬州各地专为书画名家和收藏家装裱珍贵书画的，称为"仿古装池"。

9. 惊燕（亦称"绶带"）

原只是垂画面的天头处，燕子飞近画面，两带自然飘动，可惊走燕子。后来用它作为装饰，就把这两条带子固定在天头上，刺绶带的宽度可根据画的宽度而定，如66厘米宽的裱件可用2厘米宽的绶带较为合适。用料与隔界相同，它的长度与天头一样，但不要太厚，厚则使画不平。如隔界是绫子的，绫上有花纹，那么刺绶带时就要注意花纹的完整。日本装还有用活动的飘带，用来惊动止栖的绳燕，以保护书画，故又名"惊蝇"。

10. 锦眉装

画芯上下镶压锦条。

11. 间隔一色装（亦称隔断一色装）

画芯由一色绫料等装饰，天地头由纸或绫条间隔为两半。

12. 框二色装

画芯上下镶接绫隔水之后，左右镶与天地头相同质料的绫边。

13. 屏条

画芯由一色画绫等镶料装饰，排挂在一起。

14. 通景屏

亦称集景屏、连屏、海鳗。几条或若干条尺寸相同、内容连贯的画或字，分别由一色花绫等镶料装饰，排挂在一起。

15. 对联

由二条字数相等、内容相连，画芯尺寸与装裱规格完全相同的书法作品而组合的。

16. 卷轴

由天头、隔水、引首、尾子将画芯连接而成。

17. 天头

古时称为"里"，绫质，多为青湖色。

18. 隔水

古时有人称为"引首"或"玉池"，绫质，多为米黄等浅色。

19. 引首

引首亦称"迎首"，纸质或原白或染色，用于题字。

20. 尾子

尾子亦称"拖尾"，古时称为"赙"，纸质或原白或染色，用于叙记题跋。

21. 撞边卷

画芯镶接隔水、引首、尾子之后，上下两边镶仿古皮纸边，并将其对折黏牢，再镶接天头。

22. 转边卷

画芯与引首挖嵌在染配好的绫或绢中，再镶接带小边的尾纸。

23. 套边卷

画芯按顺序镶接隔水、引首、尾子之后，上下两边黏包仿古色棉连纸条即"套边"，再接镶天头。

24. 蝴蝶装

蝴蝶装亦称蝶式，也有人称开板式。因翻动时两叶翘起，似一只展开双翅的蝴蝶，故名"蝴蝶式"。画芯由一色镶料装饰，挖嵌在右叶，左叶为副叶或挖嵌"对题"，自左向右翻阅，裱件规格需视画芯情况确定。

25. 推篷装（亦称推式）

因由下向上翻动时，似折叠的车篷而得名。画芯由一色镶料装饰，挖嵌在下半开，上半开或空白，或挖嵌"对题"，裱件规格需视画芯情况确定。

26. 经折装

四条画芯同时由一张镶料挖嵌，并留半开空白叶。然后，左右交替折呈五叶相连状，称"两半开"。

27. 平开册叶

平开册叶是一种不加任何饰料，直接由宣纸托合的简易装饰。

28. 转边册叶

其嵌身料为绢或绫，不是采用通常的套边，而是以转边的方法解决脱丝毛边，故称转边册叶。

29. 册面

册面即本册叶的封面与封底。

三、现代新作书画装裱

凡新写好的字画，一般要存放一段时间，让墨色、印泥有一个自然晾干的过程，但最好不要长期放置，因为写画时受水墨、颜色和胶水的浸渍，干后就会凹凸不平、起皱痕，若不装裱衬托，非但不如原来的样子，还要减色。所以一定要及时装裱，才能使墨气托出纸面，使画面生动，有益于颜色滋润、饱满浑厚可观。经过艺术设计的装裱，显得整洁美观，更能增添神韵。要是放置不裱，如画芯空卷的不实或折叠成块等，也不易保护，存放时间久就会从折叠处折断纸绢的纤维，印泥可能会转印到画面上，或不慎造成断裂破损、残缺、污染、变色、水渍等明显损伤，如最易发生黄色斑点，很难去掉，并容易招致蠹蚀，为日后收藏留下隐患，装裱后直接影响书画作品的品相，也影响观赏价值和艺术价值。如经常受潮湿，易生白、红、黑霉斑，若湿后黏连，就不易揭开，即使晾干也变成了废纸、烂纸灰，无法挽救。清代周二学在《赏延素心录》中说："书画不装潢，既干损绢素；装潢不精，又剥蚀古香。"（"书画不装裱，就会很快使绢面或纸心受到损坏；装裱得不精美，又会侵蚀书画原有的古色、古香的韵味。"）由此说明，要想书画保持永久，便于欣赏、收藏、流传，必须及时装裱，而装裱技术的高低、绫绢色彩的选择与装裱形式的设计直接影响到书画作品的艺术效果，如有很高价值的新书画作品，装裱得好就会锦上添花。

四、画框装裱法

古语有云："三分字画，七分裱"，精致的装裱工艺不仅可以使字画得到更好的保护，同时也能起到烘托字画，突出神韵的作用。近些年来，越来越多的人喜欢把中国画装在画框里用于欣赏。画框可以把空间分隔为"画内空间"和"画外空间"。虽然我们看到的画面只是一个平面，但它同时也为我们制造了一个有深度空间的幻觉。因为画框的包围，才使艺术创造与欣赏的空间和外在的真实世界相区别。画框的历史可以追溯到公元2世纪，探险家在埃及坟墓中发现了法尤姆木乃伊肖像是木质画框，这说明了法尤姆木乃伊肖像原本是挂在主人家随后作为陪葬物入葬的。众所周知，古代的埃及人和希腊人大多在陶瓷或墙壁上作画，而第一个木制画框却是在12、13世纪的欧洲。国画装裱完成后作展示用，可用木线制作成画框。国画框大多是圆角形式的框，一般为纯手工制作，增加作品古朴、中国风的感觉。国画装裱装框一般都需要用卡纸盖边，玻璃覆盖画框正面，背板垫于作品背面，用射钉枪进行固定。画框装裱大致可以分为画芯制作和框装裱两个步骤。

一般画框装裱步骤首先挑选适合作品的外框、卡纸，然后就是玻璃、背板及其他附件，选好后，开始如下步骤。

1. 外框裁切：将选择好的画框框条放置到裁切机上，按照要求的尺寸进行计量与裁切。在此过程中应注意：

（1）对于带有花纹的木线要注意边角花纹的对接。

（2）检查木线是否有受潮变形。

（3）注意相同颜色的木线之间颜色密度的深浅变化（同一个镜框的四边木线颜色深浅应该一致）。

（4）裁切时木线不要在机器上来回摩擦，不要磕碰以免影响外观。

2. 框角拼接：将裁切好45°的四根框条按顺序对接好组装成框。对接的过程中木线表面的平整，要做到严丝合缝。

3. 裁切卡纸：用专业卡纸刀按相框内端尺寸裁切卡纸外延部分，用斜刀（倾斜45°角）按装裱照片尺寸掏空卡纸中心画面尺寸部分。整个裁切过程均要求佩戴手套操作，以保护卡纸表面不留下手印或污物。

4. 清洁玻璃：清洁玻璃。

5. 装片上框：将与卡纸固定在一起的画芯作品加上与其尺寸相当的玻璃共同放入外框。放入前要确保照片、卡纸以及玻璃表面没有污物或静电附着物。

6. 背板装订：用尺寸相当的高密度背板作为支撑和固定，嵌入外框背面槽内，并用射钉将其与镜框固定。然后用胶带将其与相框的接缝处密封，防止细小灰尘进入。在装入高密度板前，需将其边缘部分打磨平整，防止零星碎屑由背板处进入相框。

7.最后安装画框附件挂钩挂绳，保护画框外角。一幅完整的画框作品就完成了。

画框制作好以后，把托好的字画放在画框内，其步骤如下：

（1）首先准备好画芯，画芯应该比画框要小一圈。然后打开画框，拆卸下螺丝，就可以把背板整个取出。

（2）取出背板后，把玻璃框擦干净，然后把托好的画芯平铺在玻璃上，用手抹平，调整画芯的位置，要放在正中间。

（3）接着在画的后面铺稍的白纸也可用绫，起到映衬画芯的作用。为了保持整个画框的平整，可以多铺几层。都做好以后，把背板装上去，先上两个螺丝，反过来看一下画面是否平正，是否有皱褶，发现有不到位的地方，还要打开重新调整。

（4）如果一切都很满意，再拧上其他的螺丝。把画框摆正，可以看到里面的画，非常的平整，挂在单位或家里是一个很好的装饰。

还有一种做法是：先把托好画面朝下，背面朝上放在桌上，然后用喷壶往背面均匀地喷水，把画纸打湿，不要将水喷得淌下来，等纸将水吸光后再喷几遍，等纸吸足水分，充分涨挺后，再将画翻过来，背朝下，面朝上地放到画板上，再将预先准备好的厚纸条（10厘米宽）刷上糨糊，把画和画板一起贴住，放到通风处晾干，画面会非常挺，缺点就是画面的四条边要各损失3.3厘米，这种办法适合尺寸较大的书法作品。用卡纸厚度隔开纸和玻璃是很有必要的，换季时候，空气干燥或潮湿，如果贴紧玻璃，两种材质的延展性不同，有可能画会裂开或者糊掉。国画颜料是水、植物、矿物粉末加少量胶调制，没有西画颜料那么耐折腾，所以要好好保护。

六、古代字画修复装裱的工具

字画装裱的工具与古籍修复的工具基本一致，之前已有介绍，只是在延展材料的使用上有所差别，这里不再赘述。有些传统的化学材料不利于古旧字画的保存，在此只做简单介绍，仅供了解。字画装裱的使用材料有：

1.纸，多用生宣纸，一般用作托画芯，托绫绢或配覆背等。

2.绢，是平纹织物，用蚕丝织成，有粗细之分。

3.绫，亦用蚕丝织成，并织有各种图案，多用于裱幅的天头、地头、隔水等。

4.锦，丝织物，多为两方连续或四方连续的图案。多用作手卷包首、册叶封面、轴幅锦眉和边框等。

5.糨糊，托裱所需的黏合剂。用去掉筋麸皮的淀粉或上好面粉打成，打糨时需放入适量明矾，以防以后虫蛀。

6.颜料，即国画颜料，用于染制纸、绢、绫及为破损的画芯补色等。

7.胶矾水，用胶和明矾及水三者混合而成，用于加固裱件的色彩和纸绢质地。

8.轴头，用在挂轴式和手卷式的装裱中。前者多用紫檀木、红木、花梨、瓷、象牙、角、金属等制成，呈蘑菇头等形状，安装在地杆的两端，既起到装饰作用，又便于画卷悬挂。后者常用象牙、瓷及金属等材料为主，圆形装于卷尾的上下两端。

9.画杆，分天杆、地杆，以杉木为主，要求平直，其中地杆要一定重量。

10.绳、带，用于捆扎别紧裱物。

另外还须备有一些化学药品，如高锰酸钾、草酸、过氧化氢、丙酮、乙醚等，用于清除霉迹、污迹等。

第十一章 古籍修复中特殊问题的处理

在漫长的历史进程中，古代典籍和书画经过聚散和转手，以及天灾、战乱毁坏、水火侵袭，绫绢、纸张自然老化等等原因，千疮百孔、破烂不堪，有的甚至出现保管不善导致结饼、碎化等非常极端的情况，这就需要修复人员施展"化腐朽为神奇"的技艺。本节介绍一些古籍善本及古旧书画在修复程序中，对特殊情况处理的关键步骤和处理技艺上的小窍门。这些都是毛俊义老先生和杨乃京老师，根据多年工作经验整理出来的部分修复工作心得，与大家共同探讨，目的是抛砖引玉，希望能为大家在修复破损的珍贵善本、古旧书画时，提供一些借鉴，更希望破损的珍贵善本、古旧书画，通过修复能再现其应有的价值，继续流芳百世。

第一节　古籍及古旧书画砖化处理

古籍文献结饼、砖化的处理：遇到古籍文献结饼、砖化的情况，千万不要硬揭，否则越揭越破，最后导致无法修复。这类情况用汽蒸法和针透法处理为佳。汽蒸法：将书籍用白纸包好，放在蒸锅里隔水蒸半小时后，打开汽蒸过的书籍，观察或者用工具检查书叶是否脱开，若未完全脱开可延长汽蒸时间。针透法：针对汽蒸法效果不明显的书籍，用细针尖慢慢插进书背的中间，让空气进入结饼、砖化文献的内部，然后轻轻放入清水中浸泡，正常情况下结饼、砖化书籍中间的位置，纸质受害程度较轻，内部纸质相较于外部要牢固些，韧性也比较强，水浸入后会膨胀开来，这样书籍很快就可一分为二，再从里往外分层依次揭开，这时一定要做到胆大心细、眼疾手快。文献在水中泡的时间不宜太久，对脱开的书叶必须做好标注，以便于后期的处理。

第二节　古籍及古旧书画脆碎化处理

当接到脆碎化书籍时，需要准备大量盒子。修书的人都知道书籍的天头、地脚、中缝、后背等，按各自秩序分开装盒，按类存放，如遇叠在一起的先不需分开，到时按顺序修书时再揭，这样也不会乱，差错也克服了。具体步骤：先将碎片拼凑完整放在装裱台上准备好的喷湿绵纸上，细小碎片可使用镊子，洒水润平，取皮纸铺在拼凑好的碎片上，控制好湿度，以不易散落为佳，反过来铺于台上，揭去皮褙纸，仔细衔接碎片破口，拿干净白色毛巾逐一吸去多余水分，然后小心揭去作品旧褙纸，露出本叶或画芯。在补洞修损后，刷薄浆裱褙命纸，此时用浆一定一定要稀薄，如果前期接错了地方，热水一浸，揭起来还可以移开重新拼接，糨糊厚了一旦定型就揭不开了，而且越修越坏。修补古籍书画，打糨糊是极其重要的一个环节，因为修补古籍书画需要使用裱褙新纸，而新纸与残破书叶之间的黏结全靠糨糊。糨糊只有涂得极薄，又具备非常好的黏性，补好的书才不会在新纸与旧叶之间鼓出一点点糨痂，才能将新纸的纹理融入到旧叶的气韵中。完成这道步骤后，将托好的作品再次翻转过来，掀揭掉画芯正面的皮托纸，检查补足遗漏缺口，迅速吸走多余的糨糊和水分，上墙晾干。晾画有几个要点：一是千万注意画芯部位不能刷实，略覆于墙即可，要边实内空。二是务必要在作品的边角处留有排气口，便于起画。三是控制好工作室湿度和晾干时间，以防书叶或画作崩裂。

严重的脆化书一碰就碎。对于这类古籍书画，要分清楚是什么原因造成的脆化，如果是非酸性纸脆化，相对好处理一些，如果是酸性纸脆化，那只能先脱酸后修复，否则越修越破。关于古籍字画的脱酸，关键在于脱出的污水一时难以处理解决，古籍善本线装书脱酸，量小污染少，问题是大量的民国文献，绝大多数用的都是机械纸浆，含酸量重，南京图书馆古籍修复中心的同事曾做过试验，如同时脱酸 20 册左右的民国文献，需 6 立方米水才能把酸脱尽，这些脱出的污水如何处理是个难题，直接排掉又污染环境。以南京图书馆为例，其前身是江苏省立国学图书馆，馆藏大量的民国文献，这部分藏品都存在酸化现象，确实需要脱酸处理，从市场经济的角度，民国文献又无法得到大量的资金去脱酸修复，如一本 200 叶左右的民国文献，其脱酸成本可能要超过其在市场上的价格。所以目前的状况是，特殊的、珍贵的民国文献先行做脱酸修复处理，其他大批量的民国文献，只能采用喷雾控制，在恒温恒湿的条件下维持现状，使其不再继续或延缓酸化，在选用防酸药剂时，要选择对人体无害、环保型的药剂，不能顾此失彼。

第三节　文献纸张常用的脱酸种类介绍

西方国家在 19 世纪初发现纸张的酸化问题，对纸张酸化进行试验，并进行脱酸处理。1936 年，奥塞希尔·霍尔茨首先获得了纸张脱酸的美国专利。近年来脱酸处理工作得到了世界各国的重视，美、英、法、德、加、意等这些发达国家对脱酸工作已做了近 100 年的试验研究。

亚洲国家 20 世纪 80 年代也开始重视古籍书画的纸质脱酸工作，如 1983 年由日本国会图书馆牵头设立了一个防止纸张酸化的部门，我国在 20 世纪 80 年代也开始重视纸张脱酸工作。实际上从 20 世纪 80 年代至今，研究所、档案馆、图书馆、博物馆等系统，都在不断地对纸质脱酸进行研究探索。

一、目前对纸张的脱酸方法

用去离子水对纸张中的酸性物质进行清洗脱酸，把去离子水作为一种脱酸溶剂来稀释纸张中的酸和污染物，这是一种最简单和最保守的方法。

1. 石灰水脱酸法

用石灰水脱酸，早在几百年前，我国就在造纸过程中采用这种脱酸法。其操作方法是先将石灰块浸放在水中，让石灰块化成糊糊状，冷却后根据需要取之。有点像我们制糊糊一样，调稀，根据原材料的酸性进行调释，这种方法简单易行。石灰是从矿物里提炼出来的，是一种比较可靠的原生态矿物质。现在，我们手工造出来的纸，能"纸寿千年"，原因就是手工纸的生产先把原料经过石灰水的反复浸泡，把原材料中的酸性成分去掉，然后才进行造纸。手工纸抗酸能力很强，这就证明用石灰水浸泡后生产出来的纸含酸最少。

采用石灰水脱酸的好处是取材易、成本低，操作也简单，对人体健康无大碍。石灰水溶液的制作只需按脱酸的程序，按比例加水搅匀即可，简单易行。石灰水呈白色，符合各类纸张的使用。

2. 有机溶液对纸张进行脱酸

水溶液脱酸法对纸张伤害不明显，但对纸张上的文字有损害，特别是一些朱砂批跋在脱酸过程中会容易产生印化，严重的会使墨气冲淡。

3. 甲醇镁——甲醇法脱酸

美国、英国等一些西方发达国家使用甲醇法脱酸，一开始脱酸后书籍经测试效果很好，但几年以后发现严重问题，在脱酸过程中所使用的甲醇溶液会使纸张上的彩色字迹等发生溶化等现象，时间越长字迹溶化得越严重，现在这一方法已基本停止使用。

4. 韦托法脱酸

由甲醇、氟利昂混合而成的一种脱酸溶液，成本高。韦托法脱酸是把需脱酸的纸张放入金属箱内，对溶液进行高温、高压处理进行脱酸，优点是大批量脱酸，缺点是脱酸不均匀，韦托是美国的一个公司名称，由于脱酸效果不理想，此方法现已经停止使用。

5. 巴特尔法脱酸

这是德国的一家科研公司在美国韦托公司的脱酸方法基础上进行深加工、改进的一种脱酸。由于效果不明显，加之字迹出现褪色、气味重，无法推广而停止。

6. 氧化镁法脱酸

这一脱酸方法是由美国的一家公司研究的，能够对书籍进行连续性的批量脱酸处理，这种脱酸剂既可在真空环境中对图书进行大规模脱酸处理，也可作为喷雾剂对纸张进行简易的脱酸处理。优点是氧化镁脱酸法脱酸不会引起纸张上字迹色素褪色或溶解，对钢笔字、圆珠笔等书写手稿处理得都比较好，而且操作简单、成本较低，对人体基本无害。缺点是脱酸处理后的纸张会产生白色斑点状的残留物，喷重了会留下大量的白花斑，使有些字迹色素材料出现褪色、变色等现象；喷轻了，对于较厚的书籍又起不了脱酸的作用。

7.FMC 法脱酸法

美国富美实（FMC）公司研制成功了这种脱酸法，最初的脱酸剂及其配制是将碳酸镁醇盐均匀溶解于氟利昂中而获得的。经过改进，采用二丁氧基代二乙氧基碳酸镁溶于庚烷溶液的脱酸剂。

但 FMC 脱酸法的不足之处是，对图书有不同程度的损害，处理后的图书会加速吸收水分，产生明显的变色，同时书籍的局部会出现黄色和半透明的污点。对有蜡迹、铅笔字迹或彩色激光打印的纸张，以及羊皮和聚苯乙烯等物质包装封面等有明显的影响，会有一定的异味和字迹褪色的现象发生。

8. 氢氧化钡溶液脱酸

纸张的氢氧化钡脱酸法是由英国博物馆实验室的贝恩斯·科普研制的。它是将氢氧化钡溶入甲醇溶剂中，配制成 1% 氢氧化钡—甲醇溶液，涂刷或喷洒到纸张上，与纸张中的酸性物质发生中和反应，然后取出晾干。氢氧化钡能与空气中的二氧化碳发生反应生成碳酸钡。但是这种方法只适用于不能用水溶液脱酸的特殊情况。使用的甲醇毒性较大，同时反应生成的碳酸钡也有一定的毒性，应注意安全，以防中毒。

9. 气相脱酸法

纸张的气相脱酸法是利用能气化挥发的碱性气体与纸张中的酸性发生中和反应，并将氨、碳酸环己胺、吗啉、二乙基锌等抗酸缓冲剂沉积到纸张表面。与上述各种水溶液、有机溶液脱酸方法相比，气相沉积法的纸张的脱酸效果相对更好一些。水溶液法和有机溶液法虽脱酸效果也不错，使用也比较多，但是纸张在水或有机溶剂的浸泡过程中，纸张纤维会因过程中的收缩—膨胀—收缩变化等发生一些应力变化，可能会对纸张带来一定的伤害，而气相沉积法相对比较安全，但对设备的要求比较高。纸张的气相脱酸法的缺点是气相脱酸剂为化学药品，具有一定的毒性对人体和环境有一定的危害，有的还易燃、易爆，存在比较严重的安全隐患。

10. 氨气脱酸法

氨气，为无色气体，有强烈的刺激气味，氨气来源广，易购且价格低廉，易被液化成无色的液体，能溶于水、乙醇和乙醚等。早在 20 世纪 30 年代，美国巴洛就使用氨气来对纸张进行脱酸处理。此后，苏联、印度等一些博物馆也使用过用氨对纸张进行脱酸处理。

由于氨气脱酸后没有碱性物质存留于被处理的纸张表面，使处理后的纸张又容易恢复酸性，处理后的耐久性较差；再则，氨气对人体眼睛、呼吸道、皮肤等均有较强烈的刺激作用，因此纸张的氨气脱酸法并没能得到较多的推广和应用。

11. 吗啉脱酸法

纸张的吗啉气体脱酸法由英国学者首先研究并使用，并于 1976 年获得专利权。

纸张的吗啉气体脱酸法存在一些不足，其对由火棉胶的书籍封面的颜色有一定的影响，还会使皮制封面书籍的颜色变黑，对麻木纸等纸张处理后的颜色会变黄，吗啉气体脱酸法还会使新闻纸等发黄。另外，吗啉气体脱酸法的仪器设备投入资金比较大，因此难以广泛地推广使用。

12. 碳酸环己胺脱酸法

纸张的碳酸环己胺脱酸法由朗韦尔（Langwell）首先提出。碳酸环己胺是一种酸性物质，但碳酸环己胺在汽化过程中能分解呈碱性的、能够脱酸的环己胺。

纸张的碳酸环己胺脱酸的操作方法是将滤纸浸泡于碳酸环己胺的饱和溶液中，将滤纸夹于需处理的书籍中，一般每 25 叶纸张夹带一张碳酸环己胺的滤纸，如果是多孔、绵薄纸质的书籍可以每隔 50 叶夹带一张碳酸环己胺的滤纸，利用滤纸中环己胺的渗透性来达到脱酸目的。由于环己胺有毒性，会致癌，以及会降低纸张的光泽度等原因并没有得到较多的应用。

13. 二乙基锌脱酸法

1976 年，美国国会图书馆的化学家乔治·凯利（George.kel）和约翰·威廉姆斯（John·Wllliams）对纸张的非氨类脱酸剂进行了研究，研究用一种活泼的金属有机物脱酸的方法，发明了纸张的二乙基锌脱酸法，使纸张的脱酸方法有了突破性的进展。

二乙基锌脱酸法也存在一些不足，脱酸后会在纸张上生成有气味的白色残留物，有的会使纸张起皱、不平整，容易出现字迹褪色及黏结剂流失等现象，脱酸后产生的氢氧化锌会加速纸张纤维素的光氧化作用，因此，在处理过程中通入适量的二氧化碳能避免光氧化作用。另外，氢氧化锌和空气中微量的硫化氢反应生成的硫化锌会对空气造成污染。

纸张的二乙基锌法脱酸对设备要求比较高，资金投入比较大，操作控制要求高。二乙基锌易燃、易爆，存在安全等问题，因此在推广应用时受到一定的限制。

14. 氢氧化钠等离子脱酸法

氢氧化钠等离子脱酸法是新近研究的纸张脱酸方法。等离子体是由大量的自由电子和离子组成，并且在宏观上呈现为近似电中性的电离气体，在一定的条件下，等离子体系中的带电粒子具有高达 1~10eV 的能量水平，具有极强的活性和穿透能力。如果选择碱性等离子体源，在常温常压之下，激发获得具有较高能量水平的活性氢氧根粒子，将其以等离子体射流形式，喷射到纸张表面，并促使其深入渗透纸张纤维内部，与纸张中的残留酸性物质氢离子发生中和反应，以此来实现对纸张的脱酸。同时，由于等离子体能量低于高能放射性射线，只涉及纸张材料的表面而不会影响纸张的基体。

二、纸张脱酸方法的展望

纸张酸化是一个世界性的问题，对纸质文物脱酸保护处理是一项刻不容缓的工作。世界各国的纸张保护专家对纸张脱酸技术的研究进行了长期的、不懈的努力，目前已经使用的纸张脱酸技术虽然取得了一些成绩，但是还没有一种大家均能接受的适用的纸张脱酸的理想方法和技术。

从纸张脱酸技术和方法较为漫长的发展历程来看，如果能克服对环境的安全隐患以及对人体的危害等不利因素，同时集多种功能于一体、价格相对低廉、实用、能规模化脱酸处理的水溶液脱酸技术，是今后发展的趋势并值得关注和研究。

现代的机器造纸技术是导致纸张酸化的主要根源之一。花费大量的人力、物力和财力来挽救正在酸化或已经酸化的纸张，几十年以后人们仍不断地对现在使用的图书纸张等进行脱酸处理，这样一代又一代、周而复始地对前人使用的纸张进行不断地脱酸保护，显然很不明智、很不合理、更不经济。

解决这一问题的最佳办法是对一些重要的档案、文件、资料、书籍等，凡是需要长久保存的，均使用无酸纸。应积极促进无酸纸张的生产和使用，只有这样酸性纸张的处理才会有穷尽，纸张的酸性问题才会得以彻底解决。

第四节　古籍文献的脱酸处理

在文献保护领域，酸化对文献纸张有致命威胁。pH 值如果小于 5，就意味纸张已严重酸化。2004 年国家图书馆就已经完成了《馆藏文献酸碱度的调查》，调查结果显示国家图书馆文献酸化严重。因为纸张酸化，民国等时期的文献，其保存寿命已不足百年。1850 年到 2000 年间约有 1 亿册图书文献面临生存问题。文献脱酸，迫在眉睫。

现行条件下国内业界所使用的脱酸的方法，有液相脱酸和气相脱酸。

1. 氢氧化钙（碱水）去酸法（亦称液相脱酸法）

用氢氧化钙进行去酸是最容易应用、最便宜、最常用的方法，并且有较好的去酸效果，是较为传统的去酸法。曾有人对用氢氧化钙处理过的纸张样品进行老化试验，与其他去酸作用相比，该方法在加速老化后可以较好地保留聚合度。接着提出并测试了一种用氢氧化钙和甲基纤维素的混合物同时去酸和增强纸张强度的方法，在大规模去酸中，甲基纤维素起增强作用。液相脱酸是使用碱性水溶液或碱性有机溶液（如氢氧化钙溶液、氢氧化钙—碳酸氢钙溶液、碳酸氢镁溶液、缓冲溶液、氢氧化钡—甲醇溶液、醋酸镁—甲醇溶液、甲氧基甲基碳酸镁溶液等）脱酸的方法。但其缺点有三：一是氢氧化钙作为去酸剂的 pH

值较高是该方法最显著的缺点，因为它可能导致含木质素的纸张发黄，并使铁胆墨水的字迹颜色从黑色变为棕色；二是用氢氧化钙去酸而导致纸张拉伸强度降低；三是氢氧化钙固定了纤维素吸附的铜离子，因此后续较难去除。

2. 气相脱酸

气相脱酸法是利用能气化或挥发碱性气体用以脱酸的方法。此法在真空配合下，使气体充分渗入到书本、文献中，可以进行大批量的规模脱酸。气相脱酸法使用的是碱性气体，如胺类物质氨气、环己胺和二乙基锌等。气相脱酸法相与液相脱酸法相比，能够进行较大批量的处理。从国外脱酸技术的应用来看，七八十年代是气相脱酸法的主要使用时期。但是由于采用的脱酸介质是气相，所以工艺条件要求很高，不仅投资成本大，而且也不容易处理均匀。此外，也存在有一定的安全隐患。据了解，美国曾采用二乙基锌气相脱酸，而欧洲的英、法、德等国采用液相脱酸。

3. 脱酸设备

目前，各研究机构都积极对古籍脱酸修复设备进行研究，具体如下。

当前，国外主流的批量脱酸处理设备主要包括：美国的 PTLP 公司的 Bookkeeper 设备、德国 ZFB 公司的 ZFBII2 脱酸设备等。

Preservation Technologies L.P.（PTLP）于 1992 年在美国正式成立，该公司开发的 Book—keeper 设备是唯一符合美国国会图书馆标准脱酸方法的。Book—keeper 脱酸设备分为两种：一种是能够大批量处理酸化古籍的设备；另一种是喷雾脱酸设备，这种设备适合单一的纸质文献脱酸，特别是类似于海报、地图这种尺寸超大的文献。

大批量处理酸化古籍的设备，脱酸过程分为四个步骤，第一步检测待处理图书或档案酸碱度等技术参数，将检测到的数值输入电脑记录存储；第二步将图书或档案固定装箱；第三步将图书档案放置在特制的脱酸溶液中浸泡 15 分钟；第四步排出脱酸液，干燥 1.5 小时。

喷雾脱酸设备分为三个部分：一是存放脱酸剂溶液的压力罐；二是带有专用喷嘴的喷枪，这种专用的喷枪能够确保脱酸剂溶液均匀地覆盖到待脱酸古籍上；三是空气压缩机，提供稳定的压力使分散液均匀地喷出。

Book—keeper 宣称设备适合所有纸基材料，它将一种安全、无毒的碱性脱酸剂缓冲液沉积在纸张的内部结构中，该缓冲液可以以非常快的速度中和纸中的酸性物质。使用 Book—keeper 的设备脱酸，不需要对古籍进行干燥等预处理，脱酸完成后古籍很快就可以翻阅，设备使用非常便捷。经过美国国会图书馆、纸质科学与技术研究所（亚特兰大）等专业古籍机构的独立测试，将未处理的古籍与使用 Book—keeper 设备处理后的古籍进行对比，结果证明，Book—keeper 设备能够将古籍纸张最终 pH 控制在 8.0—9.5 之间，且使用人工老化测试，该设备使古籍中的纸基材料的使用寿命至少延长 3 倍—5 倍。

Book—keeper 设备优点是能够大批量地处理古籍，对各种尺寸的古籍都能覆盖到，不足在于对脱酸剂溶液要求较高，这种独立技术很难大范围推广，使用成本较高。而且根据一些使用案例发现，该设备并不能解决纸张发黄的问题，在这方面还需要进行更多的研究。

Zentrumf ü rBucherhaltung（ZFB）公司于 2006 年在德国正式成立，该公司研发的 ZFBII2 设备，是一种运用非水性液体工艺的设备，用于对整本和非整本的纸张物体进行脱酸。使用温和的脱酸液体渗入到纸张的核心，并根据德国图书馆和文件标准委员会的要求对纸张进行脱酸。

ZFBII2 纸张脱酸设备，脱酸剂溶液是用氧化镁和碳酸钙这两种物质为溶质，溶剂是非极性溶剂庚烷。在处理过程中，脱酸剂渗入纸中并中和酸。然后通过真空除去溶剂。该工艺将纸张的 pH 值提高到 7.0 至 9.5 之间的碱性范围，此外，将过量的脱酸剂引入碱性储备缓冲纸中，防止未来对环境的有害影响。

在脱酸之前，所有的处理对象都需要经过仔细预先分类，以确保所有需要处理的古籍都能到达预期的处理效果。将古籍放在不锈钢篮中，放置在 ZFBII2 处理室中，往处理室通入脱酸剂，古籍浸泡在脱酸剂中从而脱酸。脱酸完成后将处理液体排出并且通过在真空下完全除去溶剂来干燥物体。最后，在相关标准要求下再次检查这些书籍、文件和报纸，检测是否达到脱酸要求。

随着大众对古籍关注度的提升，对古籍保护工作带来积极影响，特别是有助于吸引更多年轻人投身古籍保护事业。古籍保护的专业性决定了其需要高素质的人才队伍，但目前专业人才队伍数量不足、结构不合理、高水平人才匮乏等问题较为突出。要补齐人才短板，必须加大人才培养力度，既要从考核机制、待遇保障等方面为人才解决后顾之忧，也要源源不断有优秀年轻人乐于投身其

中。古籍保护要有在故纸堆中"甘坐冷板凳"的定力，让古籍保护工作成为受人尊敬、具有高度职业荣誉感与社会认可度的职业，才能让这份定力更持久地保持下去。古籍的保护与利用是一体两面的，保护再好的古籍如果束之高阁，就无法释放其最大的价值。《典籍里的中国》《古书复活记》等节目的走红，说明创新表达方式完全可以让古籍走出"深闺"，让古籍焕发出新时代的全新活力，实现社会效应和经济效应相统一，从而为古籍保护提供可持续的内生动力。"惟殷先人，有册有典。"保护好古籍，就能永远清晰记住中华文明的来处，为中华民族乘风破浪、阔步前行凝聚磅礴的精神力量。

参考文献

1. （明）周嘉胄 . 装潢志 .[M]. 上海，中华书局，2013.

2. 何丽 . 论民族古籍的保护与开发 .[J]. 图书馆理论与实际，2003（2）.

3. 南京博物馆 . 传统书画装裱与修复 .[M]. 南京：译林出版社，2013.

4. 李明杰 . 非物质文化遗产视角下的中国古籍版本文化保护 .[J]. 图书馆 2009.3.

5. 孔辉 . 高校图书馆红色文献搜集工作探析 .[J]. 大学图书情报学刊，2012（2）：39—41.

6. 杨静 . 红色旅游思想政治教育价值研究 .[D]. 焦作：河南理工大学，2014.

7. 王振 . 红色文化与政党认同 .[J]. 华北水利水电大学学报（社会科学版），2017（4）：41—43.

8. 童芷珍 . 古籍修复技术 .[M]. 上海：上海古籍出版社，2014：11.

9. 杜伟生 . 中国古籍修复与装裱技术图解 .[M]. 北京：北京图书馆出版社，2003：8.

10. 付荣芳 . 古籍破损状况及修复保护方法初探 .[J]. 重庆图情研究，2009（4）：55.

11. 杨晓黎 . 略论图书馆善本古籍的修复 .[J] 图书馆工作与研究 2002.6.

12. 肖东发，杨虎 . 插图本中国图书史 .[M]. 广西：广西师范大学出版社，2005.

13. 朱赛虹 . 古籍修复技艺 .[M]. 北京：文物出版社，2001.

14. 潘美娣 . 古籍修复与装帧 .[M]. 上海：上海人民出版社，1995.

15. 郑如斯，肖东发 . 中国书史 .[M]. 北京：书目文献出版社，1987.

16. 国务院办公厅 . 关于进一步加强古籍保护工作的意见 [EB/OL].[2008—12—04].http://www.gov.cn/xxgk/pub/govpublic/mrlm/200803/t20080328_32601.html.

17. 国务院办公厅 . 关于加强我国非物质文化遗产保护工作的意见 .[EB/OL].[2008—12—04].http://www.gov.cn/zwgk/2005—08/15/content_21681.htm.

18. 古籍特藏破损定级标准（WH/T22—2006）http://www.nlc.cn/pcab/zx/wjxz/201606/t20160616_123790.htm.

19.p：//www.nlc.cn/pcab/zx/wjxz/201412/P020141219585495388942.pdf.

20.tps：//www.mct.gov.cn/whzx/zxgz/wlbzhgz/202004/W020200401562642887869.pdf.

21. 汉文古籍特藏藏品定级第 1 部分：古籍（GB/T31076.1—2014）/zwgk.mct.gov.cn/zfxxgkml/zcfg/zcjd/202301/t20230130_938819.html.